DERNIER TRAVAIL

DERNIERS SOUVENIRS

36691. — PARIS, IMPRIMERIE LAHURE,

9, rue de Fleurus, 9

ERNEST LEGOUVÉ

DE L'ACADÉMIE FRANÇAISE

DERNIER TRAVAIL

DERNIERS SOUVENIRS

ÉCOLE NORMALE DE SÈVRES

PARIS

J. HETZEL ET Cie, ÉDITEURS

18, RUE JACOB, 18

1898

A MES ANCIENNES ÉLÈVES

C'est à vous, mes chères élèves, que je dédie ce livre, car je ne l'aurais pas fait sans vous.

Vous y retrouverez quelques-unes de nos conférences telles que vous les avez entendues. J'y ai joint d'autres chapitres, écrits depuis mon départ de Sèvres, et s'adressant directement au public ; mais tous reposent sur le même principe d'enseignement, tous représentent la même manière d'étudier les chefs-d'œuvre, se rattachent pour moi à notre chère école.

Me trompé-je en espérant que ce souvenir ne vous sera pas moins agréable qu'à moi ?

Votre maître et ami,

E. LEGOUVÉ.

DERNIER TRAVAIL
DERNIERS SOUVENIRS

CHAPITRE I

COMMENT JE SUIS ENTRÉ A L'ÉCOLE NORMALE DE SÈVRES.

I

C'était en 1881. L'École normale de Sèvres, acceptée en principe, constituée en grande partie, n'était pas encore ouverte. Restaient à régler quelques questions accessoires, mais importantes; restait à achever de convaincre la Commission du budget. Je suivais, avec un vif intérêt, les phases de cette formation, car l'École normale de Sèvres consacrait l'idée que j'avais émise en 1848 au Collège de France, et dans mon *Histoire morale des femmes*, la création de lycées de jeunes filles.

Un matin, à la campagne, le 30 octobre 1881, je me rappelle la date, je lisais dans un journal quelques lignes sur ce sujet, quand un de mes plus chers amis, qui était venu passer plusieurs jours avec nous, entre, et me remet une lettre que le facteur venait d'apporter pour moi. Je lis, et tout à coup sursautant : « Hein! Qu'est-ce que cela veut dire? Je rêve! C'est insensé! » Puis, me retournant vers mon ami : « Savez-vous de qui est cette lettre? De M. Zévort, le directeur général de l'enseignement secondaire.

— Homme très capable, dit-on, et d'une grande force d'initiative.

— Oh! Je vous en réponds! Savez-vous ce qu'il m'écrit? Ce qu'il me propose? Le titre d'Inspecteur général de l'École normale de Sèvres : les fonctions de Directeur des études. Tenez! Lisez. »

Je lui tendis la lettre.

« Hé bien? me dit-il tranquillement après avoir lu.

— Comment! Hé bien? Moi! Directeur des études! Moi! Inspecteur général! Mais je ne suis pas même licencié ès lettres! Je n'ai aucun rang dans l'Université. Cela n'a pas le sens commun.

— Je ne suis nullement de cet avis, reprit mon ami. La lettre de M. Zévort prouve qu'il

connaît vos ouvrages, et d'après ce que vous
avez écrit...

— Ce que j'ai écrit! ce que j'ai écrit! Mais
écrire et agir sont deux. Émettre une idée et
l'appliquer sont deux. La plume à la main, je
suis sur mon terrain. Je fais mon métier. Mais
diriger! Inspecter! Je ne saurais comment m'y
prendre. Tous les universitaires...

— Mais c'est précisément parce que vous
n'êtes pas universitaire que M. Zévort vous
choisit. Relisez donc sa lettre. Pour fonder une
chose nouvelle, il veut des instruments nouveaux. Vos principes d'éducation lui convien-
nent. Vos idées sur la famille le rassurent.
Vous n'avez pas le droit de refuser. C'est le
couronnement de votre carrière. »

Ce mot m'arrêta. Je gardai un moment le
silence, et, après une courte réflexion, je repris :

« Votre mot me frappe et me touche. Je
mentirais si je n'avouais pas qu'une telle proposition me va au cœur. Mais je me connais.
Mon premier besoin, c'est l'indépendance. Je
suis de la race du loup de La Fontaine. Je n'ai
jamais voulu m'attacher le plus petit fil à la
patte, je ne peux pas me mettre une chaîne
au cou. D'ailleurs, si je vaux quelque chose,

ce n'est qu'à la condition de n'appartenir qu'à moi. M'asservir à quoi que ce soit, c'est m'annihiler. Membre de l'Université, je ne serais plus maître de ma plume... Jamais. J'ai payé ma dette en émettant quelques idées utiles, j'espère. Que d'autres les appliquent. Je vais donc écrire à M. Zévort...

— N'écrivez pas. Une lettre comme la sienne vaut bien une visite de remerciement. Allez trouver M. Zévort. Expliquez-vous avec lui à cœur ouvert, et, si vous ne pouvez vous entendre, séparez-vous du moins en amis.

— C'est juste, » répondis-je, et, le lendemain matin, j'entrais dans le cabinet de M. Zévort. Je lui exposai tout; il m'écouta sans m'interrompre, puis il me dit : « Ma réponse est bien simple. On ne vous oblige à rien; on ne vous demande rien. On ne vous interdit rien. Vous irez à Sèvres quand vous voudrez; vous y direz ce qui vous plaira : de temps en temps, un mot d'encouragement et de conseil aux jeunes filles, un mot d'entente avec les professeurs. Le ministre, car je ne suis ici que son interprète, s'en rapporte à vous, pour nous aider dans notre œuvre, à votre façon. Permettez-moi d'ajouter une chose qui vous sera agréable. J'ai créé, à votre intention, un cours de plus à l'École, *un cours de diction*, qui sera confié à ma fille. A bientôt, mon cher Inspecteur général. »

Devant de telles paroles, il n'y avait qu'à s'incliner et à accepter; et voilà comment, le 1er novembre 1881, je me couchai le soir, en me disant : « Inspecteur général! Me voilà Inspecteur général! Et avec des appointements, encore! Comment vais-je faire pour gagner mon argent? »

II

IDÉE ET PLAN DE CE LIVRE

Il y a quatorze ans que s'est passé ce que je viens d'écrire.

Plusieurs fois, dans l'intervalle, j'ai voulu me retirer, non par lassitude ou par ennui, mais par respect humain, en souvenir de la date de mon extrait de naissance. On ne doit plus rien inspecter, ni rien diriger, quand on est né le 14 février 1807. Mais, malgré mes instances réitérées, ma démission a toujours été refusée. Des hommes, dont je ne peux nier ni la compétence ni l'amitié, m'ont affirmé que j'avais rendu et que je rendais encore à

Sèvres des services réels ; que j'y avais fait ce que d'autres n'auraient pu faire à ma place. Qu'ai-je donc fait? Comment ai-je pu mériter cette confiance? Voilà la question qui se pose aujourd'hui impérieusement devant moi. A la veille de dire adieu à cette belle École, j'éprouve le besoin de faire mon examen de conscience professorale. Je voudrais, ne fût-ce que pour me justifier à moi-même l'honneur dont j'ai été l'objet, je voudrais me rendre compte de la façon dont j'ai pu arriver à me faire ma place à moi, dans cette élite de professeurs ; je voudrais résumer mon enseignement en quelques chapitres, en un volume.

Que pourra être ce livre?

Mes fonctions à Sèvres, telles que je les avais comprises, étaient doubles. Tantôt inspecteur, tantôt professeur. Inspecteur, je lisais et annotais les devoirs écrits, j'assistais à tel ou tel cours, j'écoutais la leçon, j'écoutais les élèves, et je mêlais mes observations à celles du maître.

Professeur, je les réunissais pour moi seul, non dans leurs grandes salles de cours, mais dans leur petite salle d'étude. Pas de chaire, je tenais à rester en communication directe et intime avec mes auditrices. Je m'asseyais en face d'elles, avec une petite table devant moi,

et là, librement, familièrement, je tâchais de
leur dire, d'accord avec leurs maîtres, autre
chose que ce que leurs maîtres leur disaient.
Mon enseignement s'associait au leur, s'ajoutait au leur et s'efforçait de le compléter.
N'étant pas, comme eux, forcé de m'astreindre
aux programmes, je me préoccupais moins d'assurer le succès de nos élèves comme candidates
à l'agrégation, que de les préparer à leur rôle
de professeurs.

Or, en interrogeant mes souvenirs, en fouillant dans mes notes, en relisant quelques-unes
de mes conférences publiées dans le journal
le Temps, je suis frappé de trois choses :

D'abord la plupart de mes leçons portaient
sur les hommes et les œuvres des xviie, xviiie et
xixe siècles. Voilà, ce me semble, le plan de
mon livre trouvé. Une première partie sera
consacrée aux deux siècles qui nous précèdent;
une seconde au nôtre.

Ensuite, autre remarque : Je cherchais toujours pour chacune de mes conférences, un
sujet quelque peu nouveau, propre à exciter la
curiosité, l'intérèt : *Tout Lafontaine en une
fable*; *Les deux Vauvenargues, Napoléon Ier après
sa mort*. Je tâchais de mettre un peu d'imagination dans la pédagogie.

Enfin, mon instinct et mes habitudes d'auteur dramatique m'amenaient à présenter mes idées et mes personnages sous une forme vivante, à leur donner quelque chose du mouvement du théâtre.

Hé bien, voilà, il me semble, ce qu'il faudrait essayer de reproduire dans ce livre. Ainsi s'expliquerait l'action que j'avais, dit-on, sur mes élèves, ce qu'elles ont pu me devoir. Mais comment expliquer ce que je leur ai dû, moi! Le bien qu'elles m'ont fait, c'est le mal qu'elles m'ont donné. Dieu sait ce qu'il m'a fallu lire et relire; apprendre et réapprendre! Les choses que je connaissais le mieux, prenaient un autre aspect quand il s'agissait de les leur enseigner. J'ai refait mes classes avec elles.

Autant de peines, autant de plaisirs. Que de bons jours j'ai passés à arpenter ma chambre, en me creusant la cervelle pour trouver le moyen le plus propre à leur élargir l'esprit, à éveiller en elles la personnalité de l'intelligence, l'indépendance du jugement. Je tenais aussi à leur donner quelque principe d'éducation, quelque loi morale, qui, plus tard, quand elles seraient professeurs, pût leur servir de guide vis-à-vis de leurs élèves; de soutien vis-à-vis d'elles-mêmes; tout cela me tenait sans cesse en haleine, et je suis sûr que, si j'ai gardé aujourd'hui encore la faculté du travail, j'en dois remercier l'École de Sèvres.

Ce n'est pas tout. Il en est des qualités affectives comme des qualités intellectuelles, l'exercice seul les conserve. La sympathie est un feu sacré, qui s'éteint avec l'âge, si on ne l'entretient pas. Or, quel meilleur *sursum corda* pour la vieillesse que de vivre en pleine jeunesse! Il faut peut-être l'avoir éprouvé, pour le comprendre, combien ce commerce de plusieurs années avec tant de jeunes intelligences, si ardentes au travail, si pleines de bon vouloir, se préparant si sérieusement à une vie si sérieuse, vous intéresse profondément à elles! Comme on a le désir de leur être utile! et quelle force vous donne ce désir! Je me rappelle toujours l'exemple de notre cher Bersot. Ne l'avons-nous pas vu, frappé d'un mal incurable et effroyable, épuisé de forces, rester jusqu'à son dernier jour, jusqu'à sa dernière heure, *le directeur de l'École normale?* Le 31 janvier 1878, à quatre heures, je le trouvai lisant et annotant le travail d'un de ses élèves. Le lendemain, à midi, il était mort.

Qui lui a donné la force de combattre les plus atroces souffrances, de les dominer, de les oublier peut-être? Comment ce martyr est-il devenu un héros? à force d'être un maître.

A l'œuvre donc! et que ce volume, en faisant renaître pour moi ce cher passé, me serve de compagnon de route, dans cette dernière étape de ma vie de travail.

CHAPITRE II

MON IGNORANCE.

Mes débuts à Sèvres ne furent pas sans me causer quelque appréhension. J'arrivais dans cette grande école avec un rang supérieur. Je me trouvais placé au-dessus d'une élite de professeurs, munis, par la pratique et par l'étude, d'une étendue et d'une solidité de connaissances qui me manquaient. Mon premier sentiment fut donc un sentiment d'inquiétude. J'étais inquiet de mon ignorance. L'histoire, surtout, me faisait peur. Je savais le professeur un homme d'un rare mérite ; on m'avait parlé de sa grande autorité sur les élèves, et je craignais fort de me trouver, en pleine classe, en état d'infériorité vis-à-vis de lui.

Je m'en tirai assez bien dans les premiers mois, ayant soin d'écouter plus que je ne parlais, et en ne parlant que sur les points où j'étais absolument sûr de moi. Vint pourtant un jour où il me fallut payer de ma personne et prendre parti bravement.

Arrivé, un matin, à l'improviste, je tombai sur une séance très intéressante. Une des élèves occupait la place du professeur, et, assise dans sa chaire, elle fit à ses compagnes une leçon d'une demi-heure environ, sur ce sujet : *les Villes de Flandre et d'Italie au* XIVe *siècle*. Cette question, bien entendu, se rapportait et se reportait aux matières déjà traitées par le maître, et l'élève avait eu quatre heures pour la préparer. Placé à côté d'elle, sur la même estrade, faisant face, comme elle, à l'auditoire, je l'écoutai sans l'interrompre ; mais, la leçon terminée, le maître, se tournant vers moi, me pria, avec une sympathie pleine de déférence, de prendre la parole le premier, et d'adresser à l'élève mes observations et mes critiques.

Plus moyen de reculer.

Après un moment de silence et de réflexion, je répondis : « Mon cher professeur, vous me mettez dans une position difficile. J'ai suivi avec la plus vive attention la leçon de mademoiselle, et ma conclusion est… qu'elle en sait beaucoup plus que moi sur ce sujet. Il me reste sans doute çà et là dans la mémoire quelques faits curieux sur les villes de Flandre et d'Italie au XIVe siècle, mais rien de suivi, rien qui constitue un fond de connaissances, suffisant pour me donner le droit de juger, de discuter, moins encore, de critiquer la leçon que je viens d'entendre ; de façon, ajoutai-je, que voilà monsieur l'inspecteur général dans l'embarras. » Mon auditoire se mit à rire. « Heureusement, repris-je, j'entrevois un moyen d'en sortir. Faisons une supposition. Je change de rôle. Je ne suis plus un maître, je suis un élève : J'ai écouté cette leçon, non pour la juger, mais pour en profiter. Oh! alors, la position devient tout autre. Comme élève, j'ai un droit. Je puis dire au professeur : « Vous « étiez chargé de m'instruire, m'avez-vous « instruit? M'avez-vous clairement exposé le « sujet? Au sortir de la leçon, suis-je en état « d'en rendre compte? » Eh bien, à cette question, je réponds hardiment non ! Certes, cette demi-heure d'audition n'a pas été perdue pour moi. J'ai eu plaisir à apprécier la facilité et la distinction de parole de mademoiselle, j'ai recueilli quelques faits intéressants, quelques aperçus ingénieux ; mais l'ensemble m'échappe. Je serais absolument incapable de résumer en cinq minutes ce qui m'a été dit dans une demi-heure. Dès lors la question est jugée. La leçon pèche par la base, puisqu'elle n'a pas atteint son but. J'en puis parler savamment, je parle au nom de mon ignorance. »

Après ce mot, qui me parut frapper mon jeune auditoire, je me retournai vers le professeur, et je lui demandai si ma démonstration lui semblait juste.

« Juste et topique, me répondit-il vivement, et je la retiendrai certainement pour m'en servir au besoin.

— Voilà donc mon honneur sauf! repris-je, en souriant, mais je veux plus. Je veux, rentrant dans mes fonctions de directeur des études, et faisant appel à mon expérience d'écrivain, essayer, à ce titre, de vous montrer, en quoi la leçon pèche, et comment on aurait pu la faire. »

L'attention des élèves redoubla.

« Certes, repris-je, le sujet proposé est bien beau; mais sa richesse même en augmente beaucoup les difficultés. Songez donc! Les villes de Flandre et d'Italie au xive siècle! C'est-à-dire la réunion de trente ou quarante cités, ayant toutes un rang dans l'histoire; marquées toutes d'un signe particulier de puissance, de grandeur, d'éclat, et toutes en plein épanouissement! Si préparée que vous fussiez, mademoiselle, à traiter un tel sujet, grâce aux leçons antérieures du maître et à votre propre étude personnelle, il était malaisé de vous reconnaître dans un tel dédale; de trouver une route dans ce fourmillement d'étoiles. Aussi qu'est-il arrivé? C'est que vous ne l'avez pas trouvée... Vous vous êtes perdue au milieu de tant de noms et de tant de questions; vous avez parlé de trop de villes, vous avez abordé trop de sujets!

« Eh bien, moi, si j'avais été à votre place, je me serais rappelé un des principes fondamentaux de l'art d'écrire, et voici la méthode qu'il m'eût suggérée.

« D'abord, j'aurais fait un double choix; j'aurais pris deux villes en Italie et deux villes en Flandre, pour représenter les autres : par exemple, *Venise* et **Florence** pour l'Italie, *Gand* et *Anvers* pour la Flandre.

« Cette première sélection faite, j'aurais cherché trois points fondamentaux, caractérisant le mouvement de la civilisation en Italie et en Flandre au xive siècle; supposons : *l'industrie ou le commerce*, représentant la vie pratique et sociale; *l'art*, représentant la vie de l'intelligence et de l'imagination; *le gouvernement*, représentant la vie politique.

« J'aurais pris ensuite chacune de ces quatre villes séparément et j'aurais étudié chacune d'elles à ce triple point de vue.

« Puis je les aurais comparées toutes les quatre entre elles, *Venise* par exemple, au point de vue du commerce, de l'art et du gouvernement, avec *Anvers*; et *Florence* m'aurait fourni le parallèle le plus intéressant avec *Gand*.

« Enfin, pour dernier travail, j'aurais fait entrer, dans cette quadruple étude comparative, quelques faits, quelques témoignages, empruntés aux autres villes de Flandre et d'Italie, de façon à traiter le sujet dans son ensemble. Certes il n'y aurait eu là qu'un tableau incomplet, une ébauche, une esquisse, un crayon, mais dont les lignes précises, le dessin arrêté, auraient suffi pour laisser dans l'esprit de l'auditeur une idée nette de cette belle question. »

Après ces quelques paroles, je me retournai de nouveau vers le professeur, et je lui demandai s'il approuvait ma façon de procéder.

« Si je l'approuve! répliqua-t-il, c'est le point sur lequel j'insiste le plus auprès de nos élèves. La composition! Le plan! Il y a, dans ces quelques paroles, toute une leçon de plan.

— Une leçon de plan! repris-je en insistant

sur le mot. Tel est, en effet, l'enseignement que je voudrais avoir gravé dans vos esprits, et, si j'y ai réussi, je vous aurai mis en main un utile instrument de travail.

« Racine a dit : « Quand mon plan est fait, « ma tragédie est faite. »

« Eh bien, sachez-le, ce qui est vrai pour une pièce de théâtre est vrai pour tous les ouvrages de l'esprit. Qu'il s'agisse d'un livre, d'un chapitre, d'un article, d'un discours, d'une étude d'histoire ou de littérature, il n'y a pas plus de bons écrits sans plan, que de maison solide sans charpente.

« Aussi, écoutez un dernier conseil.

« Quand vous vous asseyez à votre table, avec un devoir à faire, employez les premières minutes, disons le premier quart d'heure, à vous rendre compte de votre sujet, à l'embrasser dans tout son ensemble. Ensuite, distinguez, les unes des autres, les diverses parties qui le composent, et étudiez-les séparément ; après, rangez-les dans l'ordre qui vous semblera le plus progressif, et enfin ne vous mettez à écrire que quand vous savez nettement *par où vous devez commencer, par où vous devez passer, par où vous devez finir.* Vous me répondrez : mais, monsieur, si je

perds tant de temps à faire mon plan, il ne
m'en restera plus pour faire mon devoir.
Rassurez-vous. Ce que vous croyez du temps
perdu sera du temps gagné. Votre travail de
rédaction s'abrégera de moitié, par ce travail
de composition; une heure de marche en vaut
deux, quand on suit un chemin bien tracé. »

CHAPITRE III

I

La gloire de La Fontaine reste inexplicable pour moi par un côté.

Comment se peut-il qu'un poète qui n'a fait qu'imiter soit inimitable?

Comment se peut-il que dans l'éblouissante pléiade des grands génies du xviie siècle, un simple fabuliste soit seul resté à l'état d'étoile fixe?

Corneille et Racine, Bossuet et Fénelon ont eu des hauts et des bas de renommée; on les a, tour à tour, opposés ou préférés l'un à l'autre; Molière même, il y a quarante ans, avait perdu au théâtre quelque chose de la faveur publique, *il faisait moins d'argent*. Seul, La Fontaine n'a pas subi un seul moment d'éclipse. Un curieux document statistique nous a appris récemment que de tous les grands écrivains du xviie et du xviiie siècle La Fontaine est celui qui s'est constamment le plus vendu.

A quoi cela tient-il? A la nature même de son génie. Quelle est donc la nature de ce génie? Quels en sont les éléments constitutifs? Quels dons particuliers peuvent expliquer cette inexplicable fortune?

J'en trouve deux :

La Fontaine, seul, parmi les poètes, a été à la fois et toujours un *poète lyrique* et un *poète comique.*

La Fontaine, seul peut-être parmi les poètes moralistes, a préconisé, et avec la même force, les deux morales : la morale utilitaire, pratique, qui nous aide à bien faire nos affaires, à bien conduire notre vie ; et la morale évangélique, qui nous dit : Pense aux autres. Dévoue-toi aux autres. Dompte-toi toi-même.

La démonstration de ce fait est sortie pour moi de l'étude attentive et comparée de l'œuvre entière du fabuliste ; mais il y aurait fatigue et ennui à me suivre dans ce long travail. Heureusement il se trouve une fable, que le poète, il est vrai, regardait comme son chef-d'œuvre, où ses qualités si diverses sont toutes, en abrégé, en résumé, c'est *le Chêne et le Ro-*

seau. La Fontaine tient là tout entier en quarante vers.

Commençons par le poète comique.

Qu'est avant tout le vrai poète comique? *un peintre de caractères.* On connaît tous les droits de La Fontaine à ce titre : *Le Chien et le Loup, la Mouche et la Fourmi, le Héron,* cent autres encore, mettent en scène des êtres si vivants, marqués d'un trait si personnel, si incisif, qu'il est impossible de les oublier : on les voit, on les entend. Eh bien! lisons *le Chêne et le Roseau,* et voyons si La Fontaine a jamais mieux mérité le titre de peintre de caractères.

> Le chêne, un jour, dit au roseau :
> « Vous avez bien sujet d'accuser la nature;
> Un roitelet pour vous est un pesant fardeau;
>   Le moindre vent qui d'aventure
>   Fait rider la face de l'eau
>   Vous oblige à baisser la tête;
> Cependant que mon front, au Caucase pareil,
> Non content d'arrêter les rayons du soleil,
>   Brave l'effort de la tempête.
> Tout vous est aquilon, tout me semble zéphyr.
> Encor si vous naissiez à l'abri du feuillage
>   Dont je couvre le voisinage,
>   Vous n'auriez pas tant à souffrir;
>   Je vous défendrais de l'orage :
>   Mais vous naissez le plus souvent
> Sur les humides bords des royaumes du vent.
> La nature envers vous me semble bien injuste.

Je ne connais pas au théâtre un seul portrait du *Vaniteux*, aussi complet que celui-ci. La Fontaine en fait sa création propre, tant il l'individualise.

Il ne se borne pas à nous le montrer, étalant sa puissance aux yeux d'un chétif, l'écrasant par la comparaison, faisant entrer le pauvre diable dans tous les détails de sa propre misère, de façon à faire ressortir ainsi plus pleinement sa propre puissance par le contraste. Non! il y ajoute un trait de plus, qui est un trait de génie, *la compassion*. Relisez les cinq premiers vers. Quel bonhomme! quel brave homme! comme il est ému du sort de ce misérable! comme il se penche sympathiquement vers lui! Puis, tout à coup, au sixième vers, l'orgueilleux relève la tête.

> Cependant que mon front, au Caucase pareil,
> Non content...

Quatre vers de vanité... Puis... quatre vers de compassion :

> Encore si vous naissiez à l'abri du feuillage

relevés par une petite note d'orgueil :

> Dont je couvre le voisinage,

Et terminés par ce mot qu'on dirait parti du cœur :

La nature envers vous me semble bien injuste.

Cette alliance hypocrite de la satisfaction de soi-même et de la sollicitude apparente pour autrui, de l'insolence et de la sympathie, ne constitue-t-elle pas un personnage tout à fait original? D'autant plus que le chêne est à moitié de bonne foi, il ne fait pas seulement semblant de plaindre le roseau, il croit le plaindre. Sa vanité y trouve son compte. En se disant : Comme je suis grand! il ajoute tout bas : Comme je suis bon! Et comme c'est bien à moi d'être si bon étant aussi grand! » On croit lire du Molière.

> — Votre compassion, lui répondit l'arbuste,
> Part d'un bon naturel; mais quittez ce souci :
> Les vents me sont moins qu'à vous redoutables;
> Je plie, et ne romps pas. Vous avez jusqu'ici
>   Contre leurs coups épouvantables
>   Résisté sans courber le dos;
> Mais attendons la fin. »

Est-ce assez narquois? assez gouailleur? Est-ce qu'on ne croit pas le voir, ce paysan finaud, qui fait semblant d'être dupe de son seigneur? Ce mot :

> Part d'un bon naturel.

Et cette façon de *rassurer le chêne* :

> Mais quittez ce souci.

Et enfin, ce trait final lancé comme une
flèche :

Mais attendons la fin.

Ainsi donc, six vers du chêne, six vers du
roseau, et voilà deux portraits complets. Ce
n'est pas tout. Le poète comique a, pour seconde
qualité maîtresse, le génie du dialogue : or, quel
chef-d'œuvre de vérité et de vie que ces deux
discours ! Chacun des interlocuteurs a sa langue
à lui... *la langue de son caractère*. La phrase
du premier est étoffée, ample, imagée. Tout
soie et velours ! style de vaniteux ! de vaniteux
enrichi ! J'insiste sur ce détail, car, je le soupçonne d'être enrichi. Un vrai grand seigneur
serait plus simple. En regard, cinq ou six
hémistiches brefs, précis, mordants, caractérisant l'homme d'en bas, qui ne veut pas laisser
humilier son humble fortune. Encore du
Molière.

II

LE POÈTE LYRIQUE.

Le titre de poète lyrique peut sembler un
peu excessif, appliqué à La Fontaine, puisqu'il
n'a pas fait une seule ode. Mais il est tellement
poète, tellement peintre, tellement paysagiste ;

tout sous sa plume se produit tellement en images ou en harmonies, éclate en traits de lumière si vifs, ou en accords si délicieux, qu'on est forcé de le ranger parmi les *voix qui chantent*... c'est un fils de la lyre. Seulement son lyrisme a cela de particulier, qu'il prend tous les tons, qu'il passe par tous les sentiments, qu'il va même jusqu'au sublime, sans qu'il y ait jamais en lui la moindre trace de déclamation, de rhétorique. Il garde toujours l'accent de la vérité, l'accent de la voix humaine. *Le Paysan du Danube, le Mort et le Mourant, le Vieillard et les trois jeunes hommes* en sont la preuve! Eh bien, joignons-y *le Chêne et le Roseau*, car, y a-t-il rien de plus poétique et de plus PARLÉ à la fois que ces traits charmants,

> Un roitelet pour vous est un pesant fardeau...
>   Le moindre vent qui d'aventure
>   Fait rider la face de l'eau...
>
> . . . .
>
> Tout vous est aquilon, tout me semble zéphyr.

La fin est plus caractéristique encore.

>   Comme il disait ces mots,
> Du bout de l'horizon accourt avec furie
>   Le plus terrible des enfants
> Que le Nord eût portés jusque-là dans ses flancs.
>   L'arbre tient bon ; le roseau plie.

Le vent redouble ses efforts,
Et fait si bien qu'il déracine
Celui de qui la tête au ciel était voisine,
Et dont les pieds touchaient à l'empire des morts.

Quel coup de théâtre que l'entrée en scène de ce nouveau personnage... le vent du nord! Tout change. Nous étions dans le dialogue, nous voici dans l'action! Nous étions dans la poésie gracieuse, nous voici dans la grande poésie lyrique, presque épique! Cette scène à trois constitue une sorte de dernier acte de tragédie, encadré dans un décor grandiose. Nous assistons à la lutte. Les efforts redoublés de l'aquilon donnent je ne sais quoi d'héroïque à l'attitude de l'arbre qui tient bon! Le roseau, qui plie, y jette une image mélancolique et touchante, et lorsqu'enfin le chêne tombe, le fracas de sa chute... car on l'entend tomber!... le spectacle de ce géant étendu à terre de toute sa grandeur, et couvrant de ses branches fracassées cette croupe de montagne qu'il couvrait de son ombre, reporte la pensée à cette phrase de la Bible :

Quomodo cecidit potens ?

II

Passons au moraliste.

La besogne semble ici plus difficile, car La Fontaine, généralement, n'est pas en grand honneur à ce titre. Lamartine n'a pas assez de termes de mépris, pour stigmatiser cette morale bourgeoise, égoïste et mesquine.

Voyons ce que répond à cela notre fable *le Chêne et le Roseau?* Rien, ce semble. Car, par une coïncidence singulière, cette belle fable n'a pas d'affabulation. Heureusement, il s'en dégage une bien frappante, de l'œuvre elle-même.

Le poète a mis en présence le puissant et le chétif, le faible et le fort. Or, qu'est-ce que les vers du poète disent au chêne? *Ne t'enorgueillis pas de ta grandeur, car elle est éphémère. N'en accable pas le faible, car il est peut-être plus fort que toi.* C'est une leçon d'humilité et de charité. Qu'est-ce que ces vers disent au roseau? *Ne te laisse pas humilier et contente-toi de ton sort. Tu plies et ne romps pas.* Conseil de dignité et précepte de sagesse.

On le voit, dans cette seule fable se montrent les quatre qualités fondamentales de La Fontaine : poète comique, il amuse; poète lyrique, il enchante; moraliste pratique, il conseille;

moraliste évangélique, il élève. Son mépris de
la mort va jusqu'au stoïcisme, dans la *Mort et
le Mourant*. Et si vous ajoutez à cela que cet
artiste de génie était une âme charmante; qu'il
a obtenu pour surnom, comme Henri IV, le
titre de *bon;* qu'il était candide comme un
enfant; que sa sincérité était telle que son
meilleur ami, M. de Maucroix, a dit : « M. de
La Fontaine n'a jamais menti de sa vie! » Si
vous ajoutez encore que sa fable des *Deux Amis*
est aussi touchante que l'immortel chapitre
de Montaigne sur l'amitié; que les derniers
vers des *Deux Pigeons* sont un chant d'amour
que n'effacent ni les poètes antiques, ni Alfred
de Musset; que nulle bouche humaine n'a
trouvé de plus puissants accents d'indignation
contre l'ingratitude; que son premier chef-
d'œuvre, l'*Élégie aux Nymphes de Vaux*, lui a
été dicté *par la reconnaissance*, et par une reconnaissance courageuse, presque héroïque :
louer et défendre Fouquet, sous Louis XIV,
c'était téméraire! Enfin, si nous nous souvenons, que tel était le charme de son ingénuité,
qu'à ses derniers moments la pauvre femme
qui le gardait s'écria : « Dieu n'aura pas le courage de le damner! » Alors nous comprren-
drons facilement qu'une telle âme, répandue

dans de telles œuvres, ait fait de lui le poète
de tous les temps, de tous les âges, de toutes
les conditions, *le poète de chevet* par excel-
lence; et nous répèterons le mot de Molière,
à propos de Boileau et Racine : « Nos beaux
esprits auront beau faire, ils n'effaceront pas
le bonhomme. »

CHAPITRE IV ·

LE QUATRIÈME ACTE DE POLYEUCTE.

Il y a parfois, dans le répertoire des grands poètes dramatiques, un ouvrage où leur génie se résume presque tout entier. Tel fut *Polyeucte* pour Corneille. Corneille peut se définir le poète de l'idéal. Qu'est-ce en effet que le *Cid*? un idéal d'amour. *Cinna*? un idéal de clémence. *Horace*? un idéal de patriotisme. *Polyeucte*? un idéal de foi.

Horace offre cette particularité curieuse, d'être un spécimen de plusieurs variétés de patriotisme : le vieil Horace représente le patriotisme sublime et pur; son fils, le patriotisme mêlé de barbarie; Curiace, le patriotisme mêlé d'humanité ; Sabine, le patriotisme double : Sabine a deux patries, Rome et Albe.

Eh bien, la composition de *Polyeucte* est encore plus caractéristique. D'ordinaire, quand un poète met en scène une grande vertu, il l'entoure des défauts propres à la faire valoir par le contraste, ou des vices qu'elle doit combattre. Tout autre est le procédé de Corneille dans *Polyeucte*. La foi est le personnage principal de son drame. Or, que place-t-il près d'elle? Les plus pures vertus humaines : l'amour conjugal dans *Polyeucte*, l'amour dominé par le devoir dans Pauline, l'honneur et l'amour chevaleresque dans Sévère.

Voilà quel radieux cortège environne la vertu divine, et toutes ces lumières terrestres pâlissent devant elle, comme les étoiles devant le soleil qui se lève. Voilà quels ennemis la foi doit combattre, et elle fait plus que les vaincre, elle les conquiert.

I

Les trois premiers actes mettent les adversaires en présence : le quatrième les met aux prises. Rien de plus pathétique que cette lutte, rien de plus extraordinaire que cet acte. Autant de scènes, autant de coups de théâtre. Autant de situations, autant de péripéties absolument intimes. Tout s'y passe dans l'âme seule des personnages, et chacun d'eux s'élève, sous l'empire de la foi, au-dessus de ses propres passions : c'est le triomphe de l'idéal.

L'action s'engage dès le premier vers de ce quatrième acte. Polyeucte a été tiré de sa prison par ordre de Félix, et amené au palais. Il entre, suivi de quatre gardes; il est calme, un peu hautain, comme un martyr qui croit marcher au supplice.

— Gardes, que me veut-on ?

— Pauline vous demande.

A ce mot, il s'écrie avec un accent de terreur :

— O présence !

Quel cri de passion que ce mot !

Je craignais beaucoup moins les bourreaux que ses larmes.

Il est éperdu, bouleversé. Dans son trouble, il appelle Dieu à son aide ! Il invoque Néarque, il le supplie *de prêter, du haut du ciel, la main à son ami.* Il lui faut le secours de toutes les puissances célestes, pour combattre *un si puissant ennemi.* Puis, tout à coup, sans transition, sans que rien en explique la cause, il s'apaise, son attitude devient calme, sa voix tranquille, et, se retournant vers ses gardes, il les prie d'aller quérir Sévère auquel il veut confier un secret important. Que s'est-il donc passé en lui ? Quel est ce secret ? Que veut-il apprendre à Sévère? Quel est ce dessein qui le calme subitement? C'est ce que nous ne saurons que deux scènes plus tard, car il ne faut pas moins de deux scènes importantes pour préparer et expliquer un si étrange projet.

II

La première de ces deux scènes est consacrée aux célèbres Stances. Peu de morceaux de Corneille ont été plus commentés. Il me semble cependant qu'on n'en a pas suffisamment déterminé la composition et le caractère. On les a souvent rapprochées des stances du *Cid*. Aucune analogie entre elles. Le monologue de Rodrigue ressemble à un air de bravoure. C'est un de *ces cas de conscience amoureuse* dont le débat plaisait tant aux Cours d'amour. La passion s'y mêle d'un peu de rhétorique. Cette antithèse entre l'*offenseur et l'offensé*, qui revient à la fin de chaque stance, comme un refrain au bout d'un couplet, donne je ne sais quel air de jeu d'esprit au bel élan de cœur de Rodrigue. Dans les stances de Polyeucte, au contraire, tout est action, progression, combat. Il ne s'agit pas là d'une simple prière à Dieu, d'une invocation. Non! Polyeucte prend lui-

même sa propre cause en main ; c'est lui qui
se défend, et, pour se défendre, il attaque :

> Honteux attachements de la chair et du monde,
> Que ne me quittez-vous, quand je vous ai quittés !...

Ils sont donc encore vivants en lui, puisqu'il
leur crie : « Que ne me quittez-vous ? » Il les
sent debout dans son cœur, comme les statues
des dieux païens devant les autels. Alors,
recommence l'admirable scène du temple, il
marche résolument à la destruction de ces
autres idoles ; il va d'abord aux joies terrestres,
aux plaisirs, aux honneurs, et un mot lui suffit
pour les renverser :

> Toute votre félicité
> En moins de rien tombe par terre,
> Et comme elle a l'éclat du verre,
> Elle en a la fragilité.

Il passe ensuite à la puissance, à la gloire,
à la souveraineté ; il interpelle l'empereur
Décie sur son trône ; il l'en arrache, et, avec
un accent de prophète, il abat, devant le
christianisme persécuté, la gloire de l'empereur persécuteur !

Alors, entraîné par ses paroles même, il en
arrive à ce qui lui touche le plus au cœur : à
son amour, à Pauline... il n'hésite pas !...

> Monde, pour moi tu n'es plus rien,
> Je porte en un cœur tout chrétien
> Une flamme toute divine !
> Et je ne regarde Pauline
> Que comme un obstacle à mon bien.

Enfin, un dernier coup d'aile le porte jusque dans les régions de l'extase :

> Saintes douceurs du Ciel, adorables idées,
> De vos secrets attraits les âmes possédées
> Ne conçoivent plus rien qui les puisse émouvoir.

Pauline peut venir maintenant, elle est vaincue ! La voici : elle paraît. Il la voit. Il la regarde, et laisse tomber ces mots d'une si expressive indifférence....

.   .   .   .

> Et mes yeux, éclairés des célestes lumières,
> Ne trouvent plus aux siens leurs grâces coutumières.

L'œuvre de destruction est achevée : tout ce qui régnait dans son cœur est par terre.

III

La scène à deux commence.
Le premier mot est significatif.

— Madame, quel dessein vous fait me demander ?

Il l'appelle madame !

La réponse de Pauline est empreinte d'une douceur et d'une délicatesse exquises : elle vient à lui comme une amie descend dans la prison d'un ami condamné à mort, pour le supplier de signer son pourvoi en grâce.

Rien de plus charmant que ce mélange de tendresse et de bon sens, rien de plus persuasif, je dirais volontiers, de plus habile, que toutes les raisons qu'elle lui donne...

D'abord, l'éclat de sa position. Puis, ses devoirs de citoyen. Enfin, l'indulgence du juge, qui ne lui demande qu'un peu de silence.

Tout cela dit, bien entendu, avec une émotion sincère, mais qui ne dépasse pas les bornes d'une légitime affection conjugale. Je ne m'en étonne pas, puisque je sais que son mariage avec Polyeucte n'a été pour Pauline qu'un **acte d'obéissance filiale** : *elle lui a donné par devoir tout ce que l'autre avait par inclination*. Son cœur est resté à Sévère.

Polyeucte répond à ces raisons toutes terrestres, par une suite d'admirables élans de foi!... autant de vers, autant de *credo* sublimes! Ils croissent en se succédant! Ils s'accentuent en s'accélérant! et se terminent par ce dernier cri :

C'est le Dieu des chrétiens, c'est le mien, c'est le vôtre,
Et la terre et le ciel n'en connaissent point d'autre

A ce mot, la scène change comme au début de l'acte ; mais cette fois ce n'est pas un nouveau Polyeucte, c'est une nouvelle Pauline qui se lève devant nous. Sans transition, sans préparation, elle passe des prières émues et touchantes aux reproches amers et violents. De ses lèvres, de son âme, jaillit un flot tumultueux de passion. Ce n'est plus une épouse, c'est une amante ! Une amante éperdue d'amour et de jalousie !... Elle est jalouse de Dieu !... Elle maudit cette religion qui lui arrache celui qu'elle aime !...

Que s'est-il donc passé en elle ? Qu'est-il donc arrivé depuis qu'elle est entrée ? Rien de plus simple. Un Polyeucte qu'elle ne connaissait pas, lui est apparu ! A mesure qu'il a parlé, il a grandi ! et à mesure qu'il a grandi, il l'a transformée en se transformant. Un sentiment inconnu est entré en elle ! A sa tendresse conjugale, a succédé l'admiration, l'adoration, l'amour. Polyeucte, troublé par cette explosion de sentiments inattendus, ne peut retenir ses larmes... « Il s'émeut !... » s'écrie-t-elle, « je vois couler ses larmes !... » et alors s'engage entre eux, c'est-à-dire entre l'amour divin et l'amour humain, une lutte saisissante. Il veut l'entraîner vers le ciel, elle veut le retenir sur la terre. C'est une succession de cris de passion, de cris d'enthousiasme, qui se traduisent en vers immortels, jusqu'à ce qu'elle tombe, épuisée de larmes et de sanglots, en s'écriant :

Va, cruel, va mourir ! Tu ne m'aimas jamais.

Que nous sommes loin de la fin du second acte ! Où sont ses adieux si tendres avec Sévère ? Qu'est-ce que Sévère lui-même pour elle ? Elle le montre à la scène suivante, lorsque, levoyant entrer, elle lui reproche de *venir braver un malheureux*. Pauline accuser Sévère ! Calomnier Sévère ! Quelle preuve de sa passion pour l'un, que son injustice pour l'autre !

Polyeucte justifie la présence de Sévère. C'est lui qui l'a prié de venir ; il explique le motif de cette prière ; et ainsi se révèle enfin à nous, le secret de ce mystérieux dessein, vaguement annoncé dès le début.

Polyeucte a mandé Sévère pour le fiancer à Pauline.

Cette idée déconcerte tout à fait Voltaire. Cette *cession* lui semble choquante et ridicule. Il ne voit pas que ce qu'elle a d'étrange, est précisément ce qui en fait la grandeur. Polyeucte brise ainsi, comme d'un coup de hache, tout lien entre le monde et lui : il entre dans les régions supérieures, il y trouve le calme qu'inspire un grand sacrifice à une grande âme, et son langage s'y empreint d'une sorte de dignité sacerdotale.

> Possesseur d'un trésor dont je n'étais pas digne,
> Souffrez avant ma mort que je vous le résigne.
>
> . . . .
>
> Vous êtes digne d'elle, elle est digne de vous,
> Ne la refusez pas de la main d'un époux :
> S'il vous a désunis, sa mort vous va rejoindre.
>
> . . . .
>
> Vivez heureux ensemble, et mourez comme moi :
> C'est le bien qu'à tous deux Polyeucte désire !
> Qu'on me mène à la mort, je n'ai plus rien à dire.
> Allons, gardes, c'est fait.

Ces paroles, si nobles dans leur simplicité, m'ont toujours ému jusqu'au fond de l'âme, et cependant, l'avouerai-je? mon émotion n'allait pas sans un certain malaise. Polyeucte me semblait trop maître de lui, trop détaché de Pauline. Je lui reprochais malgré moi de n'avoir rien gardé de son émotion du début de l'acte, d'avoir trop oublié ses larmes de tout à l'heure, lorsqu'un jour, entrant au Théâtre-Français pendant une représentation de *Polyeucte*, un mot de Mounet-Sully... un accent... un silence, m'ouvrirent tout à coup les yeux et me frappèrent comme d'un trait de lumière. L'acteur s'arrêta après le mot : « *Allons, gardes!*... » il prit un long temps... puis, à part, à voix basse, avec un puissant effort, il dit : « *C'est fait!*... » Cette interprétation me paraît une véritable création. Elle rend toute son unité au rôle de Polyeucte, elle nous montre qu'il a lutté jusqu'au bout, souffert jusqu'au bout, aimé jusqu'au bout... et ce sentiment humain persistant dans le sentiment divin, fait de lui, à la fois, un martyr et un homme.

IV

Pauline et Sévère restent vis-à-vis l'un de l'autre. Que vont-ils se dire? Que va faire Pauline? Sévère commence : sa voix est tremblante, il n'ose pas montrer sa joie, il n'ose pas exprimer son espoir, et c'est seulement après quelques paroles enveloppées d'une grâce chevaleresque tout à fait exquise, qu'il hasarde un demi-aveu à peine formulé.

Elle l'arrête d'un mot.

Brisons là : je crains d'en trop entendre.

. . . .

Sévère, connaissez Pauline tout entière :
Mon Polyeucte touche à son heure dernière,
Vous en êtes la cause, encor qu'innocemment.

Puis, après cette parole un peu dure, elle ne craint pas d'ajouter qu'elle préférerait les supplices de l'enfer à un tel mariage, et que, si Sévère avait osé en concevoir l'espérance,

L'amour qu'elle eut pour lui tournerait tout en haine...

C'en est fait, le coup est porté : elle peut sortir, la scène est finie. Finie? oui, pour un autre poète que Corneille... Pour lui, elle commence.

Un fait que l'on n'a pas assez remarqué, c'est qu'il y a dans Corneille deux artistes absolument différents. Un poète idéaliste qui rappelle le Poussin par la simplicité grandiose de ses conceptions et de ses personnages; puis, à côté, un poète dramatique, complexe, compliqué, singulier jusqu'à la bizarrerie.

La lecture de ses préfaces montre à la fois son goût pour les situations inextricables et sa merveilleuse facilité d'invention pour en sortir... Il n'en sort pas toujours dans ses dernières pièces, mais, dans sa jeunesse, il a des traits d'audace qui sont des trouvailles de génie : *il se tire de tout par le sublime.* Que propose, en effet, Pauline à Sévère au moment où elle vient de lui arracher si cruellement tout espoir? *de l'aider à sauver Polyeucte et de le lui rendre*. Certes, rien de plus étrange que cette proposition. Eh bien, sous la plume de Corneille, elle devient simple à force de grandeur.

On vante l'habileté de Racine à pénétrer le mystère des cœurs de femmes et à en exprimer l'inexprimable, mais où a-t-il poussé le génie des nuances aussi loin que Corneille dans les vers de Pauline? C'est un mélange délicieux de franchise et d'adresse, d'affection et de réserve... Sévère n'est plus pour elle qu'un ami, mais quel ami! Il n'a plus que le second rang, mais quel second rang! Avec quel art elle relève le sacrifice qu'elle lui demande!

> Conserver un rival dont vous êtes jaloux,
> C'est un trait de vertu qui n'appartient qu'à vous ;

Elle va plus loin : elle ose faire appel à son amour même.

> Et si ce n'est assez de votre renommée,
> C'est beaucoup qu'une femme autrefois tant aimée
> Et dont l'amour peut-être encor peut vous toucher
> Doive à votre grand cœur ce qu'elle a de plus cher.

Je ne sais rien de plus hardi et de plus émouvant que ce langage.

La fin de la scène y ajoute une austère grandeur qui la complète :

> Souvenez-vous enfin que vous êtes Sévère.
> Adieu, résolvez seul ce que vous voulez faire ;

> Si vous n'êtes pas tel que j'ose l'espérer,
> Pour vous priser encor, je le veux ignorer.

Voltaire n'a pas craint d'écrire, dans son commentaire, que les *Grecs étaient de froids déclamateurs, en comparaison de cet endroit de* Polyeucte.

Sans aller aussi loin que Voltaire, on peut dire que le rôle de Pauline est d'une nouveauté, d'une beauté, sinon sans égale, du moins sans exemple.

Je m'explique.

Certes, le fait capital de sa scène avec Polyeucte est le changement de son affection conjugale en passion. Mais ce changement lui-même, d'où vient-il? De la transfiguration de Polyeucte en héros de la foi. C'est le rayonnement de la foi sur son visage, l'enthousiasme de la foi dans ses paroles, la beauté nouvelle dont la foi l'a revêtu, qui ont subjugué Pauline. C'est le chrétien qu'elle adore en lui. De là, dans le fond de son cœur, au milieu de ses désespoirs qui vont jusqu'au blasphème, je ne sais quel respect ému et étonné pour cette religion qui produit de tels miracles. Sans qu'elle s'en doute, la foi chrétienne la gagne... l'attire... Aller à elle, n'est-ce pas aller *à lui ?* Elle tente bien encore de le lui disputer en faisant appel à Sévère, mais quand ce suprême espoir se brise, quand, au 5e acte, elle voit Polyeucte repousser avec indignation toute espèce de grâce et lui échapper à jamais, alors, dans un élan irrésistible, ne pouvant plus le retenir, elle le rejoint au moment où il marche au supplice, elle s'élance sur sa trace en s'écriant : « Je te suivrai partout ! » et elle reparaît bientôt, le front illuminé d'une joie sainte, *baptisée*, comme elle le dit elle-même, dans le sang du martyr, et jette à son père ce cri immortel :

Je vois, je sais, je crois, je suis désabusée.

Quoi de plus saisissant, de plus pathétique, que les évolutions de cette grande âme, entraînée à l'amour par la foi, et à la foi par l'amour !

V

Dernière scène, dernier triomphe de la religion nouvelle.

Sévère reste seul avec son confident ; il débute par une explosion de désespoir et de rage, d'imprécations et de sanglots. Il maudit le ciel, il maudit Pauline et tombe, épuisé de larmes, en s'écriant :

C'est donc peu de vous perdre, il faut que je vous donne,

A quoi son confident Fabian, avec cette bonhomie familière dont Corneille a le secret, lui
répond :

> Laissez à son destin cette ingrate famille
> Qu'il accorde, s'il veut, le père avec la fille,
> Polyeucte et Félix, l'épouse avec l'époux,
> D'un si cruel effort quel prix espérez-vous ?

A ce mot, Sévère bondit et, d'une voix vibrante :

> La gloire de montrer à cette âme si belle
> Que Sévère l'égale et qu'il est digne d'elle,

Là-dessus, le voilà qui à son tour s'élance
dans son idéal à lui, l'idéal terrestre, l'idéal
de l'honneur, de la générosité, du dévouement! Que lui importe la colère de l'empereur Décie? Que lui importe sa propre dis-
grâce? Que lui importe la mort même? Et c'est
ainsi que, de degrés en degrés, montant toujours, il en arrive à cette célèbre tirade :

> La secte des chrétiens n'est pas ce que l'on pense.

Arrêtons-nous ici un moment, car nous
touchons au point le plus significatif de cette
analyse. Le xviiiᵉ siècle a applaudi ce morceau
avec enthousiasme, comme le plus éloquent
appel à la tolérance, et Voltaire l'a défini :
la condamnation de tous les persécuteurs. Par-

tant de ce principe, les artistes qui ont joué le rôle de Sévère ont interprété cette apologie du christianisme en raisonneurs, en moralistes, en hommes d'État. Sont-ils dans le vrai? Je ne le crois pas. Talma, qui a laissé dans le rôle de Sévère un si grand souvenir, lui donnait-il ce caractère philosophique? Je ne le crois pas. Est-il possible qu'un poète comme Corneille ait interrompu le grand mouvement de passion de cet acte, pour le terminer par un hors-d'œuvre de rhétorique? Je ne le crois pas. D'ailleurs, les vers sont là pour nous convaincre. Qu'on relise cette énumération entraînante des vertus chrétiennes; qu'on se répète un à un, tout haut, ces hémistiches vibrants, haletants, se pressant l'un sur l'autre :

> Enfin chez les chrétiens, les mœurs sont innocentes,
> Les vices détestés, les vertus florissantes ;
> Jamais un adultère, un traître, un assassin !
> Jamais d'ivrognerie et jamais de larcin !
> Chacun d'eux chérit l'autre et le secourt en frère.

Est-ce là, je le demande, le langage du simple bon sens et de la pure humanité? Ne sent-on pas qu'une puissance invisible le pousse?

> Ils font des vœux pour nous qui les persécutons ;
> Et, depuis tant de temps que nous les tourmentons,

Les a-t-on vu mutins ? Les a-t-on vu rebelles ?
Nos princes ont-ils eu des soldats plus fidèles ?
Furieux dans la guerre, ils souffrent nos bourreaux ;
Et, lions au combat, ils meurent en agneaux.
J'ai trop de pitié d'eux pour ne pas les défendre.

Les! les! Voilà le mot décisif : c'est le cri du néophyte. Il ne s'agit plus pour lui de défendre Polyeucte, mais tous les chrétiens. La cause du christianisme devient la sienne! Il est conquis à la foi comme les autres! Il a trouvé son chemin de Damas! Il subit le coup de cette folie de la croix, dont Corneille est à la fois le poète et l'historien. Polyeucte a été entraîné par Néarque, Pauline par Polyeucte, Sévère par Pauline, comme Félix sera entraîné à son tour.

Cette conversion de Félix a été l'objet de vives critiques. Elle compte, pour moi, parmi les plus grandes beautés de la pièce. Jeter au bas d'un drame, peuplé de créatures idéales, Félix, c'est-à-dire l'assemblage de toutes les couardises, de toutes les vanités, de toutes les petitesses mondaines... Puis, tout à coup, nous le montrer arraché de la terre, soulevé au-dessus de la terre, n'est-ce pas peindre d'un seul trait, dans toute sa puissance, cette miraculeuse vertu qui *transporte les montagnes.*

En résumé, qu'est-ce que Polyeucte? Le pendant de l'admirable tableau du Poussin, le Ravissement de saint Paul. C'est une *ascension!* On y voit un groupe d'âmes s'élevant l'une l'autre, se soutenant l'une l'autre et montant ensemble vers le ciel sur les ailes invisibles de la foi. Dans aucune autre de ses tragédies, Corneille n'a mieux mérité le titre que le xviie siècle n'avait accordé qu'à Louis XIV et à Condé le titre de *Grand.*

CHAPITRE V

Le célèbre acteur Molé avait tellement marqué le rôle d'Alceste de son empreinte, que Fleury, son illustre successeur, se déclarait incapable non seulement de l'égaler, mais de l'imiter. Un de ses amis le complimentant, un jour, de la façon dont il avait joué *le Misanthrope* : « Ne parlez pas de moi, lui dit-il vivement, c'est Molé qu'il fallait entendre. Tenez... » et, tout à coup, il se mit à réciter une tirade du premier acte avec un tel feu, que son ami lui dit : « Pourquoi ne dites-vous pas ainsi tout le rôle?... — Parce que je ne pourrais pas... »

Or, il y a plus de cinquante ans, — j'en avais alors trente-cinq, — je voyais de temps en temps, à la campagne, un vieux comédien de l'ancien Théâtre-Français, M. Dupont, beau-père de Mlle Dupont, la brillante soubrette. Il avait quatre-vingt-trois ans, était paralysé des deux jambes, et m'appelait son frère... parce que, dans sa jeunesse, il avait joué le rôle d'Abel dans la tragédie de mon père. Vous jugez si je le faisais causer sur les acteurs d'autrefois, et un jour où nous parlions de Molé : « L'avez-vous vu dans *le Misanthrope*? — Si je l'ai vu? Je jouais Philinte à côté de lui. — Eh! bien, qu'était-il dans ce rôle? — Oh! monsieur! » Et là-dessus, mon paralytique se soulevant dans son fauteuil sur ses deux poignets me dit d'une voix vibrante : « Oh! monsieur! Il lui partait des étincelles de ses manchettes! — Comment! des étincelles!... C'était donc un rôle brillant? — Brillant! Dites donc étincelant! Du reste, voyez la pièce!... Molière n'y a mis que trois femmes, elles sont toutes trois amoureuses d'Alceste. »

Ces mots me frappèrent très vivement alors, et me restèrent dans la mémoire. J'ai vu, depuis ce temps-là, tous les acteurs qui ont joué *le Misanthrope* : Damas, Périer, Geffroy, Lafontaine, Bressant; ils y faisaient preuve de qualités réelles, aucun ne m'a satisfait complètement. Tous me paraissaient trop sombres, trop moroses, de trop désagréable humeur. Il me vint alors l'idée de relire le rôle, à la lueur des paroles du père Dupont, d'y chercher la trace de Molé, et, à mesure que j'avançai dans ma lecture, le rôle se transforma pour moi; je compris mieux les paroles du vieil acteur. Remarquez, en effet, que non seulement ces femmes l'aiment toutes trois, mais toutes trois veulent l'épouser. L'épouser, c'est-à-dire vivre avec lui, être en commerce perpétuel avec lui, tous les jours, à tous les instants. Il avait donc un charme! Car enfin, on n'épouse pas par choix un homme morose! On ne va pas chercher pour mari un prêcheur ennuyeux et bougon! On ne prend pas le nom d'un homme ridicule! Ce serait se ridiculiser soi-même !... C'est qu'Alceste n'est pas ridicule, il est comique : chose fort différente! *On ne rit pas de lui, on rit de ce qu'il dit*, et on l'aime en en riant, parce que ce qu'il dit est imprévu, singulier, amusant par son exagération même. Ses boutades à Philinte, ses rebuffades à Arsinoë, ont je ne sais quelle verve originale, qui emporte le rire, et je ne sais quelle spontanéité qui attache. J'insiste sur le mot spontanéité. Car, ne l'oublions pas, Alceste est un naïf. Il songe si peu à poser qu'il ne se doute pas que ce qu'il dit puisse faire rire.

Par la sambleu! messieurs, je ne croyais pas être
Si plaisant que je suis.

Et sa scène avec Oronte! Prend-il assez de
détours pour ne pas le froisser? Se croit-il
assez adroit, assez diplomate? Et la chanson!
Quelle bonhomie quand il la dit, quel enthousiasme quand il la redit! Et lorsque enfin
Oronte se fâche, quel coup sur coup de ripostes
gaies, moqueuses, mordantes, qui dénotent
l'homme du meilleur monde et du plus vif
esprit! Comment s'étonner après cela, que
Molé ait tant amusé le public, et que ces trois
femmes aient eu tant de penchant pour Alceste?

Autre fait, non moins caractéristique, et trop
peu remarqué. Il n'y a que deux autres rôles
d'hommes, dans la pièce, et ces deux hommes
subissent le charme, comme les trois femmes.
L'un, Oronte, montre autant de considération
pour le caractère d'Alceste que pour son esprit.
Le suffrage d'Alceste compte pour lui plus que
tous les autres. Le second, Philinte, a pour lui
une affection profonde. Alceste le tarabuste, le
rudoie, le renvoie. Il n'en tient compte.

ALCESTE.

Ah! morbleu! C'en est trop! Ne suivez point mes pas.

PHILINTE.

— Vous vous moquez de moi, je ne vous quitte pas.

Qui accompagne Alceste près des maréchaux?
Philinte. Qui s'occupe de son procès? Philinte.
Aussi franc avec Alceste qu'Alceste lui-même,
tour à tour il le morigène, il le gourmande,
il le conseille. Si épris qu'il soit lui-même
d'Éliante, il engage son ami à répondre au
penchant qu'elle a pour lui, parce qu'il serait
plus heureux avec elle qu'avec Célimène.
Enfin, au dénouement, quand il voit Alceste
s'arracher violemment pour jamais à ce monde
où triomphent les vices, que fait-il? Il se
retourne vers Éliante qui vient de lui accorder
sa main, et lui adresse ces deux vers si touchants dans leur simplicité.

> Allons, madame, allons employer toute chose
> Pour rompre le dessein que son cœur se propose.

Et, aussitôt, les voilà tous deux, à peine fiancés,
s'attachant aux pas de ce désespéré, pour le
sauver de lui-même! A quoi tient donc le
charme étrange qu'exerce sur tout ce qui
l'entoure ce farouche misanthrope? Qu'est-ce
qui fait donc de lui un être si attachant? La
lecture attentive de la première scène, où
s'expose son caractère, suffit pour le faire
comprendre. Sa misanthropie s'y montre violente, excessive, amère, injuste, soit! mais

5.

comme elle est éloquente et généreuse! De quel fonds d'admirable honnêteté elle part! Quels nobles sentiments elle exprime! Quel beau langage elle parle! Quelle profondeur d'observation elle suppose! Quel éclat d'imagination, cette verve jette sur cette colère! Enfin, si vaillante est son indignation contre le mensonge, que le poète ne craint pas de dire par la bouche d'Éliante :

> Dans ses façons d'agir il est fort singulier,
> Mais j'en fais, je l'avoue, un cas particulier ;
> Et la sincérité dont son âme se pique
> A quelque chose en soi de noble et d'héroïque.

Héroïque! Songez donc! Héroïque! Dans une comédie! Sous la plume de Molière! Un tel mot ne grandit-il pas singulièrement Alceste? Et du même coup ne le débarrasse-t-il pas de ce masque de maussaderie dont on l'affuble si souvent? Oui, Molé a eu raison de donner quelque chose de brillant à cette misanthropie même! Molière l'a voulu! Il aimait tant Alceste! C'était sa création préférée. Sans doute, il lui donne des travers, parce que, créé par lui, il faut qu'il fasse rire; mais il lui prête son cœur, car il veut qu'il aille au cœur. En réalité, qu'est-ce qu'Alceste? C'est Molière lui-même. Lui aussi, le pauvre grand homme, il

savait ce que c'était que d'être invinciblement
et fatalement attaché à une coquette. Lui
aussi, il avait passé par les rages, par les
désespoirs, par les folies de tendresse d'une
grande âme en face d'une créature futile et
mondaine! Et comme, par une rencontre bien
étrange, Molé était exactement dans la même
position qu'Alceste, comme il était amoureux
fou de Mlle Contat qui ne l'aimait pas, on
comprend que le génie du poète et le génie
de l'artiste, électrisés par leurs sentiments
personnels et s'électrisant l'un l'autre, créaient
autour du personnage d'Alceste, un irrésistible
courant de sympathie et de passion! Ainsi
s'explique le mot de M. Dupont. Voilà comment, dans tout le cours de la pièce, à la fin
comme au début, les étincelles parties des
manchettes de Molé mettaient le feu à la
salle.

CHAPITRE VI

J.-J. ROUSSEAU.

QUE RESTE-T-IL DE SES IDÉES DANS LA SOCIÉTÉ MODERNE ?

Il y a deux sortes d'immortalités pour les hommes de génie. L'une active, l'autre passive; l'une qui n'est que de la gloire, l'autre qui est encore de la vie.

Bossuet et J.-J. Rousseau en offrent deux illustres exemples.

Depuis deux cents ans, la renommée littéraire de Bossuet n'a fait que s'accroître; aucun prosateur, dans aucune langue, ne le dépasse et peut-être ne l'égale. C'est une étoile fixe de première grandeur dans le domaine intellectuel. En revanche, quelle influence est la sienne dans le monde des faits actuels? Quelle action exercent ses idées sur notre vie politique, sur notre vie de famille, sur notre vie sociale? Aucune. C'est un de ces arbres

immenses et toujours verts, comme le cèdre,
dont les racines ne poussent pas de rejetons.

Tout autre nous apparaît J.-J. Rousseau.

Son influence, énorme sur son temps, reste
considérable aujourd'hui. On retrouve sa trace
partout. Il est mêlé à tout ce qui nous touche.
Lui aussi, je le comparerais à un arbre, mais
à un arbre à racines traçantes; les peupliers,
les acacias, projettent, à 200 ou 500 mètres de
leur tronc, des rejetons qui surgissent tout à
coup au milieu des gazons et des champs; c'est
ainsi que les idées de Rousseau se font jour, à
deux cents ans de distance, dans nos mœurs
et dans nos lois.

Étudier ce phénomène, c'est-à-dire mettre, à
côté de ce que fut Jean-Jacques au xviiie siècle,
ce qu'il est encore aujourd'hui, tel est l'objet de
notre travail. Qu'on ne s'attende ni à une apologie, ni à un réquisitoire. Selon moi, aucune
plume n'a peut-être fait autant de bien et
autant de mal que la sienne. Je dirai le mal
comme le bien. Peut-être y suis-je mieux pré-
paré qu'un autre, car j'ai passé, pour lui, par
les états d'esprit les plus différents. Dans ma
jeunesse, il m'a inspiré une admiration passionnée; dans mon âge mûr, j'ai senti pour
lui une sorte de répulsion si vive, que j'ai

refusé de prendre la parole dans une cérémonie publique, organisée il y a quelques années en son honneur.

Aujourd'hui, plus calme et plus juste, je vois en lui un des génies les plus troublés, les plus troublants et les plus féconds de notre littérature. C'est là ce que je voudrais peindre, en parcourant successivement les divers points sur lesquels s'est portée sa pensée : la nature, la famille, l'éducation, l'amour, les questions sociales, les sentiments religieux.

LA NATURE.

De bien grands écrivains ont aimé et célébré la nature avant J.-J. Rousseau. D'où vient donc qu'il se soit fait parmi eux une place si particulière, la première peut-être? De ce que tous ils ont chanté la Création, *les yeux levés au ciel*; lui, *les yeux baissés vers la terre*.

Je m'explique : Lisez l'admirable description de l'univers dans le *Traité de l'existence de Dieu* par Fénelon; puis, ouvrez les *Rêveries du promeneur solitaire* de Jean-Jacques. Quel contraste! Ce que dépeint le premier, ce sont les magnificences du monde; c'est le ciel, ce sont les astres, c'est l'Océan; ce sont les éternelles

lois de la création! Ce qui attire l'autre, c'est
ce que la nature a de plus humble, de plus
caché, de plus intime, de plus infime. Un peu
de mousse au pied d'un arbre; une petite
source au fond d'un bois; errer seul à travers
les bruyères; se coucher au fond d'un bateau,
et là, étendu sur le dos, regarder passer les
nuages! Puis, allant de la rêverie à la science,
devenir botaniste, faire ainsi un pas de plus
dans l'intimité de la nature; la surprendre
dans les plus mystérieux secrets de la germi-
nation; substituer enfin le microscope au
télescope, voilà le caractère particulier du
génie pittoresque de Rousseau.

Il va plus loin. Il ne se contente pas d'aimer
ce qui est sauvage; il aime ce qui est rustique.
La vie agreste, la vie des champs, la culture,
les cultivateurs l'attirent et l'inspirent comme
la solitude, comme le silence des grandes
forêts. Il découvre une sorte de poésie dans
les conditions les plus humbles, dans les occupations rurales les plus vulgaires. Enfin, le
caractère du talent de Rousseau se résume en
deux mots : sentiment profond de la nature
intime, sentiment profond de la vie de campagne. Or, qu'est-ce que cela? sinon la définition de la grande école paysagiste du xıxe siècle;

je dis paysagiste, car j'y comprends les peintres comme les écrivains : tous nos artistes, qu'ils aient en main une plume ou un pinceau, qu'ils s'appellent Bernardin de Saint-Pierre ou Loti, George Sand de *Valentine*, ou George Sand de la *Mare au Diable*; Troyon et Daubigny ou Millet, tous sont des descendants directs ou indirects du *Promeneur solitaire*.

Mais voici un résultat bien plus extraordinaire des idées de Jean-Jacques. Elles ont passé des livres et des tableaux dans les faits; elles ont produit un changement dans nos mœurs, dans nos habitudes intimes.

Dans ma jeunesse, la bourgeoisie n'allait pas à la campagne. C'était une habitude, un privilège réservés à l'aristocratie. Les grandes familles séjournaient longtemps dans leurs terres, et les femmes y continuaient le rôle des châtelaines d'autrefois.

Aujourd'hui le goût de la vie de la campagne fait partie de notre vie à nous tous, bourgeois petits ou grands. Quelle est la femme de magistrat, d'avocat, de médecin, de commerçant, d'écrivain, d'artiste, qui n'ait pas, pour objet d'ambition, une habitation plus ou moins importante dans un village, où l'on plante, dans un terrain à soi, des arbres à soi, et où l'on s'enracine avec ses arbres? C'est tout un changement d'existence. Cucillir ses fleurs, faire ses bouquets, récolter ses fruits, ramasser ses œufs, revenir des bois avec des brassées de plantes sauvages et en habiller les coins du salon, tout cela devient autant d'occupations qui calment, rassérènent, reposent, retrempent. Puis, peu à peu, la famille s'agrandissant, la petite maison devient centre. Là s'élèvent les enfants, là se retirent les vieux, là se refont les santés, là s'équilibrent les budgets, là se passent les premiers jours des lunes de miel; là, à l'automne, au temps des vacances et des chasses, se réunissent les parents que la vie disperse et sépare. On se retrouve comme au pays natal. C'est une petite patrie dans la grande. A qui les classes moyennes doivent-elles cette *vita nuova?* A Rousseau.

LA FAMILLE.

J.-.J Rousseau a fait dans la famille une révolution qui dure encore. Comment? avec un seul mot : *Mères, nourrissez vos enfants.*

Cette parole, impérieuse et impérative, retentit dans le dix-huitième siècle comme un coup de clairon. Les hautes classes prirent feu pour cette réforme. *Mater nutrix* devint le plus beau symbole de la maternité. La mode s'en mêla. On inventa une forme de robe qui était comme le costume de cette noble fonction. Elle s'exerçait dans les lieux publics; la nudité même était un emblème de pureté. Mais le fait curieux, c'est que personne, pas même Rousseau, ne prévit les conséquences de cette innovation. En apparence, il n'y avait là qu'une habitude des classes d'en bas, adoptée par les classes d'en haut. Rousseau, ce semble, avait simplement dit aux femmes de noblesse et de haute bourgeoisie : Faites ce que font les femmes du peuple et de la bourgeoisie de province. En réalité, ce n'était pas moins que la réforme complète de la vieille famille aristocratique.

Jusque-là, dans les familles, riches ou nobles, l'enfant, séparé de ses parents dès sa naissance, envoyé au loin, confié à des mains mercenaires, comptait à peine dans la maison paternelle. A la voix de Rousseau, le nouveau-né y rentra, suspendu au sein de sa mère, et ce petit hôte de plus renouvela tout autour de lui. Il devint le but de toutes les pensées, le point central de toutes les existences. Son premier regard, son premier sourire, sa pre-

mière parole, son premier pas se transfor-
mèrent en autant d'événements domestiques
et préparèrent ainsi cette nouvelle poésie qui
est une des gloires de notre grande école lyrique, la poésie de l'enfance. Je dis de l'enfance,
car il ne s'agit pas d'un seul nouveau-né, mais
de tous. Les frères et les sœurs, les cadets et
l'aîné y prirent place au même titre, au même
rang ; et avec eux pénétrèrent dans le vieil
édifice familial, fondé sur la hiérarchie, les
sentiments naturels qui ont pour base l'égalité.
Peu à peu, au souffle, au bourdonnement de
tous ces petits êtres élevés en commun, dispa-
rurent toutes les différences de sexe et d'âge ;
le droit d'aînesse disparaît, les droits dissemblables dans le partage des biens disparaissent,
et le Code civil déclare tous les enfants égaux
devant la loi comme devant la tendresse de
leurs parents.

Autre changement. Les mères passèrent na-
turellement du rôle de nourrices au rôle d'édu-
catrices. Elles élevèrent sur leurs genoux ceux
qu'elles avaient élevé à la mamelle. Elles leur
donnèrent les premières notions de tout, les
premiers principes de tout, les premières
leçons de tout, comme elles leur avaient
donné le premier aliment. Après l'enfance,

vint l'adolescence; après l'adolescence, la jeunesse; les mères s'en emparèrent de même, et, de progrès en progrès, d'envahissement en envahissement, elles en arrivèrent à ce fait, véritablement extraordinaire, que nous voyons se produire aujourd'hui dans l'éducation publique, c'est-à-dire que partout, dans les lycées de garçons comme dans les lycées de filles, les mères ont leur place et leur part.

Je me rappelle que, dans ma jeunesse, au lycée Bourbon — aujourd'hui Condorcet — les externes libres, c'est-à-dire venant directement de chez leurs parents, ne formaient qu'une minorité infime et fort dédaignée; aujourd'hui, à Condorcet et ailleurs, ils forment tout un groupe et tiennent souvent la tête. Qui a rendu ce changement possible? Les mères. Leurs fils, devenus écoliers, sont restés leurs élèves. Elles surveillent le départ pour le lycée, le retour du lycée, l'emploi du temps en dehors des heures du lycée. Tenue des cahiers, récitation des leçons, parfois même correction des devoirs, tout rentre dans leur domaine. J'ai connu des mères qui ont appris les premiers éléments du grec et du latin pour être capables de juger ce qu'elles examinaient ou écoutaient.

Quant aux filles, les mères ne les donnent

pas à l'instruction publique, elles les lui prêtent. S'agit-il des cours de Sorbonne ou autres?
Les mères assistent aux leçons avec leurs filles,
prennent des notes pour elles et avec elles.
S'agit-il des lycées? Les mères les y conduisent
ou les y font conduire chaque matin, mais les
reprennent à quatre heures et réalisent ainsi
l'alliance si désirable de l'éducation publique
et de l'éducation de famille. De là, entre les
mères et les filles, une union que le temps
n'altère pas, que le mariage ne rompt pas, que
la vieillesse n'affaiblit pas, et qui mêle si
étroitement ces deux existences qu'elles n'en
font plus qu'une. Dieu me garde de nier les
affections de famille d'autrefois! Les mères
aimaient tout autant leurs filles qu'aujour-
d'hui, mais autrement; il n'y avait pas dans
l'ancien monde ce qui se rencontre si souvent
dans le nôtre : des mères et des filles *amies*
intimes.

Quel est le point de départ de tous ces progrès? La parole de Rousseau. Le croirait-on?
Depuis vingt-cinq ans, cette parole a acquis
une valeur et une autorité encore plus considérables. Depuis vingt-cinq ans, le nombre des
jeunes femmes, nourrissant leurs enfants, a
plus que doublé. Un auxiliaire inattendu a pris

parti pour l'idée de Rousseau : la nouvelle école
médicale. Elle ordonne l'allaitement maternel
non seulement dans l'intérêt des enfants, mais
dans l'intérêt des mères. Nourrir ses enfants
n'est plus une fatigue, c'est un renouvellement
de santé, voire de beauté, et les jeunes femmes
se sont soumises à l'ordonnance nouvelle avec
une sorte de passion qui part d'un sentiment
très particulier et très touchant.

Une d'elles me disait un jour : « Je ne comprends pas les grands peintres. Ils représentent
toujours la Vierge regardant son fils suspendu
à son sein; que ne peignent-ils l'enfant regardant la mère? Il y a dans cet échange des deux
regards une fusion des deux êtres si profonde,
que notre cœur en est inondé d'une joie indi-
cible : Allaiter notre enfant, c'est créer entre
lui et nous un lien de plus. »

L'ÉDUCATION.

Venons à l'éducation.

Émile est le chef-d'œuvre de J.-J. Rousseau.
En dépit de ce qui s'y rencontre de chimérique,
de paradoxal, il règne dans l'ensemble une telle
grandeur morale, le style y est si puissant, la
dialectique si pressante, les vues ingénieuses

et pratiques y abondent avec une telle profusion qu'on peut dire hardiment que c'est un chef-d'œuvre.

Je ne m'arrêterai qu'à un seul point; d'abord parce qu'il est peut-être le plus original, puis parce qu'il en reste encore quelque chose aujourd'hui.

Rabelais et Montaigne avaient, bien avant Rousseau, donné une grande place dans leurs plans d'éducation au développement de l'adresse et de la vigueur corporelles. Rousseau, avec sa fougue impétueuse et sa hardiesse d'initiative, fit un pas de plus; il mit un outil dans la main de son élève. Il lui donna un état manuel. Il fit d'Émile un menuisier. Ce fut un sursaut général. Imiter Émile devint une mode parmi les jeunes gentilshommes. Ils étaient enchantés de jouer à l'ouvrier. Mais bientôt les événements se chargèrent de leur apprendre que le jeu pouvait devenir une occupation sérieuse. Vint la Révolution, vint l'émigration, et force fut bien aux jeunes émigrés de convenir qu'il pouvait y avoir, même pour eux, un autre métier que le métier des armes. Pendant que les jeunes duchesses ou marquises s'improvisaient modistes, couturières, lingères, et se fiaient pour vivre à l'adresse de leurs dix doigts, les fils des croisés ne dédaignaient pas de prendre en main un outil qui remplaçait *l'épée de leurs pères* et leur servait de gagne-pain. N'a-t-on pas raconté que, pendant l'émigration, un jeune seigneur se faisait quatre ou cinq mille livres de rente en allant assaisonner des salades en ville?

Mais les deux plus illustres disciples de Rousseau furent un héritier présomptif et un prince de la maison royale : Louis XVI et le futur Louis-Philippe.

Louis XVI avait un vrai talent de serrurier. On dit qu'il ne fut pas étranger à la confection de la fameuse armoire de fer; et ma grand'mère m'a raconté qu'un jour il s'aventura sur le toit des Tuileries pour réparer je ne sais quelle lucarne, et qu'il serait tombé en bas, sans un couvreur qui le retint par le fond de sa culotte.

Quant à Louis-Philippe, élevé à la Jean-Jacques par Mme de Genlis, il était homme de tous états. Personne ne saignait mieux que lui, et je tiens de M. Guizot que, sous la monarchie de Juillet, la reine d'Angleterre, se promenant dans le jardin potager du château d'Eu et admirant une très belle poire, le roi s'empressa de la cueillir et, tirant un couteau de sa poche, il commença à enlever la pelure. Sur

quoi la reine se mettant à rire : « Que Votre
Majesté ne s'étonne pas de mon talent, dit
Louis-Philippe, quand, comme moi, on a été
un pauvre diable roulant le monde pour
gagner sa vie, on a toujours un couteau dans
sa poche. »

Que reste-t-il aujourd'hui de ce goût jeté
dans la société française par Jean-Jacques?
Plus qu'on ne le croit. Reportons-nous au
xviie siècle. Se figure-t-on Corneille rabotant?
Racine bêchant? La Fontaine clouant? Ah! le
pauvre homme, je plaindrais bien ses doigts!
Or, maintenant, regardons autour de nous, et
comparons : Victor Hugo était un tapissier
émérite, je pourrais ajouter, et passionné; car
on raconte qu'à la mort de sa fille il s'enferma
pendant un mois, sans vouloir voir personne,
et qu'il employa ce temps à refaire le meuble
de son appartement. Saint-Marc Girardin, dans
sa propriété de Morsang, ne permettait pas à
un menuisier d'entrer dans sa bibliothèque;
il taillait lui-même les montants, posait les
rayons, assurait les tablettes. Quand il était
fatigué de faire des livres ou d'en lire, il fabri-
quait de quoi les loger. Saint-Marc était-il une
exception? Nullement. Depuis plus de vingt ans,
combien voyons-nous d'artistes, d'écrivains,

d'avocats, de magistrats, de grands industriels, pour qui les vacances ne seraient pas complètes, sans le plaisir de greffer, de palissader, de scier, de raboter.

Qui a créé, pour la classe riche, l'éducation des doigts? Jean-Jacques Rousseau!

Mince éloge, dira-t-on, pour un ouvrage comme *Émile*.

Selon moi, ce petit progrès est un des plus grands services que Rousseau ait rendus aux classes élevées. Heureux ceux d'entre nous qui savent se servir d'un outil! Un travail manuel est un exercice pour le corps, un repos pour l'esprit, un élément de santé, un préservatif contre l'ennui, un plaisir, un intermède charmant. Que les femmes nous pardonnent certains de nos privilèges! Elles ont leur aiguille.

LA NOUVELLE HÉLOÏSE. — LES CONFESSIONS. — LE CONTRAT SOCIAL.

Jusqu'ici notre étude n'a abouti qu'à l'éloge. Mais voici trois ouvrages qui, nous montrant en Jean-Jacques Rousseau le romancier, le narrateur et l'écrivain politique, nous amèneront à formuler nettement nos réserves et nos critiques.

Rousseau raconte avec complaisance que, le jour de la publication de la *Nouvelle Héloïse*, une grande dame, ayant reçu le volume, au moment où, tout habillée pour le bal, elle s'apprêtait à partir, elle se mit, en attendant sa voiture, à lire les premières pages et qu'elle ne se leva de son canapé qu'après avoir achevé le livre, à trois heures du matin.

Or, que reste-t-il aujourd'hui de ce roman qui passionnait si vivement l'imagination des femmes d'autrefois? Presque rien qu'un nom; je suis sûr qu'il n'a pas vingt lectrices. Certes, ce ne sont pas les belles pages qui y manquent. Je pourrais citer telle ou telle lettre, d'une éloquence et d'une poésie merveilleuses. Mais la déclamation, la convention, la rhétorique, le pédantisme y gâtent tellement tout, qu'à vingt ans, au plus fort de mon enthousiasme pour Rousseau, j'ai jeté là le livre, d'ennui. Veut-on, du reste, en toucher du doigt le vice irrémédiable? Qu'on relise les lettres de la véritable Héloïse, de l'Héloïse d'Abélard. Quel contraste! La passion parle là toute pure, comme dit Molière. Tout y est sincérité, élan naturel, mots partis du cœur, et cette belle image du vrai fait ressortir et rend insupportable tout ce qu'il y a de faux ou de factice dans l'œuvre de Rousseau. Oserai-je ajouter ici un souvenir personnel? Je me rappelle qu'entrant, il y a quelques années, chez une jeune femme de mes amies, je la trouvai un livre à la main et riant aux larmes.

— Eh! lui dis-je, quel est donc l'heureux auteur qui vous met ainsi en gaieté? »

Elle me tendit le volume; c'était la *Nouvelle Héloïse*.

Voilà la condamnation sans appel de l'*Héloïse* de Rousseau. Pour nos jeunes femmes, elle est devenue comique.

Je ne parlerai pas des *Confessions* avec cette irrévérence. Si Rousseau n'avait pas écrit ce livre, il manquerait quelque chose à sa gloire et à la nôtre. Rien de plus génial n'est sorti de sa plume. Les descriptions, les récits, les portraits, les scènes s'y succèdent avec une variété absolument délicieuse. Et pourtant, malgré tant de beautés de premier ordre, les *Confessions* restent une œuvre malsaine et pernicieuse. Elle a fait beaucoup de mal dans son temps, elle en fait encore dans le nôtre. Le titre même est un scandale. Il défigure le noble mot de confession. Confession veut dire humilité. Les *Confessions* de Rousseau sont un monument d'orgueil. Confesser ses fautes, c'est s'en accuser et s'en repentir. Rousseau avoue toutes les siennes, mais pour se vanter de les dire. La première page est un témoignage de vanité poussé jusqu'à la folie : « Je fais une entreprise que personne n'a jamais tentée. Je veux peindre un homme tel qu'il est; cet homme, c'est moi, et je défie aucun de mes semblables d'oser dire, après m'avoir lu : « Je « vaux mieux que cet homme-là ! »

Le père, qui a mis ses enfants aux Enfants-trouvés, se proclamant l'égal de saint Vincent de Paul !

Ce n'est pas tout : sous prétexte que sa devise : *Vitam impendere vero*, l'oblige à dire toutes ses fautes, il dit celles des autres. Il flétrit la mémoire de sa bienfaitrice.

Ce n'est pas tout encore. Sous la plume de Rousseau, le *Connais-toi toi-même* de Socrate est devenu l'adoration de soi-même. Il ne nous épargne rien de ses avantages ni de ses infir-mités. Tout ce qui est *lui*, lui semble digne de passer à la postérité. Sa complaisance à se raconter lui-même tourne parfois au grotesque. J'en trouve une preuve bien frappante dans les mémoires de la plus illustre de ses disciples... Madame Roland. Les disciples ont cela de ter-rible, c'est qu'en imitant les défauts de leurs maîtres, ils nous les montrent au travers d'un verre grossissant. Mme Roland entre, sur elle-même, dans des détails qui font ressembler l'inventaire qu'elle fait de sa personne à l'examen de conscience de la dévote la plus scrupuleuse. Elle se peint de profil, de trois quarts, de face. Elle note tous ses jeux de physionomie, elle sait qu'elle a la peau plus blanche à tel ou tel endroit qu'à tel autre, que son coup d'œil de côté est irrésistible! Encore si son imitation s'arrêtait là! Mais il y a chez Rousseau une absence de délicatesse native; son cynisme de langage va parfois jusqu'à la grossièreté, et l'impression qu'on en reçoit, jusqu'au dégoût. Eh bien, le croirait-on? Là encore, Mme Roland l'imite. Oui, Mme Roland! la noble, l'austère, l'héroïque Mme Roland a écrit telle page qui nous fait rougir pour elle. Cette femme, qui a tant de vertus, ne sait pas ce que c'est que la pudeur. Les *Confessions* ont sali son imagination.

Que dirons-nous donc de leur action sur la littérature actuelle?

Il y a aujourd'hui au théâtre, dans la poésie, dans le roman, une école bien étrange. Les chefs de cette école ont pour objet l'étude de l'âme humaine, mais dans cette étude ils ne

s'attachent qu'à ce qui est morbide. Pour eux,
la santé morale ne compte pas; les sentiments
simples et naturels ne comptent pas. Ce qu'ils
recherchent, c'est ce qu'en médecine on appelle
des cas, c'est-à-dire des exceptions mons-
trueuses; ajoutez que plus ces monstruosités
sont petites, insaisissables, infinitésimales,
enfouies dans le fond du cœur comme les
animalcules dans la vase, plus la recherche les
intéresse et les passionne. C'est de la littérature *microbienne*. Ne les prenez pas pour des
disciples de notre cher et immortel Pasteur!
S'il poursuit, lui, dans nos organes et dans
notre sang, les corpuscules putrides, s'il les
cultive, s'il les grossit par le microscope, c'est
pour les combattre et les détruire. Rien de
pareil chez nos écrivains; eux aussi, ils gros-
sissent leurs microbes, mais c'est pour les
décrire avec complaisance, pour les mettre en
valeur, pour leur donner une vie qu'ils n'ont
pas et les faire pulluler. De là, dans leurs livres,
je ne sais quelle odeur fade et nauséabonde
d'une salle d'hôpital, d'un hôpital où l'on ne
guérit pas. Quel est le chef de cette école?
Rousseau. Le germe de cette psychologie mala-
dive et de cette infectieuse doctrine est dans
les *Confessions*.

Vient le *Contrat social*, c'est-à-dire l'ouvrage certainement le plus étrange de Rousseau. Il est plus vivant aujourd'hui qu'à son époque. Autrefois, c'était une utopie ; actuellement, c'est une réalité, et une réalité fatale. Plus il va, plus il vit et plus il nuit. L'auteur est parti pourtant de deux sentiments excellents et absolument sincères, *la pitié et la justice*. Il a vu quelle misère pesait sur le peuple, et il s'est ému. Il a vu combien les classes riches oubliaient leurs devoirs à l'égard des classes pauvres, et il s'est indigné. Rien de plus légitime. Malheureusement, son goût pour les formules absolues et ses habitudes de dogmatisme ont faussé l'esprit du livre et en ont exagéré les conséquences jusqu'à les rendre redoutables. Osons le dire. En dépit de quelques vues justes et fécondes qui s'y rencontrent, le *Contrat social* est l'arsenal où les pires doctrines socialistes ont trouvé toutes leurs armes. C'est de là que vient cette étrange théorie de la société, où se trouvent biffés les mots *bienfaiteur* et *obligé*, *charité* et *reconnaissance*, et qui transforme tous ceux qui ne possèdent pas en créanciers réclamant leur dû, et tous les possesseurs, en débiteurs reniant leur dette. La célèbre phrase de Proudhon, *La propriété c'est le vol*, n'est pas dans le *Contrat social*, mais elle en est sortie.

LA PROFESSION DE FOI DU VICAIRE SAVOYARD.

Arrivons enfin au sentiment religieux. Là se montre le grand Rousseau.

Un jour, à un dîner chez Mme d'Épinay, après une brillante conversation, où Diderot, d'Holbach, Helvétius avaient fait assaut d'athéisme dogmatique ou moqueur, Jean-Jacques, qui avait gardé le silence, se leva tout à coup, et d'une voix ferme et grave, il dit : « Eh bien, moi, messieurs, je crois en Dieu ! » Cette déclaration de foi fut une déclaration de guerre. D'un mot, Rousseau rompait nettement avec les encyclopédistes. Sans doute Voltaire a écrit ce vers :

Si Dieu n'existait pas, il faudrait l'inventer,

et plus d'une page du dictionnaire encyclopédique proclame l'existence de Dieu, mais il y a trop souvent, dans ce qui sort de la plume de Voltaire, je ne sais quel fonds de gaminerie, qui fait douter de la sincérité de ses meilleurs sentiments. J.-J. Rousseau est toujours ému et grave quand il parle de Dieu. Rappelons-nous cette page dans une des lettres à M. de Malesherbes :

« Bientôt, de la surface de la terre, j'élevai mes idées à l'être incompréhensible qui créa et embrasse tout. L'esprit perdu dans cette immensité, je ne pensais pas, je ne raisonnais pas, je ne philosophais pas, je me sentais, avec une sorte de volupté, accablé du poids de cet infini. J'étouffais dans l'univers, et je m'écriais : O grand être! grand être! sans pouvoir dire ni penser rien de plus. »

Il va plus loin dans le *Vicaire savoyard*. Il aborde la question du christianisme et des mystères, et il écrit ces mots textuels : « Quant à la révélation, je ne l'admets, ni ne la rejette; je rejette seulement l'obligation de la reconnaître pour être sauvé. Quant au reste, *je demeure dans un doute respectueux*. »

Puis vient cette page absolument extraordinaire :

« Je vous avoue que la sainteté de l'Évangile est un *argument* qui parle à mon cœur. Voyez les livres des philosophes, qu'ils sont petits près de celui-là! Se peut-il qu'un livre à la fois si sublime et si simple soit l'ouvrage des hommes? Se peut-il que celui dont il fait l'histoire soit un homme lui-même? Quelle douceur, quelle pureté dans ses mœurs! Quelle profonde justesse dans ses discours! Où a-t-il pris cette morale élevée et pure, *dont lui seul a donné les leçons et l'exemple.* »

« On a comparé Socrate au fils de Marie. Quelle distance entre eux! Si la vie et la mort de Socrate sont d'un sage, la vie et la mort de Jésus sont d'un Dieu. »

Comprend-on l'effet que dut produire un tel langage à cette époque? Un philosophe associer ces deux mots, *Jésus-Christ* et un *Dieu!* Déclarer la loi de l'Évangile supérieure à toutes les philosophies, allier la libre pensée la plus absolue au respect le plus profond de la doctrine chrétienne, et cela en plein encyclopédisme! Au moment même où Voltaire jetait comme un cri de ralliement le mot célèbre : *Écrasons l'infâme!*

Ce qui devait arriver arriva. La voix de Voltaire couvrit la voix de Rousseau, non seulement pendant le xviiie siècle, mais pendant les trois quarts du xixe.

Sous la Restauration, tout le parti libéral fut voltairien. Sous la monarchie de Juillet, Montalembert dit tout, en disant : « *Nous sommes les fils des croisés, nous ne reculerons pas devant les fils de Voltaire.* » Sous la troisième

République le mot célèbre : *Le cléricalisme, c'est l'ennemi*, n'est que l'écho de : *Écrasons l'infâme.*

Mais, aujourd'hui, les choses ont bien changé, Rousseau a repris sa place dans la question religieuse. D'abord, éclate, de tous côtés, *un besoin de croire et un regret de ne plus croire*, qui a tout le trouble pathétique de la Lettre à M. de Malesherbes. Ensuite, fait plus caractéristique encore, depuis quelques années, une élite de libres penseurs, éminents et croyants, à la tête desquels on peut citer M. Jules Simon et M. Barthélemy Saint-Hilaire, ont repris la double tradition de Jean-Jacques. Leur déisme, sincère et ardent comme le sien, engage résolument le combat contre les matérialistes.

Quant au christianisme, ils arrivent, comme le vicaire savoyard, à cette conclusion : Doute respectueux devant le dogme chrétien, admiration et reconnaissance devant les bienfaits et les vertus de la foi chrétienne ! Qu'est-ce, en effet, que protester contre l'expulsion des sœurs de charité dans les hôpitaux, contre l'exclusion des aumôniers, contre l'enlèvement des images du Christ dans les salles de malades et dans le Palais de justice, contre la disparition des croix à la porte des cimetières, qu'est-ce, sinon proclamer comme Jean-Jacques la sainteté de la loi évangélique, renouer l'alliance de la philosophie et du christianisme, et y chercher des armes pour la défense de la société et le relèvement moral des individus.

Je m'arrête; où trouver une preuve plus saisissante de la vitalité de ce puissant esprit que le réveil d'une de ses idées les plus hardies, à cent cinquante ans de distance, avec de tels disciples, et pour une telle cause?

Notre étude est terminée et pourtant elle me semblerait incomplète si, après avoir tant parlé de l'écrivain, je ne disais quelques mots sur l'homme. Il y a un fait évident : *Malgré son génie et ses services, J.-J. Rousseau n'est pas aimé.* Pourquoi? Est-ce juste? Questions très complexes et trop longues à résoudre : je me bornerai à dire à ceux qui n'aiment pas Rousseau : Arrivez du moins à le plaindre. Il a été bien malheureux! Malheurs chimériques, dirat-on, nés de son imagination ombrageuse! Qu'importe que les maux soient fictifs, si les souffrances sont réelles? Y a-t-il douleurs plus cruelles que celles de l'imagination, et certaines fautes mêmes ne sont-elles pas la rançon,

du génie? Puis, ne l'oublions pas! les doléances de Jean-Jacques ne sont pas toutes sans
fondement. Il a failli être lapidé dans une
petite ville de Suisse! Il a été, les trois quarts
de sa vie, souffreteux, maladif, malade, infirme
et pauvre. Pauvre jusqu'à se voir obligé, à
soixante ans, de copier de la musique pour
vivre! Réduit pour toute fortune à une pension
viagère de 600 francs que lui faisait un libraire
d'Amsterdam. Et enfin... enfin, osons-le dire,
il était un peu fou. Oh! le terrible mot! Comme
il me désarme! et quand, d'un côté, je pense
à l'existence seigneuriale, triomphale, noble-
ment familiale de Voltaire à Ferney, de Buffon
à Montbard, de Montesquieu au château de la
Brède, et que, de l'autre, je vois leur égal en
génie se débattre au milieu de toutes les mi-
sères de la vie, et atteint jusque dans cette
intelligence qui fait sa gloire et la nôtre, alors,
je l'avoue, une immense pitié se mêle en moi
à l'admiration, et je ne puis, en le lisant, me
dire : « le grand homme! » sans ajouter tout
bas : « le pauvre homme! »

POST-SCRIPTUM

LETTRE A M. LÉO CLARETIE.

Mon cher Ami,

Vous voulez bien me demander deux ou trois pages d'avant-propos, pour votre nouveau livre, *J.-J. Rousseau et ses Amies.*

Je vous les envoie d'autant plus volontiers que je suis votre débiteur. Vous m'avez fait faire un pas de plus dans la compréhension de cet être si extraordinaire et si complexe, que j'ai tant étudié; grâce à vous, j'ai vu ce que je n'avais fait qu'entrevoir; j'ai pu préciser ce que je n'avais fait qu'indiquer, et, si vous le permettez, cette petite préface de votre travail sera le post-scriptum du mien.

Quelques écrivains ont pour privilège singulier d'avoir autant d'admiratrices que d'admirateurs; les femmes sont les premières à saluer leur avènement, et tout le temps que dure leur orageuse ou éblouissante carrière, elles font cortège autour d'eux, à la façon des satellites autour d'un grand astre.

Tels furent, dans notre siècle, Chateaubriand, Lord Byron, Lamartine; tel fut, avant eux, J.-J. Rousseau. Son action sur les femmes de son temps fut immense. Les plus illustres ont été ses disciples : Mme Roland, Charlotte Corday, Mme de Staël, Mme d'Épinay, la marquise de Lambert, Mlle de Lespinasse, Mme Cottin, Mme de Genlis, et enfin Mme Sand, ont entraîné à sa suite tout un peuple d'adoratrices inconnues; on a dit *les femmes de Rousseau*, on n'a jamais dit les femmes de Voltaire.

Je comprends bien la raison de son influence sur elles. Qu'est-ce que J.-J. Rousseau? Une machine électrique. Rien ne sort paisiblement de sa plume, tout en jaillit. Idées, systèmes, sentiments, théories philosophiques, théories politiques, théories religieuses, éclatent dans ses livres, comme autant d'étincelles qui font tressaillir de la tête aux pieds ces créatures nerveuses et impressionnables. Mais, le fait curieux, c'est que leur propre action sur ce qu'il écrit est presque nulle; elles y ont une très grande place et une très petite part. *L'âme féminine est absente de son œuvre.*

Je m'explique.

Personne ne s'est plus occupé de la famille que J.-J. Rousseau, et il n'a pas connu les affections les plus saintes et les plus saines de la famille! Personne ne s'est plus occupé des femmes que Rousseau, et il n'a pas connu les femmes dans ce qu'elles ont de meilleur; *il ne les a pas vues dans leurs plus beaux rôles.*

Il n'a pas été élevé par une mère.

Il n'a pas été élevé avec une sœur.

Il n'a pas eu de fille.

La femme, qu'il a appelée sa femme, était une créature inférieure, ne répondant en rien au titre sacré d'épouse.

Quel vide dans une existence, dans un cœur, dans une intelligence, dans une conscience, que ces quatre êtres de moins, et comme j'ai eu raison, dans mon étude sur J.-J. Rousseau, de dire de lui : Le pauvre homme!

Il suffit de les avoir eus, ces quatre êtres, à soi, en soi, il suffit de se rappeler combien leur présence continue a contribué à la formation de notre cœur et de notre esprit, combien nous leur avons dû de pures joies, quelle trace profonde a laissée en nous leur seul souvenir, pour comprendre tout ce qui manque à ceux à qui elles ont manqué!

Il faut tenir grand compte à Rousseau de ce malheur, quand on le juge.

Certes, rien n'est plus révoltant en lui que

son défaut absolu de toute délicatesse et de toute pureté. Quand on pense qu'il appelait Mme de Warens, maman! Eh bien, est-ce qu'il aurait prononcé un tel blasphème s'il avait été élevé par sa mère? Est-ce qu'il aurait écrit tant de vilenies dont les *Confessions* sont pleines, s'il avait eu près de lui sa fille pour les lire? Et si nous arrivons à la grande tache de sa vie, à celle de ses actions qui mérite le nom de criminelle, est-ce que, s'il avait eu une femme digne de ce nom, il aurait mis ses enfants aux Enfants-trouvés?

Un autre défaut qui choque singulièrement chez Rousseau, c'est tout ce qui se mêle de déclamation, de rhétorique, à son éloquence. La raison en est simple. Parlant de devoirs qu'il n'a pas pratiqués, de sentiments qu'il n'a pas éprouvés, il voit tout par les seuls yeux de l'imagination; or, c'est une merveilleuse faculté que l'imagination. Divinatrice! Évocatrice! Soit! Mais, comme dit Montaigne, quelle maîtresse d'illusion et d'erreur! Elle trompe et elle se trompe. Elle éblouit plus qu'elle n'éclaire. Elle électrise plus qu'elle ne touche. Il y a du coup de théâtre dans les impressions qu'elle produit. Les contemporains s'y laissent prendre, mais la postérité est un juge plus calme et plus sévère. Elle veut que les œuvres qu'elle consacre reposent sur un fonds de vérité, de bon sens et d'émotion sincère. Or, Rousseau touche rarement, et souvent choque la raison. Est-ce de là que vient le sentiment presque général d'antipathie qu'il inspire? Je ne sais. Mais, en dépit de son génie et de ses services, Jean-Jacques Rousseau n'est pas aimé. *Il n'a pas les cœurs*, selon l'expression de Bossuet.

Pourquoi? Votre intéressant ouvrage nous l'apprend, mon cher ami. Vous nous peignez toutes les femmes dont Rousseau a été épris. Or, que ressort-il de votre étude? Qu'il n'a eu que des amours de tête et de sens. Par je ne sais quelle fatalité, ce malheureux homme n'a pas plus connu la pure tendresse d'une jeune fille, que la sainte affection d'une mère et d'une sœur. Ses passions même ont toujours, par la force des circonstances, quelque chose de frelaté et d'artificiel. Quoi de plus hétéroclite que son ménage à quatre avec Mme d'Houdetot, que vous nous contez si joliment! Ce n'était de sa part qu'un incroyable amalgame de sensualité et de rhétorique. Il lui écrit des lettres brûlantes, qu'il sait brûlantes, et dont il se ressert ensuite dans sa *Nouvelle Héloïse*.

Il entre tant de littérature dans son amour, qu'il n'y a pas d'amour vrai dans sa littérature, pas plus, hélas! que dans son cœur. Dès lors, tout s'explique. Rousseau n'est pas aimé, parce qu'il n'a pas aimé.

CHAPITRE VII

UN COTÉ DU GÉNIE DE MOLIÈRE

TARTUFFE. — ELMIRE.

Un des traits les plus caractéristiques du génie de Molière est la complexité de ses personnages.

Nous l'avons vu dans Alceste; on le voit dans l'*Avare*. « Faire Harpagon amoureux! quel « contresens, ont dit les critiques. Est-ce que « l'avarice n'est pas une de ces passions « incendiaires qui dévorent tout le reste dans « le cœur qu'elles possèdent? » Molière a laissé dire, et vous savez quels effets il a tirés de cette prétendue impossibilité. Eh bien! le personnage de Tartuffe, et surtout celui d'Elmire, nous offrent un exemple plus saisissant encore du goût de Molière pour assembler les contraires, et de son génie pour les concilier.

Tartuffe est peut-être la conception la plus originale, la plus puissante de notre poète. Il se compose de deux personnages absolument différents : l'un est comique, l'autre est terrible ; l'un doit faire rire, l'autre doit faire trembler. Rien ne le prouve mieux qu'un fait, sans exemple dans l'ancien répertoire. *Tartuffe* a été joué tour à tour par les valets et par les premiers rôles. De là, cette conséquence naturelle que l'interprétation a varié selon les interprètes. Les valets ont mis en relief le côté comique, les grands premiers rôles l'ont mis dans l'ombre. Nous avons, sur ce point, un témoignage précieux, celui du célèbre acteur Préville.

Préville dit en propres termes : « Le public veut que Tartuffe *l'amuse, c'est une faute de goût*. L'esprit seul de l'auteur doit exciter la gaîté, et non la paillardise et les grimaces de l'acteur... »

De notre temps, Préville a trouvé un auxiliaire bien inattendu et bien puissant dans notre cher et illustre Régnier. Le beau livre de Régnier, intitulé *Le Tartuffe des Comédiens*, contient cette phrase textuelle :

« Tartuffe, dès son entrée en scène, doit « prendre un maintien *décent*, et non l'attitude « et la physionomie d'un hypocrite. Plus le « comédien imitera le *vrai dévot*, mieux il

« représentera l'imposteur ». Oui ! si Tartuffe est un homme habile. Mais cet imposteur n'en impose à personne ! Ce trompeur ne trompe personne ! Elmire, Cléante, Dorine, Marianne, Damis, tous percent à jour son hypocrisie.

J'en appelle donc du jugement de Préville et de Régnier, à Molière lui-même.

D'abord, point décisif, qui Molière a-t-il choisi pour créer le rôle de Tartuffe?... Du Croisy ! Du Croisy, le chef d'emploi des comiques de la troupe ! Du Croisy, dont la seule figure mettait le parterre en gaîté !

Second argument.

Tartuffe paraît sur la scène, pour la première fois, après deux actes de préparation. Comment Molière a-t-il voulu que son entrée fût saluée? Par un éclat de rire ! C'est *à haute voix* qu'il crie (ce mot est textuellement dans la lettre sur l'Imposteur) qu'il crie à son valet :

Laurent, serrez ma haire avec ma discipline.

Ce qui fait dire à Dorine :

Que d'affectation et de forfanterie !

Il se retourne vers la servante... Quel est son premier mot en la voyant? Un cri comique de pudeur effarouchée :

Ah ! mon Dieu ! je vous prie.
Avant que de parler, prenez-moi ce mouchoir...
...Couvrez ce sein que je ne saurais voir.
Par de pareils objets les âmes sont blessées
Et cela fait venir de coupables pensées.

Est-ce assez clair ? De tels vers n'imposent-ils pas à l'acteur des simagrées pudibondes que souligne et que traduit le couplet de Dorine :

Vous êtes donc bien tendre à la tentation !

Chacun des mots de cette tirade rabelaisienne met le public en hilarité.

Oui ! Il faut que Tartuffe fasse rire ! Il faut que sa paillardise fasse rire ! Il faut que ses mômeries fassent rire ! Molière l'a voulu ! mais il a voulu aussi qu'il fît frémir !... Sa scène avec Cléante nous révèle en lui le plus retors des casuistes ; sa scène avec Orgon, un maître dans la connaissance du cœur humain et dans l'art de le manier ; les deux scènes avec Elmire, le plus profond des corrupteurs ; enfin, au IVe acte, quand il jette le masque, ce vil coquin prend tout à coup les proportions d'un monstre. Il recule les bornes de l'ingratitude humaine. Il spolie son bienfaiteur ! Il chasse son bienfaiteur ! Il dénonce son bienfaiteur ! Il le livre à la justice royale ; et tous ces crimes, il les commet, la tête si haute, avec une si superbe impudence, qu'on le voit s'élever au rang des personnages terribles. Or, au théâtre aussi bien que dans la vie, tout ce qui est fort, même le mal, inspire une sorte de respect; si bien que Tartuffe grandit en devenant plus affreux. C'est un Iago comique. Je ne sais pas de plus admirable rôle. Seulement il a un défaut : il a fallu un auteur de génie pour l'écrire, et il faudrait un acteur de génie pour le jouer.

ELMIRE.

Elmire est encore plus complexe que Tartuffe, et cela, par une excellente raison, c'est qu'elle est femme. Il y a du sphinx dans les plus sincères... Molière, qui connaissait si profondément les femmes, se plaisait à mettre sur la scène leur côté inexplicable... sans l'expliquer. Quelle énigme qu'Isabelle de *l'École des Maris* ! Est-ce une créature nativement artificieuse, et *friande* de l'*intrigue*, comme dit le poète? Ou bien, est-ce, au contraire, une jeune fille née droite et honnête, mais qui, exaspérée par une contrainte odieuse et par la crainte d'un mariage qui lui fait horreur, trouve, dans je ne sais quel coin de sa cervelle féminine, l'esprit de ruse dont elle a besoin pour se défendre? Je ne doute pas que ce ne fût là l'opinion de Molière, mais il ne l'exprime pas. Il ne s'occupe que de peindre la nature... Il vous représente Isabelle telle qu'il la voit; à vous de la juger !

J'en dirai autant de Henriette des *Femmes savantes*. Qu'est-ce que Henriette?... Une ingénue?... Elle a l'air d'en savoir bien long pour quelqu'un qui ne sait rien. Comprend-elle tout ce qu'elle dit? Le dit-elle sans le comprendre? Autant de mystères, qui n'arrêtent pas Molière, car il sait bien, lui, que le cœur des jeunes filles est plein de dessous, obscur pour elles-mêmes, qu'elles parlent souvent par instinct, par divination... et il a créé ce délicieux et inquiétant personnage de Henriette, qui n'en reste pas moins un modèle de pureté et de franchise.

Au premier rang de ces créatures mystérieuses et indéfinissables, il faut placer Elmire.

Son rôle aussi se compose de deux éléments absolument discordants. Ce qu'elle fait est en opposition complète avec ce qu'elle est. Je ne trouve, pour la définir, qu'un seul mot : c'est la plus honnête femme du monde, qui agit comme la plus habile des coquettes. J'ai vu, dans le rôle d'Elmire, deux actrices, l'une célèbre, l'autre fort applaudie : Mlle Leverd et Mlle Mars. Mlle Leverd poussait la coquetterie jusqu'à la gaillardise; Mlle Mars tempérait tout par je ne sais quel air de décence. On préférait beaucoup Mlle Mars. On la mettait même au-dessus de son illustre devancière et maîtresse, Mlle Contat.

Louis XVIII se mêla parmi les juges, et on ne fut pas peu surpris de voir le roi de France préférer une bonapartiste avérée comme Mlle Mars, à une pure et fervente royaliste comme Mlle Contat.

En quoi consistait donc la supériorité de l'élève sur la maîtresse? En quoi en différait-elle? Régnier n'ose pas résoudre la question. Il avait beaucoup vu Mlle Mars dans le *Tartuffe*, et l'y admirait comme un modèle absolu de perfection. Mais qu'avait été Mlle Contat? Il ne le savait que par ouï-dire, et il s'abstient. Eh bien! je voudrais tenter ce qui l'a effrayé, je voudrais, à l'aide de quelques souvenirs personnels, reconstituer le personnage d'Elmire tel que Mlle Contat l'avait conçu. Les documents ne me manquent pas. Mlle Contat était l'amie intime de mes parents, et mon tuteur, M. Bouilly, l'avait eue pour interprète dans sa comédie de *Mme de Sévigné*. Je puis donc parler d'elle comme si je l'avais vue.

Le trait caractéristique du talent de Mlle Contat, c'est qu'elle était une grande dame sur la scène. Maîtresse du comte d'Artois à 17 ans, elle avait, dès sa jeunesse, entrevu tout ce qu'avait de plus brillant, de plus élégant, de plus léger, de plus galant, la société de Versailles et de Trianon.

Or, pour une artiste comme Mlle Contat, entrevoir, c'est voir, et voir c'est s'approprier. La tâche, du reste, lui était facile, tant ses dons naturels l'y avaient comme préparée. Elle était née duchesse... dans la boutique d'un marchand de drap de la rue Saint-Denis. La nature s'amuse parfois à jouer de ces tours aux apôtres de l'atavisme. Grande, la taille riche et élégante, les dents éblouissantes, les yeux à la fois doux comme le velours et étincelants comme des escarboucles... J'en parle savamment, j'ai vu ces yeux-là sur la figure de son fils, le marquis de Parny, mon ami. Elle avait les bras, les poignets, les mains, le cou, la tête, liés l'un à l'autre par de si souples attaches, que tous ses mouvements étaient harmonieusement rythmés, comme une belle phrase musicale.

On parlait toujours au théâtre de son entrée

dans le *Philosophe sans le savoir*, et de sa façon d'élever à droite et à gauche ses deux mains, en disant : « Écartez ces flambeaux! » Eh bien! je puis citer d'elle un *succès de bras* plus extraordinaire encore. Elle dînait chez mes parents. Arrive sur la table une salade panachée de capucines. C'était l'usage alors de retourner la salade avec les doigts. Mlle Contat se lève, elle ôte ses bagues, elle retrousse ses manches et du bout de ses doigts si fins, si aristocratiques, elle enlève et fait sauter en l'air les feuilles de romaine, avec une telle grâce que les convives applaudissent comme au théâtre.

Ajoutez à cela un esprit à la fois charmant et redoutable. Ses lettres du matin étaient d'un tour si exquis, qu'on l'avait surnommée la *Reine du billet*; et, en même temps, on racontait qu'un jour, étant aux Eaux-Bonnes, elle apprend que Mme G... poursuivait dans le monde, de ses sarcasmes, une jeune femme qu'elle affectionnait. Elle prend la plume, et écrit à une de ses amies : « Dites à Mme G... qu'elle cesse de tourmenter Mme B... ou sinon, à mon retour, *elle aura affaire à moi.* » Mme G... se le tint pour dit et se tut. Ce petit cartel, d'un genre nouveau, n'est-il pas d'une crânerie bien caractéristique? n'exprime-t-il pas bien tout ce qu'il y avait de verve, d'éclat, d'audace, dans le jeu de cette incomparable Célimène? Tel était son charme dominateur, qu'au IVe acte du *Misanthrope*, quand elle se retourne vers Alceste, et lui lance son célèbre

Il ne me plaît pas, moi !

Molé, c'est lui qui le raconte, restait écrasé, éperdu sous cet accent et sous ce regard.

Eh bien ! demandons-nous comment une artiste de cette allure, de cette envergure, a pu entrer dans le personnage d'Elmire. La tradition ne lui facilitait pas sa tâche.

Un document contemporain, la célèbre *Lettre sur l'Imposteur*, qui n'est autre que le récit de la première représentation de *Tartuffe*, dit d'Elmire : *une femme attachée à ses devoirs et douce*. Voilà une définition qui ne définit guère Mlle Contat. En outre, Mme Préville, sa maîtresse, se conformant, ce semble, aux indications de la *Lettre sur l'Imposteur*, représentait Elmire sous les traits d'une bourgeoise réservée, mesurée et spirituelle; je me souviens même qu'on racontait d'elle un bien joli mot et bien caractéristique. Dans la grande scène du IIIe acte, Augé, qui jouait Tartuffe, s'étant permis quelques regards, quelques gestes inconvenants, elle lui dit à mi-voix, mais de façon à être entendue par une partie de l'orchestre : « Si nous n'étions pas en scène, je vous appliquerais un fier soufflet! »

Or, quel parti prit Mlle Contat, après ces précédents? Que fit-elle? Ce que font tous les artistes vraiment supérieurs. Elle appropria vaillamment le rôle à sa nature, *elle l'aristocratisa!* Elmire devint avec elle une grande dame et une *délicieuse maîtresse femme.* Là où Mme Préville *sauvait,* à force d'adresse, la scabreuse situation du IVe acte, Mlle Contat l'aborda franchement, et déploya sans hésiter tout son génie de coquette pour démasquer Tartuffe.

Eut-elle raison? Demandons-le à Molière.

L'étude attentive du rôle lui-même nous dira si l'interprète a traduit ou trahi la pensée du poète.

La première scène du Ier acte nous donne une indication dont on ne tient pas, ce me semble, assez de compte.

Que dit Mme Pernelle à Elvire?

> Ma bru, qu'il ne vous en déplaise,
> Votre conduite en tout est tout à fait mauvaise,
> Et leur défunte mère en usait beaucoup mieux.

Vous êtes dépensière, et cet état me blesse
Que vous alliez vêtue ainsi qu'une princesse.

Voilà un reproche assez net. La suite va plus loin.

Ces visites, ces bals, ces conversations
. . . .
Tout ce fracas qui suit les gens que vous hantez,
Ces carrosses sans cesse à la porte plantés,
Et de tant de laquais le bruyant assemblage,
Font un éclat fâcheux dans tout le voisinage.

Que prouvent ces vers? Qu'Elmire entrant jeune et belle dans cette maison sévère et triste, a profité de son empire sur son mari, plus vieux qu'elle, pour tout changer, tout renouveler. Autre ameublement! autres habitudes! autre train de vie!... Partout la gaîté et les plaisirs du monde! Cette petite révolution ne se fit pas sans difficulté. La jeune femme avait devant elle, et un peu contre elle, une grand'-mère acariâtre, une servante habituée à tout ordonner, un beau-fils déjà jeune homme, une jeune fille en âge de se marier, un beau-frère qui comptait... Eh bien! quelques mois après son entrée dans la maison, Damis et Mariane la respectent comme une mère en l'aimant comme une sœur aînée; Dorine n'agit que sur son ordre; Cléante la consulte, et la vieille acariâtre quitte la maison par dépit de se voir supplantée par elle... *Elle règne.* Elle règne, il est vrai, par le charme, par la bonté, par la raison, mais enfin elle règne!...

Qu'est-ce que cette Elmire, sinon Mlle Contat elle-même?

Poursuivons notre analyse, en y suivant la trace de l'interprète.

Nous voici à la fin du second acte. Toute la famille est émue. Orgon a résolu de donner sa fille à Tartuffe. Qui se charge seule et spontanément de conjurer ce péril? Elmire.

Laissez agir les soins de votre belle-mère,

dit Dorine à Mariane.

Sans consulter personne, sans avertir personne, Elmire, en effet, a expédié sa suivante à Tartuffe et lui a donné un rendez-vous secret dans cette salle basse. Elle sait parfaitement que Tartuffe est amoureux d'elle, mais elle sait aussi l'empire que lui donne cet amour, et une déclaration n'est pas pour lui faire peur; elle nous le dit elle-même en vers railleurs :

Et ne suis point du tout pour ces prudes sauvages
Dont l'honneur est armé de griffes et de dents,
Et veut au moindre mot dévisager les gens.
Je veux une vertu qui ne soit pas diablesse.

O.

Tartuffe entre. A peine se voit-il seul avec elle, à côté d'elle, que sa convoitise l'emporte. Ses paroles, ses regards, ses gestes, tout entre en jeu. Sa main serre la main d'Elmire; ses doigts se posent sur le genou d'Elmire: repoussée du genou, elle remonte à l'épaule, au cou, au fichu. Rien de plus joli que la façon dont Elmire écarte les mains, éloigne les aveux, détourne le sens des paroles. Mais Tartuffe n'est pas un homme qu'on arrête, et voilà que s'échappe de ses lèvres, avec une impétuosité mélangée d'artifice, cette déclaration, où s'amalgament, d'une façon si étrange, les élans de passion sincère, le jargon de sacristie, le mysticisme érotique, et qui se termine par ces vers d'un accent si humble et si touchant :

> En vous est mon espoir, mon bien, ma quiétude,
> De vous dépend ma peine ou ma béatitude;
> Et je vais être enfin, par votre seul arrêt,
> Heureux, si vous voulez; malheureux, s'il vous plaît.

Que répond Elmire? Une déclaration si nette et si passionnée ne va-t-elle pas irriter cette femme de cœur? l'effaroucher? nullement; c'est d'un ton calme et légèrement railleur qu'elle lui dit :

> La déclaration est tout à fait galante;
> Mais elle est, à vrai dire, un peu bien surprenante.

> Vous deviez, ce me semble, armer mieux votre sein,
> Et raisonner un peu sur un pareil dessein.
> Un dévôt comme vous...
>
> — Ah! pour être dévot, je n'en suis pas moins homme!

s'écrie-t-il, et là-dessus, il jette le masque. Sa passion éclate avec toute sa véhémence, toute sa corruption! Il ne lui dit pas : « Aimez-moi! » il lui dit : « *Préférez-moi!* » En d'autres termes : « Je sais bien que vous avez... ou que vous aurez un amant, mais, croyez-moi, je vaux mieux. »

> ... Les gens comme nous brûlent d'un feu discret
> Et l'on est avec eux toujours sûr du secret.
> Le soin que nous prenons de notre renommée,
> Répond de toute chose à la personne aimée ;
> Et c'est en nous qu'on trouve, acceptant notre cœur,
> De l'amour sans scandale, et du plaisir sans peur.

Oh! pour le coup, tant de cynisme, tant de perversité va faire bondir le cœur d'Elmire d'indignation et de dégoût! Pas le moins du monde... Elle a autre chose à faire qu'à s'indigner ; elle a son but à atteindre, elle a Mariane et la famille à sauver, et d'un ton calme et moitié ironique :

> Je vous écoute dire, et votre rhétorique
> En termes assez forts à mon âme s'explique.
> N'appréhendez-vous point que je ne sois d'humeur
> A dire à mon mari cette galante ardeur!

Terreur de Tartuffe! Il se croit perdu. Elle coupe court et d'une voix brève :

Je ne redirai point l'affaire à mon époux.

mais en revanche, *je veux* que vous pressiez le mariage de Mariane avec Valère, *je veux* que vous renonciez à toute donation.

La partie est gagnée. Elle tient le misérable à sa merci. Tout cela s'est fait d'un mot, en un instant, et la famille était sauvée sans la maladroite intervention de Damis. Peut-on trouver une plus vive image d'une jeune et délicieuse *maîtresse femme*, et Mlle Contat n'est-elle pas la fidèle interprète de Molière?

Nous voilà arrivés au IVe acte. Quelle situation! Tartuffe est plus maître que jamais! Orgon plus aveugle que jamais. Mariane, Valère, Damis, Cléante, Dorine, plus désespérés que jamais. D'où viendra le salut? Encore d'Elmire. Exaspérée par l'aveuglement d'Orgon, elle a recours à un moyen d'une audace sans pareille. Elle qui connaît Tartuffe à fond, elle qui l'a vu à l'œuvre, elle qui sait ce dont il est capable, elle propose de lui donner un second rendez-vous, et *de lui faire des avances pour lui arracher des aveux.* Tout le monde se récrie : « *Faites-le-moi descendre,* » répond-elle avec un sourire quelque peu orgueilleux. Prenez garde, dit Dorine :

> Son esprit est rusé
> Et peut-être à surprendre il sera malaisé.

— Non. On est aisément dupé par ce qu'on aime.
Et l'amour-propre engage à se tromper soi-même, ·
Faites-le-moi descendre.

Quelle assurance ! Quelle confiance en son empire ! Et une fois l'idée trouvée, quel art de mise en scène ! L'auteur dramatique le plus expert ne ferait pas mieux.

— Approchons cette table, et vous mettez dessous.

— Pourquoi sous cette table ?
> — Ah ! mon Dieu ! laissez faire ;
J'ai mon dessein en tête.

Le mari est sous la table, et les autres personnages sont écartés ; elle s'approche, lève le coin du tapis qui recouvre Orgon, et, penchée vers lui, lui adresse un petit discours, auquel la gravité de la situation donne un singulier piquant.

> Au moins je vais toucher une étrange matière,
> Ne vous scandalisez en aucune manière.
> . . . .
> Je vais par des douceurs, puisque j'y suis réduite,
> Faire poser le masque à cette âme hypocrite,
> Flatter de son amour les désirs effrontés,
> Et donner un champ libre à ses témérités.

Oh ! elle s'attend à tout !

> Comme c'est pour vous seul et pour le mieux confondre,
> Que mon âme à ses vœux va feindre de répondre,
> J'aurai lieu de cesser dès que vous vous rendrez,
> Et les choses n'iront que jusqu'où vous voudrez.
>
> . . . .
> Ce sont vos intérêts...

Vos intérêts. Comment ! Cela ne la regarde pas !
Que Tartuffe aille un peu plus ou un peu moins
loin, peu lui importe !

Tartuffe entre. Il est sur ses gardes.

> On m'a dit qu'en ce lieu vous me vouliez parler.

Elle ouvre bravement le feu ! Pour le mettre
immédiatement en confiance, elle débute avec
une renversante ingénuité d'effronterie ; on
dirait, à l'entendre, deux amants parfaitement
d'accord, et qui, dérangés dans un premier
rendez-vous, n'attendent qu'une occasion plus
favorable.

> Une affaire pareille à celle de tantôt
> N'est pas assurément ici ce qu'il nous faut :
> . . . .
> Damis m'a fait pour vous une frayeur extrême,
>
> . . . .
> Mais par là, grâce au ciel, tout a bien mieux été
> Et les choses en sont en plus de sûreté.
>
> . . . .

(Avec un accent de joie confiante.)
> C'est ce qui m'autorise à vous ouvrir un cœur
> Un peu trop prompt peut-être à souffrir votre ardeur.

L'aveu est complet, mais elle a affaire à un homme aussi habile qu'elle.

> — Ce langage à comprendre est assez difficile,
> Madame; et vous parliez tantôt d'un autre style.

Il n'y a plus à reculer, il faut qu'elle aille de l'avant! Elle n'hésite pas :

> — Ah! si d'un tel refus vous êtes en courroux,
> Que le cœur d'une femme est mal connu de vous!

Et vient alors, après ces paroles, une déclaration plus extraordinaire peut-être encore que celle de Tartuffe au IIIe acte. C'est un chef-d'œuvre de félinerie féminine. Jamais le combat de la pudeur et de l'amour, le trouble d'un cœur qui se défend et qui se rend n'ont été peints avec plus d'abandon et plus de charme. Il est impossible que Tartuffe n'y soit pas pris, et les derniers vers emportent toute résistance.

> . . . .
> Et lorsque j'ai voulu moi-même vous forcer
> A refuser l'hymen qu'on venait d'annoncer,
> Qu'est-ce que cette instance a dû vous faire entendre,
> Que l'intérêt qu'en vous *on s'avise* de prendre,

Ce *on s'avise*, est-il assez câlin?... assez tendre?

> Et l'ennui qu'on aurait, que ce nœud qu'on résout
> Vînt partager du moins un cœur que *l'on veut tout?*

Quel cri de passion que ce dernier mot! En vérité, plus j'étudie ce morceau, plus je me demande : Mais où est donc l'honnête bourgeoise, simplement attachée à ses devoirs? Nous sommes en face d'une grande coquette. Coquette pour une fois, soit! Coquette pour le bon motif, d'accord! Coquette par dévouement aux siens... je le veux! Mais enfin, coquette! Car qu'est-ce que c'est d'être coquette, sinon faire accroire à un homme qu'on l'aime alors qu'on ne l'aime pas. C'est tromper! C'est mentir! Et dans quelles circonstances! Il ne s'agit pas d'un sourire, d'un coup d'œil, d'un mot... jeté comme par hasard; d'un billet de quelques lignes prêtant plus ou moins à l'équivoque. Non! C'est une scène entière à jouer! Et l'homme à qui elle parle ainsi, les yeux dans les yeux, est un homme qu'elle exècre... qu'elle méprise!... Comment expliquer que l'honnête Elmire ait eu le courage et le *talent* de jouer une telle scène? Où a-t-elle appris ce langage, ces gestes, ces jeux de scène? Non! non, l'intention de Molière est évidente. Si Elmire engage la bataille, c'est qu'elle se sent de force à la gagner! Le jeu l'amuse, la difficulté l'excite, le but qu'elle poursuit la soutient; son succès l'encourage; elle savoure le plaisir qu'a toujours le genre féminin à se moquer du genre masculin, et quand elle va jusqu'à lancer son :

> Un cœur que l'on veut tout !

c'est qu'elle est convaincue que, sur ce mot, Tartuffe va jeter le masque, qu'Orgon va sortir de sa cachette, et que tout sera fini !

Mais elle oublie deux choses, la lubricité de Tartuffe, et sa méfiance. Oh ! c'est un homme pratique que Tartuffe ! Il ne se contente pas de mots. Il lui faut des preuves palpables. Il veut *un peu de faveurs*. Voilà Elmire prise à son propre piège ! Elle appelle son mari à l'aide... Elle secoue le tapis... rien ! Elle frappe sur la table... rien ! Elle tousse... rien ! Il ne bouge pas... et Tartuffe ne s'arrête pas ! Furieuse contre Orgon, elle se débat dans un embarras comique entre ce silence et ces instances ; jusqu'à ce qu'à bout de ressources, elle imagine le moyen de défense le plus imprévu. Elle envoie Tartuffe se promener un peu au dehors ! Sous quel prétexte ? *De peur qu'on ne les surprenne.*

> Voyez, je vous prie,
> Si mon mari n'est pas dans cette galerie.

A peine est-il dehors, qu'elle court à la table, dont Orgon soulève le tapis, et, à sa vue, elle éclate en sarcasmes moqueurs :

Quoi! vous sortez sitôt! Vous vous moquez des gens.
Rentrez sous le tapis, il n'est pas encor temps,
Attendez jusqu'au bout, pour voir les choses sûres,
Et ne vous fiez point aux simples conjectures.

ORGON :
Non! rien de plus méchant n'est sorti de l'enfer.

ELMIRE :
Mon Dieu! L'on ne doit point croire trop de léger.
Laissez-vous bien convaincre avant que de vous rendre,
Et ne vous hâtez point, de peur de vous méprendre.

Ainsi se termine par un trait de comédie excellent ce rôle qui compte parmi les créations les plus originales de Molière. En réalité, qu'est-ce qu'Elmire telle que Molière l'a conçue et que Mlle Contat l'a rendue? *Éliante, la sincère Éliante, avec vingt pour cent de Célimène.*

Arrivons enfin à Mlle Mars. Nous nous bornerons à la solution du petit problème que nous nous sommes posé : La comparaison entre les deux Elmires.

La façon dont Mlle Mars aborda ce rôle est tout à fait charmante. Elle avait vingt-cinq ans. Les rôles d'ingénues formaient jusqu'alors tout son emploi. Elle y était incomparable. Mlle Contat, dont elle était l'élève, l'aimait comme sa fille, voire même un peu comme sa belle-fille, car son fils était amoureux fou de la délicieuse ingénue. Or, à ce moment, Mlle Contat, qui avait déjà le droit de s'appeler la marquise de Parny, réunissait l'été, dans son petit château d'Ivry, tout ce que la société parisienne avait de plus brillant et de plus trié sur le volet, comme on disait alors. La fantaisie lui vint de donner à ses amis une représentation de *Tartuffe*. Rien de plus original que la distribution des rôles. Un mélange d'acteurs et de gens du monde. Mlle Contat dans Mme Pernelle, et Mlle Mars dans Elmire. Pour Mlle Mars, c'était une tentative bien hasardeuse que de sauter d'Agnès et de Victorine à Elmire. La jeune artiste hésitait, résistait. C'est Mlle Contat qui la rassura, qui la poussa, qui lui apprit le rôle, et le jour de la représentation fut un triomphe pour l'élève et pour la maîtresse. La pièce finie, un vieux connaisseur s'approcha de Mlle Contat, et lui dit : « Je vous ai applaudie deux fois ce soir, dans Mme Pernelle et dans Elmire, car Elmire c'était encore vous. — Vous vous trompez, reprit-elle vivement, je n'ai donné à Mlle Mars que quelques conseils de détail, c'est son intelligence personnelle qui a tout fait. Rappelez-vous bien ce que je vais vous dire. C'est un diamant, il n'est pas encore enchâssé comme il le mérite, mais vous

le verrez bientôt dans tout son éclat! » Ce mot
est caractéristique. Il prouve d'abord que
l'élève n'était pas différente de la maîtresse,
puisqu'un connaisseur avait retrouvé l'une
dans l'autre; puis ensuite qu'elle avait apporté
au rôle quelque chose de personnel qui
n'était encore qu'à l'état d'ébauche, mais que
Mlle Contat avait deviné, pressenti, ajoutant
que le temps se chargerait de polir le diamant,
et de le montrer dans tout son éclat. Sa pré-
diction se réalisa de point en point. Seulement
ce ne fut que sept ans plus tard, en 1812, *après
avoir joué Célimène*, que Mlle Mars osa abor-
der Elmire. Mlle Contat assista et applaudit au
triomphe de celle qui la détrônait dans ce rôle.

D'où venait donc ce triomphe? Quelles mo-
difications profondes l'élève avait-elle donc
apportées à la création de son illustre maîtresse? Qu'y changea-t-elle?

Elle n'y changea rien!... elle *y ajouta*!

Dans toute la première partie, elle resta
fidèle à la composition de Mlle Contat. J'en puis
parler savamment. J'ai vu dix fois Mlle Mars
dans Elmire, je lui ai entendu dire le fameux
faites-le-moi descendre, c'était Mlle Contat. Elle
se contenta seulement d'approprier le rôle à
sa nature et à son talent, y mettant plus de

mesure, plus de réserve, plus de goût, sans cesser de suivre la même ligne, et de garder le même caractère. Mais, tout à coup, elle jeta dans la grande scène du IVe acte un effet inattendu, un élément dramatique nouveau!... Elle y ajouta la pureté, la chasteté, la poésie! le pathétique! Quand le Tartuffe commença à étaler sa grossière convoitise, Mlle Mars, en face de ces regards lubriques, de cette pantomime lascive, fut comme saisie d'un sentiment d'horreur et de dégoût! *L'honnête* Elmire se révolta! Là où Mlle Contat amusait et faisait rire par son embarras comique, Mlle Mars toucha par son angoisse. On eût dit qu'elle était aux prises avec un monstre hideux. Elle se repliait sur elle-même, elle s'enveloppait de pudeur, et toute son âme éclata enfin dans ce cri :

Oui, je suis au supplice!...

Une telle trouvaille est un trait de génie. Tout le personnage s'en est trouvé renouvelé; on voit le fond intime du cœur de l'honnête Elmire. Pour la première fois, apparaît tout entière la conception du poète, et voilà comment Mlle Mars a été supérieure à Mlle Contat dans *Tartuffe*, c'est qu'elle a été à la fois Mlle Contat et Mlle Mars.

10.

CHAPITRE VIII

Je voudrais, sous ce titre, comparer les trois tragiques grecs avec un de nos deux poètes du XVIIe siècle, à un double point de vue assez particulier.

Pour plus de clarté, je caractériserai d'abord, en termes précis, les différences de principes d'art, qui séparent ces deux grandes écoles; puis, dans une seconde partie, je choisirai parmi nos chefs-d'œuvre ceux qui sont imités de l'antique; j'y étudierai l'alliance, la fusion du génie français et du génie hellénique, et je tâcherai de montrer ainsi en action le théâtre d'Athènes à Paris.

I

Les différences sont profondes.

J'en vois trois qui résument toutes les au-tres... Premier trait caractéristique et fondamental, le théâtre grec est un théâtre national. L'histoire de la Grèce, la religion de la Grèce, les mœurs de la Grèce, le sol même de la Grèce sont, pour ainsi dire, le fondement sur lequel reposent les tragédies d'Eschyle, de Sophocle et d'Euripide.

Commençons par Eschyle.

Qu'est-ce que *Prométhée*? La mise en scène d'une des légendes les plus poétiques et les plus significatives de la race hellénique, c'est-à-dire la lutte des hommes contre les dieux, la jalousie des dieux à l'égard des hommes, la conquête du feu céleste par l'homme.

Qu'est-ce qu'*Agamemnon* et les *Choéphores*? Une page de l'histoire des Atrides.

Qu'est-ce que *les Sept chefs devant Thèbes*? Un des épisodes de l'histoire des Labdacides.

Qu'est-ce que *les Euménides*? La reproduction théâtrale d'un des traits les plus étranges de la mythologie grecque : les hommes jugés par les dieux, et défendus par les dieux; Apollon se faisant l'avocat d'Oreste, et Minerve l'absolvant du crime de parricide, parce qu'il n'a tué *que sa mère*. Dans les idées grecques, en effet, le père seul était créateur, et Minerve était plus que personne en droit d'avoir cette opinion, puisqu'elle n'avait eu pour auteur de ses jours, qu'un père. Enfin Eschyle, avec un art merveilleux, relie, dans cette œuvre, l'époque mythologique à l'époque historique, le passé au présent, en rattachant au jugement d'Oreste la fondation de l'Aréopage.

Qu'est-ce enfin que les *Perses*? Une tragédie sans précédent et sans analogue : elle met en scène l'événement de la veille, un fait vivant, palpitant, dont tous les cœurs sont remplis, meurtris, cuivrés, Salamine!... Chose étrange! C'est la seule pièce grecque qui ne se passe pas en Grèce, et nulle part la Grèce n'est aussi présente. Le théâtre figure Suse, et on ne pense qu'à Athènes. Les personnages s'appellent *Xerxès*, *Atossa*, l'*Ombre de Darius*, et l'on ne pense qu'à Thémistocle. Eschyle, pour glorifier sa patrie, n'a pas fait assister ses compatriotes à leur triomphe; il leur donne en spectacle le désespoir et l'épouvante de leurs ennemis. Ce sont les lamentations des vaincus qui sont l'hymne de triomphe des vainqueurs!

Après Eschyle, Sophocle.

Philoctète, Œdipe roi, Œdipe à Colone, Ajax, Électre, les Héraclides, sont autant de souvenirs de l'histoire grecque transformés en chefs-d'œuvre dramatiques, et *Antigone* est l'immortelle représentation d'un des traits de mœurs le plus touchant et le plus profond de la race hellénique : le culte des morts.

Après Sophocle, Euripide.

Iphigénie en Aulide, *Iphigénie en Tauride*, *Alceste*, *Phèdre*, *Médée*, *Ion*, donnent la vie du théâtre aux plus pathétiques légendes des époques historiques ou mythologiques de la Grèce.

Reste enfin ce personnage mystérieux, le chœur, qui, tour à tour lyrique, épique, satyrique, moraliste, représente sous toutes leurs faces l'âme et l'esprit de la Grèce, et en enveloppe, pour ainsi dire, tous les chefs-d'œuvre du théâtre.

Passons à nos tragiques du xviie siècle. Quel contraste ! Nous sommes en France, et il n'y est pas question de la France. Notre théâtre est romain, grec, juif, oriental, asiatique ; tout, excepté français. Sans doute l'esprit du xviie siècle est répandu dans nos ouvrages, mais aucun des événements de notre histoire n'y a sa place. C'est un théâtre exotique et purement littéraire. De là, chez les tragiques grecs, une supériorité incontestable, au point de vue de la grandeur, du caractère, de la gravité.

Seconde différence :

Qu'est-ce que la passion dans le théâtre grec ? Presque rien. Dans le nôtre ? Presque tout. *Antigone* nous a montré quelle place tient, dans la tragédie de Sophocle, l'amour d'Antigone et d'Hémon. Hémon se tue pour elle, et il n'échange pas un mot avec elle.

Chez nous, au contraire, que deviendrait le théâtre classique sans la passion ? Ce serait supprimer tout Corneille, y compris *Polyeucte* ; tout Racine, excepté *Esther* et *Athalie*.

Boileau l'a dit :

> De l'amour la sensible peinture
> Est, pour aller au cœur, la route la plus sûre !

Jamais un Grec n'aurait écrit ce vers-là.

Nos poëtes ont trouvé, dans la passion, une source de pathétique et d'intérêt absolument inconnue à l'antiquité.

Enfin, troisième différence : la composition.

J'appelle composition le système esthétique, selon lequel une œuvre dramatique est construite. Ici la supériorité de notre théâtre me semble incontestable. Je ne sais rien de plus savant, de plus harmonieux, de plus complet et de plus complexe que l'ordonnance d'une de nos belles tragédies classiques. C'est, à proprement parler, un art nouveau : l'art français. Une fois créé, ce type est devenu le modèle de toutes les pièces de théâtre faites depuis le xviie siècle. Victor Hugo aussi bien que Voltaire, et Schiller aussi bien que Scribe, sont des élèves de Racine et de Corneille : c'est le même art de poser un sujet, de le nouer, de le dénouer, de le développer par une suite de combinaisons ingénieuses, par une succession de coups de théâtre qui précipitent ou suspendent l'intérêt, et tiennent toujours la curiosité en éveil. La tragédie grecque ne nous offre rien de pareil. Sauf dans l'*Œdipe roi*, qui reste le chef-d'œuvre des chefs-d'œuvre, l'action est partout d'une simplicité qui va jusqu'à la naïveté ; elle s'y déroule comme un fait de la vie ordinaire. Les situations arrivent l'une après l'autre, sans préparation, sans explication, sans développement. Les principaux personnages n'ont parfois qu'une seule scène.

A ces différences essentielles s'en ajoutent d'autres moins importantes et qui se peuvent résumer en un mot : les poètes antiques ne suivent que la nature et ne s'effrayent jamais de la réalité. Nos poètes subordonnent la nature et la réalité aux règles. Les règles! Ce quelque chose d'abstrait, d'un peu factice et de fort, qui solidifie nos chefs-d'œuvre mais les ébranche.

Comment deux écoles, établies sur des principes si contraires, ont-elles pu se fondre, et qu'a produit leur fusion? c'est ce que nous allons rechercher dans notre seconde partie.

II

Un nombre considérable de tragédies grecques a été transporté sur notre scène dans le XVIIe et le XVIIIe siècle. J'y choisirai seulement cinq exemples. Je les emprunterai tous les cinq à un seul poète antique et à un seul poète français; notre étude pourra s'appeler la collaboration d'Euripide et de Racine. Nous comparerons les deux *Andromaque*, les deux *Iphigénie en Aulide*, les deux *Phèdre*; nous y joindrons *Esther* et *Athalie* où Racine s'est inspiré du théâtre antique tout entier; et nous pourrons suivre ainsi, pas à pas, l'alliance de l'art grec et de l'art français dans deux hommes de génie.

ANDROMAQUE.

Racine, dans *Andromaque*, doit à Euripide le titre, le sujet, les personnages principaux, et même le pivot de l'action. Seulement en empruntant tout, il a tout transformé. D'une pièce antique, intéressante comme étude de mœurs, mais confuse et violente, il a tiré une

admirable tragédie française, en y introdui-
sant les deux qualités maîtresses du génie
dramatique français, la composition et la passion.

Le danger de mort qui menace le fils d'Andromaque est le même dans Euripide et dans
Racine; seulement cet enfant ne s'appelle pas
Astyanax, mais Molossus. Il n'est pas le fils
d'Hector, mais de Pyrrhus. Andromaque n'est
plus la veuve du héros troyen: c'est l'esclave
et la concubine du héros grec. Hermione n'est
plus une rivale jalouse, c'est une femme légitime! Elle est irritée, non de l'abandon de
son époux, mais des sortilèges de cette esclave, qui ont frappé son mariage de stérilité,
et elle veut tuer l'enfant pour se venger de la
mère.

Que fait Racine? un simple changement de
noms et de titres, et le drame se métamorphose. Andromaque redevient, ce qu'elle est
dans toutes les tragédies, la veuve d'Hector;
son fils redevient Astyanax; Hermione n'est
plus qu'une fiancée; de là naissent dans l'imagination du poète, l'amour de Pyrrhus, l'a-
mour d'Oreste, la jalousie d'Hermione, la lutte
dans le cœur d'Andromaque de la tendresse
maternelle et de la fidélité conjugale, et c'est

du choc de ces quatre passions que sort la tragédie la plus puissamment construite de tout notre théâtre; je puis citer à ce sujet un témoignage irrécusable, celui de l'homme qui passe justement pour le plus habile des constructeurs dramatiques, de Scribe. « On reproche à Andromaque comme une faute, me dit-il un jour, de contenir deux sujets. Rien de plus injuste. Racine les a si bien fondus ensemble qu'ils n'en font qu'un. Toutes les scènes entre Pyrrhus et Andromaque font écho dans toutes les scènes entre Hermione et Oreste. Savez-vous, ajouta-t-il, ce que c'est que la tragédie d'Andromaque? C'est une toile d'araignée. On ne peut pas toucher un fil sans que tous les fils frémissent en se répercutant au centre. » Le centre, c'est le public. Tous les coups et contre-coups aboutissent à lui. La pièce est donc une, et je ne crains pas de dire que Racine, dans *Andromaque*, a surpassé celui qu'il a imité.

IPHIGÉNIE EN AULIDE.

Ici, Euripide prend sa revanche. Racine, dans *Andromaque*, a tiré un chef-d'œuvre d'une œuvre de second ordre. Dans *Iphigénie*, il n'a fait qu'une œuvre intéressante avec un chef-d'œuvre. Comment? Pourquoi? Rien de plus simple. Dans *Andromaque*, il a été inspiré par le génie de son siècle; dans *Iphigénie*, il a été gâté par le goût de son temps. Il a dénaturé le délicieux rôle d'Iphigénie. Il l'a habillé à la française. Ce n'est plus la jeune fille, telle que l'avait créée Euripide, naïve, simple, spontanée, vivante, parlant comme parle la nature. C'est une noble demoiselle du siècle de Louis XIV, c'est une élève de Saint-Cyr. Elle n'a pas seize ans, elle en a vingt. La bienséance, les convenances, la déférence, l'obéissance, toutes ces vertus sociales et plus ou moins nées de l'esprit de cour, règlent ses actions, dictent ses paroles, et portent je ne sais quoi qui ressemble à l'étiquette, dans l'expression même des sentiments les plus naturels.

De telles critiques, s'adressant à une œuvre universellement admirée, ne peuvent se justifier que par des preuves. Prenons deux exemples caractéristiques :

D'abord la célèbre scène du 4ᵉ acte.

> Mon père,
> Cessez de vous troubler, vous n'êtes pas trahi :
> Quand vous commanderez, vous serez obéi.

Ces vers sont dans tous les recueils, dans

toutes les mémoires, et j'aurais scrupule de les citer, si je pouvais expliquer autrement ce que j'ose en penser et en dire.

Mon père,

Cessez de vous troubler, vous n'êtes point trahi :
Quand vous commanderez, vous serez obéi.
Ma vie est votre bien; vous voulez le reprendre :
Vos ordres sans détours pouvaient se faire entendre,
D'un œil aussi *content*, d'un cœur aussi soumis
Que j'acceptais l'époux que vous m'aviez promis,
Je saurai, s'il le faut, victime obéissante,
Tendre au fer de Calchas une tête innocente;

Certes, jamais la poésie française n'a parlé une langue plus harmonieuse. Jamais sentiments plus élevés ne se sont déroulés en périodes plus élégantes. Mais, l'avouerai-je, c'est cette élégance même qui me choque. Quoi? Pas un cri de nature!... Pas un vrai élan de douleur! Elle n'ose pas dire qu'elle a peur de la mort!

Peut-être assez d'honneurs environnaient ma vie
Pour *ne pas souhaiter* qu'elle me fût ravie.

Qu'est-ce que ce : *Pour ne pas souhaiter,* sinon une figure de rhétorique?

Au cours de la scène, elle rappelle à son père les témoignages d'affection qu'il lui donnait... En quels termes?

C'est moi qui, si longtemps le plaisir de vos yeux
Vous ai fait de ce nom remercier les dieux.
Moi pour qui, tant de fois prodiguant vos caresses,
Vous n'avez point du sang dédaigné les faiblesses.

Dédaigné les faiblesses du sang! Dans un pareil moment! Quand la mort est là! Puis, à la fin de son discours, car c'est bien un discours, je dirai même un plaidoyer, au moment où elle fait un dernier appel à la pitié de son père... que lui dit-elle :

Mais à mon triste sort, vous le savez, seigneur,
Une mère, un amant, attachaient leur bonheur.
Un roi digne de vous a cru voir la journée
Qui devait éclairer notre illustre hyménée ;
Déjà, sûr de mon cœur à sa flamme promis,
Il s'estimait heureux : vous me l'aviez permis.
Il sait votre dessein : jugez de ses alarmes,
Ma mère est devant vous; et vous voyez ses larmes.
Pardonnez aux efforts que je viens de tenter
Pour prévenir les pleurs que je vais leur coûter.

Voyons, soyons sincères! Tout cela n'est-il pas faux, maniéré, artificiel? Ce : *Vous me l'aviez permis* est odieux! A vingt ans, on ne regrette pas de mourir, seulement parce que cela fait de la peine aux autres! Oh! comme à la place de tous ces alambiquages, j'aime bien mieux les cris de douleurs, les terreurs éperdues, les paroles entrecoupées de sanglots de l'Iphigénie grecque.

11.

Ne me faites pas mourir avant le temps, mon père !
Ne me forcez pas à descendre dans le monde souterrain !
Il est si doux de voir la lumière !...

Elle aussi, elle lui parle de leurs épanchements.... Mais au lieu de cet affreux *dédaigné
les faiblesses :*

« Assise sur tes genoux, lui dit-elle, je te
donnai et reçus de toi de tendres caresses. Tu
me disais alors : « Quand te verrai-je, ma fille,
« vivre florissante dans la demeure d'un heu-
« reux époux ? » et je répondais, *suspendue à ton
cou, pressant ton menton, que je touche encore,*
« Et moi, mon père, te recevrai-je à mon tour
dans la douce hospitalité de ma maison, et
rendrai-je à ta vieillesse les tendres soins que
tu as donnés à mon enfance. »

. Ne croit-on pas entendre un *père comme
nous,* faisant avec sa fille... enfant... des châteaux en Espagne pour le temps où elle sera
grande... mariée... Enfin, au dernier moment, se contente-t-elle d'invoquer le souvenir
de sa mère et même du père de son père ? Non !
Éperdue de terreur, elle fait appel... à qui ?...
à son petit frère au berceau.

« O mon frère, supplie mon père de ne pas
tuer ta sœur ! Vois, mon père ! vois ! Il t'adresse
une muette prière. Dans les enfants même, il

y a un sentiment du malheur... ah! compatis à mon sort! Nous sommes deux à te supplier! Lui, faible enfant,... moi, déjà plus grande! »

Voilà bien le langage de l'épouvante... voilà bien le cri parti du cœur qui va au cœur! Voilà bien la nature dans toute sa vérité! Hé bien! maintenant, la voici dans toute sa grandeur!

Nous sommes au 5ᵉ acte. Le moment fatal est arrivé. Calchas attend sa victime à l'autel. Certes, ce n'est pas le courage qui manque à notre Iphigénie. Telle nous l'avons vue au début, telle nous la retrouvons à la fin, inaccessible à la peur, marchant sans pâlir au-devant du fer de Calchas, et sa dernière parole :

Eurybate, à l'autel conduisez la victime

a, dans sa concision, un véritable accent de grandeur. Que fait Euripide? Tout le contraire.

Le moment fatal est arrivé, Calchas est à l'autel et attend la victime. Quelle attitude va-t-elle prendre? Quel langage le poète va-t-il prêter à son héroïne? Celui de la nature.

Je ne sais pas de règle plus fausse que le précepte que nous a légué Horace, selon lequel nous bâtissons toutes nos pièces, à savoir qu'un

personnage de théâtre doit rester jusqu'au bout
fidèle à lui-même, comme si le fond même du
pauvre cœur humain n'était pas la mobilité,
l'inconstance, la contradiction! Aussi l'Iphigénie grecque, quand elle se trouve mise en
présence de toutes les catastrophes qui peuvent
naître des efforts de son père pour la sauver,
est saisie tout à coup par un de ces transports
surnaturels, qui sont l'honneur de notre nature. D'un coup d'aile, elle s'élève sans effort
au rôle d'héroïne, de martyre! Cette même
bouche, d'où sont parties des supplications si
touchantes, nous fait entendre des paroles
toutes pleines d'un enthousiasme sacré! Elle
ne se résigne pas à la mort,... elle y court!

« O ma mère, je veux mourir! La Grèce
« entière a maintenant les yeux sur moi. De
« moi dépend le départ de la flotte et le suc-
« cès de nos armées. Je me dévoue. Les ruines
« de Troie seront le monument éternel de mon
« sacrifice. Ce sera *mon hymen, mes enfants,*
« *ma gloire.* »

Puis, se retournant vers les jeunes filles
qui l'entourent, elle ordonne elle-même toute
la cérémonie de la fête! « Préparez des cou-
« ronnes! Portez l'eau, les voiles, formez des
« danses autour de l'autel. »

Elle est la prêtresse de son propre sacrifice, et elle sort sur cette dernière parole : *Adieu, douce lumière!*

Quel mot délicieux! Quelle poétique image du génie grec! Je ne connais pas au théâtre de péripétie plus saisissante que cette transformation sublime... et je n'hésite pas à dire qu'Euripide, dans *Iphigénie*, reste bien au-dessus de Racine, parce qu'il a su être à la fois plus vrai et plus grand, et plus grand parce qu'il a été plus vrai!

PHÈDRE.

Phèdre est une pièce absolument à part. Il n'y en a pas de plus française, et cependant Racine l'a tirée de deux ouvrages étrangers. Le premier acte revient à Euripide, le second à Sénèque; le troisième et le quatrième appartiennent seuls en propre à notre poète; mais ils sont à la fois si puissants et si habiles, ils représentent avec tant d'éclat les deux qualités maîtresses de notre théâtre, c'est-à-dire la science de composition et le développement de la passion, qu'ils suffisent à faire de cette œuvre d'imitation un chef-d'œuvre immortel. Chose frappante! sa beauté vient d'une faute, d'une faute qui se répand sur la tragédie entière comme une tache. Racine a fait *Hippolyte amoureux*! Hippolyte! ce type si pur, si austère! Ce jeune homme qui touche au demi-dieu! Cet adolescent qui semble un jeune frère de Diane! M. Schlegel s'est indigné de cet amour comme d'une profanation, et il avait raison. Et cependant c'est de ce crime de lèse-poésie qu'est sortie cette merveille poétique. Car, faire Hippolyte amoureux, c'était faire Phèdre jalouse. La jalousie! Voilà le trait de génie, voilà l'élément nouveau et fécond jeté dans le drame antique! La jalousie, ajoutant une torture à tant de tortures, entre comme une trombe de feu dans cette âme déjà dévastée! Comment y entre-t-elle? Par un de ces coups de théâtre dont nos maîtres ont le secret! C'est Thésée qui apprend à Phèdre l'amour d'Hippolyte pour Aricie! C'est de la bouche de Thésée, c'est sous le regard de Thésée,... qu'elle reçoit en plein cœur ces terribles paroles :

Aricie a son cœur! Aricie a sa foi!
Il me l'a dit...

Sous ce coup, éclate en elle une effroyable tempête. C'est je ne sais quel mélange de cris de douleur et de cris de rage,... de sanglots

et d'imprécations, de pensées de meurtre et
de remords! Puis, tout à coup, au milieu de
la scène, son horreur d'elle-même prend une
proportion gigantesque. Ce n'est plus une
simple martyre humaine que nous avons sous
les yeux, ce n'est plus une criminelle terrestre, c'est la descendante de Jupiter! C'est la
fille de Minos! Les dieux sont là devant elle,
elle tremble sous leurs regards! Elle se débat
sous leur arrêt! sa terreur embrasse la terre,
le ciel et les enfers :

> Le Ciel, tout l'univers est plein de mes aïeux : ·
> Où me cacher? Fuyons dans la nuit infernale.
> Mais que dis-je? mon père y tient l'urne fatale :
> Le sort, dit-on, l'a mise en ses sévères mains :
> Minos juge aux enfers tous les pâles humains.
> Ah! combien frémira son ombre épouvantée,
> Lorsqu'il verra sa fille à ses yeux présentée,
> Contrainte d'avouer tant de forfaits divers,
> Et des crimes peut-être inconnus aux enfers!

Osons le dire! jamais la pauvre âme humaine n'a fait entendre des accents plus déchi-
rants et plus grandioses. Jamais ne s'est produite, sur un théâtre, une figure plus pathétique
et plus riche de contrastes, que cette créature
à la fois antique et moderne, païenne et chrétienne, vivante et légendaire. Tout ce que
Racine a emprunté à Euripide est resté su-

blime sous sa plume ! Tout ce qu'il a emprunté à Sénèque l'est devenu ; tout ce qu'il a créé égale ce qu'il a imité. Phèdre est un chef-d'œuvre formé de trois chefs-d'œuvre.

ESTHER ET ATHALIE.

Racine doit au Théâtre grec autre chose encore que ces trois tragédies, il leur doit une de ses plus pures gloires, l'avènement du lyrisme dans la tragédie. Nous nous bornerons donc dans *Esther* et *Athalie* à ce seul point, en y cherchant la part de nouveauté apportée par le poète français dans cette forme de la poésie antique.

Nous savons par Racine lui-même *que souvent lui était passé par l'esprit le désir de lier comme dans les anciennes tragédies grecques, le chœur et le chant avec l'action.* Le poète lyrique qui était en lui, empêchait le poète tragique de dormir. Mais comment les associer l'une à l'autre? Il n'en trouvait pas le moyen. Tout à coup s'offre à lui une nouvelle source d'inspiration. Mme de Maintenon lui demande une tragédie pour Saint-Cyr, et l'introduit dans la maison. Le voilà jeté en pleine jeunesse, en pleine beauté,

au milieu d'un groupe de jeunes filles, nobles
de cœur, d'esprit, de famille!... Il devient
leur ami, leur maître; il écrit pour elles et
travaille avec elles. Ces vers délicieux qu'il
place dans leurs bouches, c'est lui qui leur apprend à les dire; nul doute que la vue et la vie
de ces jeunes filles n'aient eu leur part dans
la conception si poétique et si nouvelle de ces
chœurs. De quoi, en effet, se composent-ils?
Laissons parler Esther elle-même.

> Cependant, mon amour pour notre nation
> A rempli ce palais de filles de Sion,
> Jeunes et tendres fleurs par le sort agitées,
> Sous un ciel étranger comme moi transplantées.
> Dans un lieu séparé de profanes témoins,
> Je mets à les former mon étude et mes soins;
> C'est là que, fuyant l'orgueil du diadème,
> Lasse de vains honneurs, et me cherchant moi-même,
> Aux pieds de l'Éternel je viens m'humilier,
> Et goûter le plaisir de me faire oublier.

Quel délicieux tableau! Comme le souvenir
de Mme de Maintenon y jette une jolie note
maternelle! Comme ces jeunes proscrites ca-
chées dans le palais même de leur persécuteur
mêlent l'émotion dramatique au charme de la
poésie lyrique! Il y a là une œuvre d'art d'une
invention si exquise et si française, que le génie
grec, qui l'a inspirée, n'en a jamais créé une

semblable. Sans doute, on pourrait lui opposer le chœur des jeunes filles dans l'*Iphigénie en Tauride*, d'Euripide. Elles aussi, elles chantent, elles pleurent la patrie absente, mais Racine ajoute à ces plaintes un cri de terreur étouffé, qui en fait une élégie tragique.

Arrivons à Athalie.

Soyons sincères. Si célèbres que soient les chœurs d'Athalie, ils n'offrent ni la variété de rythmes, ni la splendeur d'images, ni la profondeur de pensées ou de sentiments des strophes d'Eschyle, de Sophocle et d'Euripide. L'imitateur reste partout au-dessous de ses modèles. Mais il y a, au troisième acte, une scène à la fois lyrique et musicale, où Racine s'élève aussi haut qu'eux, et peut-être plus haut : c'est la scène de la prophétie. Conception, composition, exécution, tout est absolument extraordinaire dans cette scène.

Les prédictions de la Cassandre d'Eschyle ne sont que quelques cris de terreur, jetés au milieu du drame. Ici la prophétie est le drame même ; Joad n'est pas seulement un grand prêtre ; c'est le défenseur d'une grande cause, c'est l'ouvrier d'une œuvre sainte ! Il ne pré-

pare pas seulement une cérémonie religieuse...
c'est une bataille qu'il va livrer dans le temple,
C'est le sang qui va couler à flots sur les saints
parvis! Où sont ses soldats? Quels combattants
va-t-il opposer à l'armée d'Athalie! Il nous le
dit lui-même, en jetant un coup d'œil plein
de tristesse sur les lévites qui l'entourent.

> Voilà donc quels vengeurs s'arment pour ta querelle,
> Des femmes, des enfants, ô sagesse éternelle!
> Mais, si tu les soutiens, qui peut les ébranler?
> Du tombeau, quand tu veux, tu peux nous rappeler;
> Tu frappes et guéris, tu perds et ressuscites!

A ce mot... saisi soudain par l'idée de la
toute-puissance de l'Éternel, l'esprit divin s'em-
pare de lui. Semblable au prophète Ézéchiel,
s'écriant : *adducite plasten, apportez la lyre!*
Il dit à ses lévites :

> Lévites, de vos sons prêtez-moi les accords!

Et, sous l'empire de cette harmonie vocale
et orchestrale, jaillissent de ses lèvres ces admirables premiers vers qui éclatent comme un
tuba mirum.

> Cieux, écoutez ma voix; terre prête l'oreille;
> Ne dis plus, ô Jacob, que le Seigneur sommeille,
> Pêcheurs, disparaissez : Le Seigneur se réveille.

La prophétie commence.

Ce qui la caractérise, c'est qu'elle embrasse un double avenir! C'est qu'elle met en scène les deux plus grands événements de l'Écriture Sainte : la destruction du Temple de Jérusalem et l'avènement de la Religion nouvelle. Pour peindre la première, le poëte ne se sert que d'expressions empruntées aux prophètes. Leurs paroles les plus enflammées, leurs images les plus hardies, leurs métaphores les plus étincelantes passent sous sa plume et éclatent dans ses vers, comme autant de traits de lumière et de traits de feu! Ce n'est pas Racine, c'est Ézéchiel, c'est Élie, c'est Jérémie, c'est Jonas, c'est Daniel que nous entendons.

Quel changement dans la seconde partie! Ici, c'est le chrétien qui parle, c'est-à-dire Racine lui-même. Le charme et la douceur évangéliques coulent à pleins flots de ses lèvres. Dans des vers qui n'appartiennent qu'à lui, dans un langage que personne n'avait encore parlé, il nous fait assister à la naissance, au développement, à l'épanouissement, au triomphe de la religion chrétienne.

La prophétie achevée, la scène ne l'est pas encore; Joad redescend sur la terre, mais tout frémissant de l'enthousiasme céleste! C'est

d'une voix inspirée qu'il commande à Josabeth
de tout préparer pour le couronnement de Joas;
c'est d'une voix souveraine qu'il ordonne à
ses lévites de le suivre; c'est d'un geste impérieux qu'il les entraîne électrisés comme lui,
au fond du temple, leur découvre un immense
amas de lances et d'épées consacrées à Dieu par
David, et qu'il leur distribue lui-même ces
saintes armes! Le prophète et le grand prêtre
font place à l'homme de combat, ou plutôt
tous trois ne font qu'un, et cette triple personnalité si puissante, cette alliance de la tragédie
et du lyrisme allant jusqu'à l'épopée, font
d'*Athalie* une œuvre d'art qui n'a son analogue
sur aucun théâtre. Son trait le plus particulier
est peut-être de nous offrir dans Joad une figure
de Michel-Ange, et dans Joas une figure de
Raphaël.

Notre double étude est terminée. Quelle est
la conclusion? Qu'une de ces grandes écoles
d'art est supérieure à l'autre? Non. Elles se
valent par leurs différences mêmes. Plus de
vérité, plus de simplicité, plus de variété
dans la première; plus de science et plus de
passion dans la seconde. Le siècle de Louis
XIV est, je le crois, dans l'art tragique, l'égal du

siècle de Périclès, mais il ne faut pas oublier que nous lui devons cinq de nos plus belles tragédies, et notre théâtre national n'est jamais plus grand que quand il a le droit de s'appeler le Théâtre d'Athènes à Paris.

CHAPITRE IX

LES DEUX VAUVENARGUES.

Il y a deux Vauvenargues. L'un, que j'appelerai le Vauvenargues de Voltaire et qui date de 1746; l'autre qui se produisit, cent ans après, d'une manière que je raconterai tout à l'heure. Ces deux personnages ne diffèrent pas, ils se complètent. Ce sont comme les deux profils du même visage. On a souvent remarqué que certaines personnes ne sont tout elles-mêmes que de face. Vues de profil, elles ne se ressemblent pour ainsi dire pas. Leur figure ne donne une impression complètement juste que si elle se présente dans sa plénitude de traits et de physionomie.

Tel est Vauvenargues. Cette âme si complexe, quoique si grande, n'a pas été comprise tout entière du premier regard. Elle nous offre le phénomène étrange d'un esprit supérieur se révélant pour ainsi dire en deux fois à la postérité.

Parlons d'abord du premier, du Vauvenargues de Voltaire.

Rien n'honore plus Voltaire que son amitié
pour Vauvenargues. Cette amitié se mêlait d'un
sentiment que l'auteur de *Candide* n'a guère
connu, le respect. Voltaire avait cinquante ans,
Vauvenargues en avait vingt-sept; Voltaire était
dans la pleine puissance de son génie et de sa
gloire, Vauvenargues était un petit officier de
province; Voltaire était riche, Vauvenargues
était pauvre; Voltaire allait de pair avec les
plus hautes puissances, Vauvenargues n'avait
pas un seul protecteur. Un matin, arrive, par
la poste, à l'illustre poète, au milieu d'un
monceau de lettres de toutes sortes, un manuscrit signé d'un nom inconnu, et que ne lui
recommandait aucune apostille importante.
Il l'ouvre, il le lit, et à mesure qu'il avance
dans cette lecture, je ne sais quel trouble le
saisit. Du premier coup d'œil, il avait deviné
un grand esprit... Mais peu à peu il se sent
en face de quelque chose qui lui est supérieur
à lui-même... une grande âme! Alors, comme
soudainement, éclate en lui une affection toute
particulière, où s'allient à l'admiration la sollicitude d'un père et la déférence d'un fils. Il
écrit à ce jeune homme, il parle à ce jeune

homme, comme il n'écrit et ne parle à personne. Il se fait son homme d'affaires. Il se fait
son protecteur auprès des ministres, il surveille
l'impression de son livre, et, le jour de la publication, voici la lettre qu'il lui adresse : « Je sors
de chez vous. Je voulais vous parler du volume
que j'ai lu ce matin. Il y a un an que je dis que
vous êtes un grand homme, vous avez révélé
mon secret. *Je m'unis avec transport* à la grandeur de votre âme, à la sublimité de votre
esprit, à l'humanité de votre caractère. *Je vous
conjure de m'aimer!* » Certes, les éloges hyper-
boliques ne manquent pas dans la correspondance de Voltaire; mais comparez donc les
flagorneries dont il est si prodigue, et qui se
démentent par leur exagération même, avec
ce cri parti de l'âme : *Je vous conjure de
m'aimer!* Enfin, Vauvenargues mort, Voltaire
écrit sur lui deux lignes qui sont tout un portrait : « *Je l'ai toujours connu le plus infortuné
des hommes, et le plus tranquille.* »

Je ne sais pas, dans l'œuvre de Voltaire, une
seule phrase qui ait ce caractère de simplicité
émue. Pour la bien sentir, il faut, je crois, se
la lire tout haut, j'en ai fait l'expérience, et il
s'est dégagé pour moi de l'harmonie même des
syllabes, je ne sais quelle impression poétique

qui l'a gravée dans mon esprit comme une belle phrase musicale.

C'est sous ces traits que Vauvenargues a passé à la postérité et a vécu pendant plus d'un siècle dans nos imaginations. Il nous représente un jeune sage de la Grèce, marqué de ce signe mélancolique que portent au front les êtres destinés à mourir jeunes.

I

Cent dix ans plus tard, naquit, à une date précise, comme un être réel, le 25 août 1856, le second Vauvenargues, et le court récit de ce fait singulier peut offrir, je crois, quelque intérêt.

L'Académie avait mis au concours, comme sujet du prix d'éloquence de 1856, l'éloge de Vauvenargues.

Parmi les manuscrits soumis à l'examen préalable d'une commission se trouva un numéro 17, dont je fus chargé de faire le rapport.

Ce discours me frappa singulièrement par la nouveauté et la hardiesse de l'idée générale.

L'auteur n'allait pas moins qu'à contredire Voltaire, et à prétendre que sa célèbre phrase était, sinon injuste, du moins absolument incomplète.

« Que Vauvenargues, disait-il, ait été le plus infortuné des hommes, rien de plus vrai, mais le plus tranquille? non. Vauvenargues est un passionné, un impétueux, un ambitieux, non pas ambitieux d'honneurs, de places ou d'argent, mais ambitieux d'agir, ambitieux de se produire, parce qu'il se sent fait pour les plus hauts emplois. »

Cette assertion me parut si originale et si intéressante que je n'hésitai pas à demander à la commission de présenter le n° 17 à l'Académie, en premier rang, pour concourir au prix.

La chose n'alla pas de soi.

Il est bien difficile d'accepter, dit un des membres de la commission, qu'un homme aussi fin que Voltaire, et dont la finesse dans cette circonstance était encore aiguisée par une profonde sympathie, n'eût pas vu dans Vauvenargues ce que l'auteur du discours croit y voir. A quoi je répondis, en m'appuyant sur le discours même, que, si Voltaire ne l'avait pas vu, c'est que Vauvenargues le lui avait caché.

« Vauvenargues, dis-je, était une de ces

âmes fières, hautes, un peu hautaines si l'on veut, qui peuvent laisser parfois échapper leur secret, mais qui ne le livrent pas. Le fond de leur âme leur appartient toujours. Si Vauvenargues a caché son ambition, c'est que cette ambition a toujours été pour lui une déception et une blessure, une blessure dont son orgueil souffrait trop pour qu'il la laissât voir. En outre, ajoutai-je, remarquez que l'auteur ne produit pas son opinion comme absolue, il ne prétend pas l'appuyer sur des preuves positives ; il la donne seulement comme une conviction, née en lui, d'une étude approfondie de l'œuvre de Vauvenargues.

Cette réponse, sans convaincre absolument la commission, lui parut suffisante pour justifier la présentation du n° 17, comme très digne de concourir au prix ; je fus chargé de le lire à l'Académie.

La séance fut assez mouvementée. La lecture finie, un des membres les plus considérés de la compagnie, M. Cousin, décida nettement que, quel que fût le mérite de ce discours, il regardait comme impossible de lui donner le prix. On ne couronne pas une hypothèse. Sans doute, l'interprétation est ingénieuse, la supposition séduisante, mais où sont les preuves ?

Il n'y a là en réalité, dit-il avec un sourire un peu dédaigneux, qu'un spirituel point d'interrogation. — Hé! Hé! mon cher confrère, répliqua Sainte-Beuve avec sa mine finaude et son regard narquois, il pourrait bien y avoir là plus de ·vrai que vous ne le supposez. » Là-dessus, M. de Salvandy demande la parole, et, avec sa chaleur un peu déclamatoire, mais sincère, avec sa générosité d'accent, il répliqua si éloquemment à M. Cousin, qu'il emporta tous les suffrages, et le prix fut donné au n° 17, à L. Gilbert.

La lecture en séance publique obtint un succès éclatant; toute la presse ratifia le jugement de l'Académie, et M. Gilbert, inconnu le matin, avait sa place le soir parmi les jeunes écrivains chercheurs et trouveurs.

Mais voici un fait bien inattendu et bien curieux.

Quelques mois plus tard, on découvrit en Provence toute une correspondance de Vauvenargues avec le marquis de Mirabeau, père de l'illustre orateur, et toute une masse de fragments inédits qui donnaient complètement raison à l'auteur du discours; son hypothèse devenait une réalité. Un second Vauvenargues s'ajoutait au Vauvenargues de Voltaire. Or, qui

avait fait cette découverte? M. Gilbert lui-
même. Tout autre que M. Gilbert se serait
peut-être complu dans la satisfaction de son
succès, mais il se sentait une dette vis-à-vis
du public qui l'avait cru de confiance. Il tenait
à la payer. Quelques jours donc après la séance
de l'Académie, il part pour la Provence à la
recherche de tout ce qui pouvait rester de Vauvenargues. Pendant plusieurs mois, il interroge
les bibliothèques, il consulte les collections
privées, il fouille dans les études de notaires,
et, après ce long travail, il revient à Paris avec
la matière de tout un volume nouveau, il en
compose une édition définitive et il complète
ainsi la gloire du grand homme qu'il avait
deviné. C'est ce Vauvenargues vu de face dont
je vais essayer de reconstituer la figure, à l'aide
du discours de M. Gilbert, du volume inédit et
de mes impressions personnelles.

II

Vauvenargues n'était pas né marquis. Son
père s'appelait le sire de Clapiers. Petit gen-
tilhomme, mais de bonne race, un grand service public, un acte de courage éclatant le
désignèrent à l'attention du souverain, qui
le créa marquis, mais en le laissant pauvre.

Cette pauvreté pesa toujours sur Vauvenargues, dans son enfance, comme une gêne; dans sa jeunesse, comme un obstacle; à la fin de sa vie, comme un supplice. Le seul cri d'amer découragement qui sortît de cette bouche stoïque fut un anathème contre la pauvreté.

Son éducation n'offre qu'un trait particulier, mais bien digne de remarque. Il n'eut, en réalité, qu'un maître : Plutarque. La lecture de Plutarque ne fut pas seulement pour lui, comme pour Rousseau, un plaisir littéraire ou moral. Non. Il revivait toutes ces illustres vies. Lui-même, nous raconte, en termes passionnés, comment il passait des nuits entières à parler à Agésilas, à Alcibiade, à Thémistocle. Il se voyait sur la place publique, à Rome, haranguant le peuple avec les Gracques, ou défendant Caton, quand on lui jetait des pierres. Un jour, les lettres de Brutus à Cicéron lui étant tombées entre les mains : « Je fus si ému, dit-il, que je ne pouvais pas les achever. Je sortis comme un homme en fureur, pour faire plusieurs fois le tour d'une longue terrasse en courant de toutes mes forces, jusqu'à ce que ma lassitude finît par une sorte de convulsion !... »

Nous voilà déjà bien loin du jeune homme tranquille de Voltaire.

A vingt-trois ans, il part pour l'armée. Sa noblesse ne lui permettait pas d'autre métier. Au bout d'un mois, il était l'idole de tous ses camarades. Mais comment le surnommait-on? Le père! Le père? Pourquoi ce nom adressé à un homme si jeune? C'est que ce jeune homme avait le don naturel de l'autorité. Quelque temps après son arrivée au camp, il dominait tous ses camarades. On ne l'admirait pas seulement pour son courage, on ne l'aimait pas seulement pour sa bonté, on le respectait, on le considérait, on le consultait. *Il était né chef.* Ce qui ajoutait encore à son ascendant et y mêlait je ne sais quel attrait mystérieux, c'est que, le soir venu, au lieu de prendre part aux divertissements, il se retirait sous sa tente et écrivait parfois très avant dans la nuit.

La guerre le soumit à une terrible épreuve. Il faisait partie de cette effroyable retraite de Prague, qui s'accomplit au milieu de mille périls, à travers les montagnes, les glaces, les avalanches. Une nuit, étant en observation sur le bord d'un fleuve gelé, frissonnant sous le manteau de frimas qui le couvre, il se met à penser aux riches de ce monde, endormis à cette heure dans leurs lits luxueux. Quel sentiment lui inspire cette pensée? L'envie? Le regret? Non. Une mâle joie. Il se sent plus heureux qu'eux, parce qu'il se sent supérieur à eux. Il ne dit pas à la douleur, comme le stoïcien : « Tu ne me feras pas convenir que tu sois un mal. » Il lui dit : « Tu es un bien! » Il l'aime! il l'aime comme on aime un ennemi redoutable, avec lequel on se réjouit de se mesurer et qu'on est fier de vaincre. Voilà un héroïsme de vaillance qui nous emmène bien loin encore du Vauvenargues de Voltaire. La campagne finie, il revient à Aix, perdu de santé, à demi ruiné et réduit à l'inaction, comme tous les officiers de noblesse. Heureusement, si son épée lui manque, sa plume lui reste, et il se jette ardemment dans une voie nouvelle.

Il recueille, il formule toutes les pensées qui l'avaient hanté pendant cette guerre, et ses pages manuscrites, propagées parmi la jeunesse d'Aix, y jettent un tel mouvement d'idées, obtiennent un tel succès que son père, quelque peu enorgueilli de sa récente noblesse, s'en effarouche et s'en offense. Un marquis de Vauvenargues devenant un petit écrivailleur, c'est déroger! Et il se met nettement en travers de la vocation littéraire de son fils. Par bonheur, vivait alors, à Aix, un autre marquis, de plus vieille race que le sire de Clapiers, le marquis de Mirabeau, le célèbre père du grand Mirabeau. Compagnon d'armes de Vauvenargues, son ami intime, son confident, il se prend d'enthousiasme pour ses œuvres, et, à son tour, il se met bravement en travers du veto paternel. Il déclare qu'il vaut mieux déroger à son titre qu'à son génie, et pousse ardemment Vauvenargues, non seulement dans la carrière littéraire, mais à Paris. « N'enfouissez pas ici, lui écrit-il, les plus beaux dons du monde! Des gens du goût le plus sûr, à qui j'ai montré ce que vous écrivez, en ajoutant que vous n'aviez pas vingt-cinq ans, se sont écriés : « *Quels hommes produit cette* « *Provence!* » Si vous ne vous reconnaissez pas le plus grand génie, je vous connais mieux que vous. »

Vauvenargues part : il arrive à Paris, il voit Voltaire, il se mêle à toute la société littéraire. Quelle figure y fait-il? Quelle place y prend-il?

Les mémoires de Marmontel nous offrent là-dessus un renseignement précieux. C'est le récit d'une conversation, à laquelle il a assisté, entre Vauvenargues et Voltaire.

« C'était, dit-il, de la part de Voltaire une abondance intarissable de faits intéressants et de traits de lumière. C'était, de la part de Vauvenargues, une éloquence pleine de charme et de force, une virile liberté de penser, qui n'avait rien de commun avec les vaines adulations du monde. Pour connaître Vauvenargues, ajoute-t-il, il ne suffisait pas de le lire, il fallait l'entendre. *Il tenait nos âmes dans sa main.* » . Ce mot si expressif ne jette-t-il pas un jour singulier sur la puissance d'ascendant de Vauvenargues? Ne nous reporte-t-il pas à son influence sur ses camarades de régiment? Sur les jeunes gens de noblesse de la ville d'Aix? Marmontel ajoute : « J'ai toujours regretté que l'auteur de *Zaïre* n'ait pas légué à la postérité le souvenir vivant de ces conversations, n'ait pas fait pour Vauvenargues ce que Xénophon et Platon ont fait pour Socrate. » Platon! Xénophon! Socrate! Socrate, le précepteur d'Athènes! Socrate qui régna pendant quarante ans sur ce peuple, rien qu'en se promenant dans la rue et en causant. Rapprocher le nom de Vauvenargues d'un tel nom! Quelle action avait donc la parole de ce jeune homme?

Deux traits significatifs vont nous faire faire un pas de plus dans l'explication de ce mystère.

L'amour des lettres, le désir de s'y faire un nom, n'amenèrent pas seuls Vauvenargues à

Paris. Il y arrive en solliciteur : simple capitaine, il venait demander un grade plus élevé dont il se croyait digne. Son amour de la guerre allait-il donc jusqu'à la passion? Oui, sous une certaine forme et dans une certaine mesure. Lui-même nous apprend qu'il *n'avait pas le goût du métier*; les détails de la vie militaire l'ennuient : « Je crois, dit-il, que j'aurais bien fait les grandes choses. Je dédaigne les petites. » Une de ses maximes va plus loin encore : Ma seule crainte, dit-il, est de raser trop timidement la terre. Quand on est né pour la gloire, il faut suivre hardiment son essor. Les grands emplois font les grands talents. »

Où donc l'emporte son essor? Au plus haut rang. Jusqu'à la chimère! Il ne rêve pas moins, nous en avons la preuve écrite de sa main, que le titre de général en chef. Concevoir le plan d'une grande bataille! Gouverner une grande bataille! Gagner une grande bataille! Une bataille qui décide du sort de son pays! Voilà ce qui hante l'esprit de ce tranquille Vauvenargues.

Poursuivons. Repoussé dédaigneusement par le ministre et réduit par sa santé déplorable à quitter le service militaire, il ne peut se résoudre à l'inaction, il se tourne vers la diplomatie; il écrit directement au roi pour demander un poste aux affaires étrangères. Il ne craint pas d'alléguer « son habileté à manier les esprits, son art de tout pénétrer et de rester impénétrable. » Oh! ce n'est pas un modeste! Mais Voltaire n'a-t-il pas écrit au ministre Ancelot : « Sachez votre Vauvenargues comme vous savez votre Démosthènes. » Les hommes dont on parle de cette sorte ont autre chose à faire que d'être modestes; ils ont à se produire, non par orgueil, mais dans l'intérêt même de leur pays. Repoussé de la diplomatie comme de la guerre, Vauvenargues tombe d'abord dans un découragement irrité, et il se venge par cette fière maxime :

« Si un homme est né avec l'âme haute, s'il est laborieux, sans bassesse, d'un esprit profond et caché, j'ose dire qu'il ne lui manque rien pour être négligé des grands et des gens en place, qui ne craignent rien tant que les hommes qu'ils ne pourraient pas dominer. »

Voilà le Vauvenargues que nous révèle l'étude nouvelle de sa biographie.

Voyons celui que nous fait connaître la lecture de ses œuvres complètes.

III

Ce qui me frappe le plus dans l'œuvre de Vauvenargues, c'est la différence profonde qui le sépare des autres moralistes.

Les maximes de La Rochefoucauld sont un chef-d'œuvre d'esprit et de style; mais, à voir la façon dont elles ont été faites, il est bien difficile de prendre ce livre si sérieux... au sérieux. Un grand seigneur, qui se trouve être un grand écrivain, fourbit le matin, dans son cabinet, de petits dards acérés, voire un peu empoisonnés; il les apporte le soir à de belles dames, qui les aiguisent et les affinent encore avec lui, les cisèlent, les agrémentent, et de ce pessimisme en collaboration sort un traité de morale de salon, qui trouble plus qu'il n'éclaire.

Bien autrement sérieux sont les Caractères de La Bruyère, mais là encore on se trouve en face d'un livre purement livresque; l'auteur reste toujours un auteur. Il voit, il observe, il note, il décrit; son coup d'œil est perçant, sa plume est merveilleuse, mais où est l'âme? Où est la vie? Où est l'homme?

L'œuvre de Vauvenargues est l'homme même, l'homme tout entier.

Choisissons quelques-unes de ses maximes.

« La fortune exige des soins; il faut être souple, cabaler, n'offenser personne, et encore, après cela, on n'est sûr de rien; tandis que, sans aucun de ces artifices, un ouvrage fait de génie emporte de soi-même tous les suffrages, et l'on peut aller à la gloire par son seul mérite. »

En voici qui sont d'admirables cris de *sursum corda* : « A une grande âme le combat plaît, même sans la victoire.

« La fortune peut se jouer des efforts des hommes courageux, mais il ne lui appartient pas de faire fléchir leur courage.

« Un grand malheur peut avoir ses charmes. Les rigueurs du sort élèvent un esprit ferme et l'obligent à ramasser toutes ses forces qu'il n'employait pas. »

Après ces larges coups d'ailes, voici quelques conseils de conduite, que certaines personnes, je le crains bien, ne trouveront pas très pratiques.

« Même si votre fortune est médiocre, faites généreusement et sans compter tout le bien qui *tente vos cœurs.* »

Quelle expression géniale que ce mot « qui *tente vos cœurs!* »

L'amour n'a joué qu'un rôle secondaire dans la vie de Vauvenargues; où en trouver cependant une plus délicate définition que celle-ci?

« Quand un jeune homme ingénu aime pour la première fois, tous ceux qui le connaissent se ressentent de son bonheur; il tend la main à ceux qui ont voulu lui nuire, il donne, il pardonne, il réconcilie : *son amour devient pour lui toutes les vertus.* »

Cette dernière ligne ne semble-t-elle pas l'écho de ce vers d'un des plus beaux sonnets de Michel-Ange : « *L'amour est l'aile que Dieu donne à l'homme pour monter jusqu'à lui.* »

C'est que Vauvenargues n'était pas seulement moraliste, il était poète.

En voici une preuve bien frappante. Tout le monde connaît ces deux pensées : « Les premiers jours du printemps ont moins de grâce que la vertu naissante d'un jeune homme. »

Et encore :

« Les rayons de l'aurore sont moins doux que les premiers regards de la gloire. »

Eh bien, le croirait-on? Voltaire voulait les biffer comme trop poétiques. Qu'aurait-il donc dit de celles-ci, publiées depuis lui?... « La vue d'un animal malade, le gémissement d'un cerf poursuivi dans les bois par les chasseurs,

l'aspect d'un arbre penché vers la terre et traî-
nant ses rameaux dans la poussière, les ruines
méprisées d'un vieux bâtiment, la pâleur d'une
fleur qui tombe et qui se flétrit, enfin, toutes
les images du malheur des hommes réveillent
la pitié d'une âme tendre, contristent le cœur
et plongent l'esprit dans une rêverie attendris-
sante. »

Ne croit-on pas lire un passage de Lamartine ?

Enfin, une dernière citation, empruntée à la
correspondance découverte par L. Gilbert, nous
montrera que l'activité fiévreuse de Vauvenargues, que son ambition s'appelle dévouement,
esprit de sacrifice, désir de s'immoler.

Il a trente ans, il touche à sa fin. Il loge à
Paris, dans une chambre absolument misérable
d'un petit hôtel de la rue du Paon. Sa pauvreté
confine à la misère. Il est atteint d'une mala-
die de poitrine incurable. Il crache le sang ;
ses yeux sont à demi perdus, par suite de la
petite vérole. Tout à coup, il apprend que la
Provence est envahie par les Impériaux. Il se
soulève sur son lit de torture. Il prend la
plume et écrit à son ami le marquis de Saint-
Vincens :

« J'ai besoin de votre amitié, mon cher

Saint-Vincens. Quoi?... Toute la Provence est armée et je suis ici bien tranquillement au coin de mon feu! Le mauvais état de mes yeux et de ma santé ne me justifie pas assez. Je devrais être où sont tous les gentilshommes de la province. Mandez-moi, je vous prie, s'il reste encore de l'emploi dans vos troupes nouvellement levées, et si je serais sûr d'être employé en me rendant en Provence. Je vous remets, mon cher ami, la disposition de tout ce qui me regarde. *Offrez mes services, pour quelque emploi que ce soit*, et n'attendez pas ma réponse pour agir. Je me tiendrai heureux et honoré de ce que vous ferez pour moi et en mon nom. »

Quelques mois après, il était mort.

CHAPITRE X

VOLTAIRE POÈTE ROMANTIQUE.

De 1750 à 1830, Voltaire a été proclamé l'héritier légitime de ses deux illustres devanciers; on a dit Corneille, Racine et Voltaire, comme on dit Eschyle, Sophocle et Euripide.

Depuis 1830, Voltaire, comme poète tragique, est tombé au rang des Campistron.

Pourquoi? Comment expliquer un tel contraste? Comment comprendre une telle décadence après une telle gloire? Qui a raison, le XVIIIe siècle ou le XIXe?

Voilà, ce me semble, une question intéressante à étudier, un curieux problème à résoudre, et nous allons en demander la solution à l'analyse attentive de sept tragédies de Voltaire : *Œdipe, Brutus, Zaïre, Alzire, Mérope, Mahomet, l'Orphelin de la Chine.*

Commençons par la gloire. Ce qui me frappe d'abord dans ces sept ouvrages, c'est le choix du lieu de la scène. Le poète le place tour à tour en Grèce, à Rome, en Orient, en Amérique, en Arabie, en Chine.

Quel changement avec le xvıı^e siècle! Quel contraste entre la muse casanière de nos maîtres, se circonscrivant dans les limites du monde antique, et les allures vagabondes de cette voyageuse! Elle marche à la découverte de tous les pays inconnus. Elle s'assied sur tous les trônes. Elle fait connaissance avec toutes les races. Elle soumet les quatre parties du monde à l'empire de l'imagination. Ajoutons que son imagination ne fait pas seule ce voyage de découverte; une autre exploratrice l'y a précédée, l'étude de l'histoire. Chez Voltaire, l'historien éclaire, inspire, guide le poète. Son théâtre est souvent la mise en action de l'Essai sur les mœurs des nations.

Passons à l'examen des pièces elles-mêmes. Toutes les sept ont un second caractère commun : *la nouveauté, l'invention*. Pas une qui ne soit un pas en avant dans le domaine de l'art. Pas une qui ne marque une étape dans quelque route inexplorée. L'originalité porte tantôt sur l'idée de la pièce, tantôt sur tel ou tel personnage, tantôt sur quelque nouveau principe d'art écrit dans la préface. Partout le poète dépasse son siècle et annonce le nôtre.

Œdipe est sa première tragédie. Voltaire avait vingt ans quand il l'écrivit, et ce jeune homme de vingt ans débute par un quatrième acte qui est une œuvre de maître, et par une critique de sa propre pièce qui dénote un homme supérieur.

Le succès d'*Œdipe* fut immense. On cria au prodige... L'auteur seul ne fut pas dupe. Il protesta contre l'amour ridicule qu'il avait donné à Jocaste; une lettre adressée au *P. Porée*, son maître, fait foi de sa résistance contre un tel crime de lèse-poésie, et montre en lui cette intelligence du génie grec, dont notre époque revendique volontiers l'apanage comme sien.

« Quand j'ai composé cette tragédie, écrivit-il, j'étais plein, mon cher père, de la lecture des anciens et de vos leçons. Je travaillais à Paris comme si j'avais été à Athènes. Mais les comédiens se moquèrent de moi, quand ils virent qu'il n'y avait pas de rôle d'amoureuse. J'étais jeune; je gâtai ma pièce pour leur plaire! J'y mis un peu d'amour. On fut moins mécontent de moi, mais on ne voulut à aucun prix de la grande scène entre Jocaste et Œdipe;

on se moqua de Sophocle et de son traducteur. Un acteur alla même jusqu'à dire... que « pour me punir, il fallait jouer, tel qu'il était, ce détestable quatrième acte tiré du grec, et que les sifflets se chargeraient de me convertir... » Je tins bon, et, à force de raisons, surtout de protections, j'obtins que ce chef-d'œuvre de la tragédie grecque parût sur notre théâtre. »

Que contenait donc ce quatrième acte? L'incomparable scène de la double révélation entre Œdipe et Jocaste, où le jeune poète, en imitant Sophocle, se montra l'égal de Racine imitant Euripide.

Voltaire n'est-il pas déjà là tout entier, avec son génie dans la pièce, et son esprit dans la lettre ?

Après *Œdipe*, *Brutus*, 1730. Ce n'est pas moins que toute une révolution dramatique que *Brutus*. Où l'écrivait l'auteur? A Londres. Son exil en Angleterre a été pour Voltaire le chemin de Damas.

L'homme, qui passe subitement de l'atmosphère brumeuse d'une ville à l'air pur des plus hautes montagnes, n'éprouve pas une sensation plus grande de renouvellement que Voltaire arrivant de Paris à Londres. Là se dressèrent devant lui, comme deux géants, un grand

peuple et un grand homme : la Liberté et
Shakespeare. Son émotion tint du saisisse-
ment. La vue d'une nation se gouvernant elle-
même le fit tressaillir d'enthousiasme. La tragédie de *Brutus* fut écrite sous cette inspiration.

« C'est vous, dit-il à Bolingbroke, à qui il
dédia sa pièce, c'est vous et votre nation qui
m'avez appris à donner aux vers de *Brutus* une
force et une énergie qu'inspire seule la noble
liberté de penser. Le sentiment de l'âme passe
toujours dans le langage. Qui pense fortement
écrit de même. »

Bien plus grande encore fut sur lui l'influence
de Shakespeare. C'est Shakespeare qui lui dicta
un programme dramatique, non moins hardi
que la préface de Cromwell. Voltaire, dans cette
préface qui est une dédicace, demanda d'abord
l'expulsion des petits maîtres de dessus la
scène. Place pour les décors! Place pour les
personnages! Place pour le peuple! Place pour
les ombres! *L'ombre du père d'Hamlet lui semble
une hardiesse de génie*. Il va plus loin. Il se pose
nettement en adversaire de notre tradition
classique, et réclame, comme principe de l'art
théâtral, *l'action*. Il veut que partout l'action se
substitue au récit, comme dans Shakespeare.
Il fait plus que vanter le poète anglais, il le

cite. Il fait plus que le citer, il le traduit. Une des scènes les plus audacieuses, les plus puissantes de Shakespeare, l'admirable troisième acte de *Jules César*, l'arrivée sur la scène du cadavre tout sanglant, le discours de Brutus, le discours d'Antoine, les cris de la foule, la versatilité effroyable du peuple, tout cela revit dans la traduction de Voltaire, avec une vérité, une vie, un enthousiasme incomparables.

Eh bien, je le demande, qu'ont donc fait de plus nos poètes de 1830?

Après *Brutus*, *Zaïre*, 1732. *Zaïre* fait passer Voltaire de la renommée à la gloire. Ce n'est pas un succès, c'est un triomphe. Tout est nouveau dans *Zaïre*. Nos maîtres dédiaient leurs tragédies à des princesses, à des princes, à des ministres tout-puissants, et l'hommage cachait bien souvent une requête. Voltaire inscrit, en tête de sa tragédie, le nom de *M. Falkener*, *négociant*, et à titre de *négociant*. Il marque nettement son intention.

« Je veux, dit-il, montrer à la France l'estime qu'on fait en Angleterre d'une profession qui est une des gloires de l'État. »

Cette audace fit scandale. On joua, à la Comédie-Italienne, une farce grossière où l'on insultait l'auteur de la dédicace et celui à qui elle s'adressait. Le lieutenant de police n'osa pas l'interdire, mais le public prit parti pour le poète, et les sifflets chassèrent de la scène cette parodie honteuse. N'y a-t-il pas là, en 1752, un précédent du *Philosophe sans le savoir*, un signe précurseur de 1789?

Arrivons à la pièce elle-même.

Il y a un mot qui ne se trouve dans aucune de nos tragédies du xviie siècle, c'est le mot France. Il y a un peuple qui n'apparaît pas une seule fois sur la scène française, c'est le peuple français.

Voltaire, le premier, mit notre histoire nationale sur notre théâtre national. Il y fait revivre le souvenir de nos rois et des plus grandes familles du royaume. Il ne craint pas de faire entrer dans un alexandrin de tragédie, les noms de la *Seine* et de *Paris*. Mais où évoque-t-il Paris, dans *Zaïre*? En Orient. Quel roi évoque-t-il? Le plus poétique et le plus vertueux de nos souverains, saint Louis. Quelle époque? La plus héroïque, les croisades. Il met en présence, en contraste, en lutte, la foi, l'amour, l'amour paternel, l'amour filial, le patriotisme, l'héroïsme. Il oppose les mœurs des mahométans à celles des chrétiens, et de cette variété de personnages il fait sortir une des situations les plus pathétiques et les plus puissantes qu'ait jamais créées le génie. Le second acte de *Zaïre* me semble égal au second acte d'*Horace*.

Les trois derniers actes, moins beaux peut-être que le second, ont un charme d'imagination, un romanesque, une grâce abandonnée, qui font de Voltaire le précurseur du théâtre moderne. Même succession de coups de théâtre qu'aujourd'hui. Même habileté de préparation. Même théorie de frapper fort, plutôt que de frapper juste. Mêmes artifices. *Zaïre* est une tragédie construite comme un drame, voire, si vous voulez, comme un mélodrame. La *Croix de ma mère* date de *Zaïre*. La lettre qui fait le dénouement, la lettre au double sens mystérieux a été bien souvent rééditée par nos dramaturges ; enfin, dernière remarque singulière, Voltaire débute dans la gloire par une pièce d'amour, comme Corneille dans le *Cid*, comme Racine dans *Andromaque*, comme Victor Hugo dans *Hernani*. Ne voyons-nous pas là la preuve évidente que le signe caractéristique, original, du génie dramatique français, ce qui le distingue de la tragédie grecque dont il est sorti, c'est la peinture de la passion ?

Après *Zaïre*, *Alzire*, 1737. *Alzire* a le même mérite d'intérêt romanesque que *Zaïre*, mais à

un moindre degré ; je ne m'y arrèterais donc
pas, si je n'y trouvais un trait tout à fait particulier du génie tout moderne de Voltaire. Chose
étrange ! Son imagination n'est pas de la même
trempe, je dirais volontiers de la même race
que son esprit et son caractère. Son caractère
est souvent mesquin, son esprit moqueur, plein
de parti pris, son imagination va parfois jusqu'au sublime. Elle a des coups d'ailes qui
l'élèvent au-dessus de toutes les petites passions du monde, et le lancent en plein idéal.

Alzire nous en offre une preuve frappante.
Personne n'a poursuivi la religion catholique
de plus amers sarcasmes que Voltaire, et, en
même temps, nul poète ne lui a dû de plus
pathétiques inspirations. La première phrase de
la préface d'*Alzire* est une sorte de profession
de foi : « J'ai tenté, dit-il, dans cette tragédie
toute d'invention, et d'une espèce assez neuve,
de faire voir *combien le véritable esprit religieux*
l'emporte sur les vertus de la Nature. »

Ne vous demandez-vous pas comme moi, en
lisant ces paroles, si c'est bien Voltaire qui les
a écrites ? Oui, c'est Voltaire, mais Voltaire
poète ; et c'est encore son imagination poétique
qui lui dicte au dénouement les derniers vers
de Guzman.

Guzman est un Espagnol pétri d'orgueil, de cruauté, d'implacable et féroce jalousie. Assassiné par le Cacique Zamore, il redevient, en face de la mort prochaine, un chrétien sincère, clément, humain, et il meurt en disant à Zamore :

Des dieux que nous servons connais la différence :
Les tiens t'ont commandé le meurtre et la vengeance
Et le mien, quand ton bras vient de m'assassiner,
M'ordonne de te plaindre et de te pardonner.

La foi religieuse n'a inspiré ni à Corneille, ni à Racine d'accents plus sublimes que ces quatre vers si simples, et signés Voltaire.

1742. *Mahomet.*

Nous voici devant la conception dramatique la plus haute de Voltaire.

Mahomet n'est pas moins que le pendant de *Tartuffe*. Molière attaque l'hypocrisie; Voltaire, le fanatisme. C'est une *tragédie de caractère*; c'est une pièce fondée non sur un fait, mais sur une idée abstraite. Rien de plus difficile que ce genre d'ouvrage. Le poète doit y être à la fois créateur et démonstrateur. Il faut qu'il invente tout et qu'il prouve tout. Les situations les plus heureuses ne le sont qu'à demi, si elles ne concourent pas à mettre en lumière l'idée mère de la pièce. C'est ce qui fait de *Tartuffe*

un chef-d'œuvre incomparable. Pas un personnage, pas une scène qui ne tende à peindre et
à démasquer *l'imposteur.*

En peut-on dire autant de *Mahomet*? Non. Le
rôle du prophète a des parties de véritable
grandeur, mais le poète l'engage dans une
intrigue d'amour sénile qui le défigure et
l'amoindrit. La fable est intéressante et bien
conduite, mais elle n'a qu'un rapport indirect
avec la pensée générale. Elle pourrait servir
ailleurs. L'histoire des enfants de Zopire perdus et retrouvés a été trop imitée depuis Voltaire pour qu'on lui en tienne compte. Le malheur de ces effets un peu artificiels, c'est que
l'imitation *les démarque* si bien que le premier
inventeur passe à l'état de plagiaire.

Heureusement pour Voltaire, le fanatisme
comprend forcément deux personnages : le fa-
natiseur et le fanatisé. Mahomet est incomplet,
soit, mais comme Séide le rachète ! Je ne sais
pas dans notre théâtre de création plus originale et plus puissante. Le quatrième acte, qu'il
remplit tout entier, est d'une beauté absolue.
Le déchirement de cœur de ce malheureux, ses
tremblements sous la main fascinatrice du prophète, ses révoltes en face du meurtre à com-
mettre, ses larmes, ses désespoirs, sa faiblesse,

15

tout fait frémir, pleurer et penser. Telle est la grandeur de ce rôle, que son nom est devenu un nom générique. Ce n'est plus un individu, c'est un type. On dit *un Séide*, comme on dit *un Tartuffe*. Voltaire n'eût-il créé que ce personnage, il serait un grand poète tragique.

1745. *Mérope.*

Corneille et Racine avaient créé, avant Voltaire, d'immortels rôles de mère. Cléopâtre dans *Rodogune*, Agrippine dans *Britannicus*, Clytemnestre dans *Iphigénie* nous montrent ce personnage sacré sous trois formes également tragiques. Cléopâtre et Agrippine sacrifient ou subordonnent l'amour maternel à l'ambition. Mais Clytemnestre a des cris de désespoir qui vont au cœur.

Voltaire fait un pas de plus dans *Mérope*. On connaît le sujet. Mérope poursuit dans Egysthe un jeune homme qu'elle croit le meurtrier de son fils; elle réclame, comme un droit, le féroce plaisir de le frapper elle-même; et, au moment où la hache va se lever sur ce jeune homme, elle reconnaît son fils dans la victime.

La situation est superbe. Voltaire, il est vrai, l'a empruntée à Maffei, mais il l'a faite sienne, et reste créateur en imitant. Tout, dans *Mérope*, porte l'empreinte de la main d'un maître. Ni l'intérêt ni l'action ne s'arrêtent un instant ; le rôle d'Egysthe est tout vibrant de fierté et de jeunesse. Le personnage de Polyphonte, qui eût si facilement tourné au tyran, est traité avec une adresse et une force qui en ôtent l'horreur et y laissent régner la terreur. Cette mère forcée, pour sauver son fils, d'épouser le meurtrier de son mari, et l'intervention du jeune homme, donnent au dénouement quelque chose d'épique.

Mérope n'est pourtant pas la pièce la plus originale de Voltaire, mais aucune ne réunit au même degré l'art de la composition et le talent de l'exécution. Je m'étonne que l'école romantique n'ait pas fait grâce à Mérope, ne fût-ce que pour le mérite d'avoir inspiré Lucrèce Borgia. Osons le dire, Victor Hugo, dramaturge, est bien plus l'élève de Voltaire qu'il ne le croit, et bien moins l'élève de Shakespeare qu'il ne le dit.

Un dernier exemple, une dernière pièce, dont le titre seul a quelque chose d'intéressant et de curieux, l'*Orphelin de la Chine*, doit nous arrêter un peu plus longtemps.

1755. *L'Orphelin de la Chine.*

Nous sommes au xiiie siècle. L'empire de la

Chine est ravagé par des bandes de Tartares dont Gengis-Khan est le chef. L'empereur, tremblant pour son fils qui est son unique héritier, le confie à un jeune Mandarin, Zamti, et à sa femme, Idamé. Rien de plus poétique que ce jeune couple. Tous deux généreux ! tous deux purs ! tous deux s'aimant avec passion ! Ils cachent l'héritier impérial dans le palais du Mandarinat, et Idamé élève le fils de l'empereur avec le sien, comme le sien. Tout à coup, cet asile de paix et de bonheur est envahi par un clan de Tartares. Sur l'ordre de Gengis-Khan, ils réclament le fils de l'empereur qui est caché là. Ils le savent ! il le leur faut ! sinon le palais va être mis à feu et à sang. Zamti n'hésite pas... Il livre son fils !

Quel coup de théâtre que cette fin de premier acte ! Quelle saisissante image du dévouement des Orientaux à leur souverain ! Mais Zamti a compté sans la mère. Idamé arrive, éperdue de désespoir et d'indignation. Avoir livré son fils ! L'avoir sacrifié pour sauver l'héritier impérial ! Et que lui importent et l'empire et l'empereur et son héritier ! Elle court se jeter aux pieds de Gengis-Khan pour lui dévoiler la fraude et lui réclamer son enfant.

Qui trouve-t-elle en lui ? Un jeune chef tar-

tare qui, resté en otage à Pékin, pendant trois
ans, s'est violemment épris d'elle, l'avait de-
mandée en mariage, et qu'elle avait repoussé
avec mépris! Et, lui, il la revoit, mariée à un
autre, mère de l'enfant d'un autre, le suppliant
pour le fils d'un autre! A cette vue, sa passion
se réveille, furieuse, terrible, mêlée de jalousie
et de vengeance!... C'est le barbare avec toute
sa rage! C'est Gengis-Khan avec toute sa puissance. Ne dirait-on pas un drame romantique?

Ajoutons à cette situation admirable, que le
poète en a tiré tout ce qu'elle contient... et,
pourtant, ce n'est pas là qu'il faut chercher
l'originalité de la pièce; elle est dans le
dénouement. Je n'en connais guère qui mérite
mieux le nom de sublime; on dirait du Corneille, mais avec une circonstance particulière
qui en fait bien l'œuvre personnelle de Voltaire. C'est l'historien qui cette fois a inspiré
le poète. C'est une page de l'*Essai sur les mœurs*
qui est devenue un dernier acte de tragédie.
L'historien avait fait cette remarque profonde
que la Chine, envahie tant de fois par les Tartares, avait fini deux fois par conquérir ses
conquérants, et par les soumettre à ses lois et
à ses mœurs. Eh bien, voilà le fait historique
et philosophique, que le poète a eu le talent de

traduire sur la scène en une péripétie, du pathétique le plus hardi.

Qu'est-ce que Voltaire a voulu représenter dans Gengis-Khan? Un barbare dompté par la civilisation! N'est-ce pas là une conception toute moderne, et où se retrouve notre goût si vif pour les dessous de l'histoire? Au milieu des plus violents transports de sa passion féroce, Gengis-Khan se sent saisi peu à peu par l'admiration, par le respect, en face du dévouement de Zamti, de la passion conjugale et du désespoir maternel d'Idamé, de leur commune fidélité au devoir. Il a honte de ce qu'il est. Il comprend ce qu'il pourrait être. Et, étouffant la bête féroce qui rugit en lui, il s'élève, par un élan héroïque, du paroxysme de la fureur à un idéal de générosité et de clémence; il laisse la vie aux deux enfants, il réunit les deux époux, et, quand Zamti, éperdu d'admiration et de reconnaissance, s'écrie :

— Qui donc vous inspira ce dessein?

il lui répond :

Vos vertus !

Certes! voilà un mot qui va bien de pair avec le : *Soyons amis, Cinna!* Voilà un bien bel exemple de collaboration entre le poëte et l'historien, et ce qui ajoute encore à la grandeur de cette conception, c'est la conscience si nette qu'en a eue Voltaire. Il nous en reste deux témoignages irrécusables. D'abord sa préface, où il explique clairement son dessein; puis un fait plus décisif encore, peu connu et qui va nous montrer à l'œuvre, en action, le double génie de Voltaire.

L'*Orphelin de la Chine* fut représenté à Paris pour la première fois, le 20 août 1755. Le succès de la pièce alla jusqu'au triomphe; l'admiration pour les interprètes, Mlle Clairon et Lekain, jusqu'au délire. A peine libre, Lekain court à Ferney. Voltaire lui saute au cou, pleure en l'embrassant, et son premier mot est : « Je veux vous entendre! Récitez-nous votre rôle. » Le petit comité est rassemblé; Lekain commence, heureux de se montrer au poète, tout frémissant de la *passion tartarienne* (le mot est de lui) qu'il avait déployée dans le rôle. Mais quelle est sa surprise? Au lieu des applaudissements qu'il attendait, il voit paraître sur le visage de Voltaire le malaise, puis l'indignation, puis une espèce de fureur, qui, quelque temps contenue, éclate enfin avec une explosion terrible. — *Arrête! arrête! Le malheureux! Il me tue... Il m'assassine!...* Et là-dessus, sans vouloir rien entendre, il court s'enfermer dans son appartement.

Stupéfait... blessé... désespéré... Lekain veut partir dès le lendemain. Mais il demande d'abord à Voltaire un moment d'entretien. — « Qu'il vienne s'il veut, » répond le poète froidement. » Je laisse ici la parole à Lekain. « J'entre, écrit-il à un ami. Nous étions seuls. Je lui annonce mon départ, en lui témoignant mon regret de ne l'avoir pas satisfait, et j'ajoute que j'aurais reçu ses conseils avec reconnaissance. Ces mots parurent le calmer, il prit son manuscrit et lut ; et, dès la première scène, je compris combien je m'étais trompé dans la manière dont j'avais conçu mon personnage. Je chercherais en vain à vous donner une idée de l'impression profonde qui se grava dans mon âme par le ton *sublime, imposant* et passionné avec lequel il peignit toutes les nuances de ce rôle si beau, mais si difficile. J'étais muet d'admiration, il avait fini, et j'écoutais encore. Après quelques instants, il me dit d'une voix épuisée de fatigue : — Êtes-vous bien pénétré, maintenant, mon ami, du véritable caractère de votre rôle? — Je le crois, monsieur, lui répondis-je, et, demain, vous pourrez en juger. »

Le lendemain, en effet, Voltaire, en l'entendant, l'accabla d'expressions d'amitié aussi touchantes que celles de sa colère avaient été impétueuses. (Ces mots sont encore de Lekain.)

Lorsque, revenu à Paris, l'artiste fit connaître au public ce nouveau Gengis-Khan, un de ses camarades ne put s'empêcher de dire : « On voit bien qu'il revient de Ferney! ». Qu'est-ce que Voltaire lui avait donc appris? Rien de plus simple. L'acteur n'avait vu dans Gengis-Khan que le Tartare, le poète lui fit voir le grand homme.

La première partie de notre étude est achevée. L'analyse de ces sept tragédies et le récit qui les termine suffisent à expliquer et à justifier l'admiration du dix-huitième siècle pour Voltaire, poète tragique. Nous avons le droit de voir en lui le digne héritier de la grande école classique et le précurseur de l'école moderne.

Mais alors se pose de nouveau la seconde question qui fait le fond même de notre sujet. D'où vient l'arrêt porté par notre siècle contre son œuvre? Comment comprendre que, dans la grande mêlée romantique de 1830, Racine, attaqué comme lui, soit sorti de la lutte, non seulement vainqueur, mais plus glorieux en-

core, tandis que sa gloire à lui ait complètement péri?

C'est ce que nous allons tâcher d'expliquer.

Pour tout écrivain, quel qu'il soit, poète ou
prosateur, penseur ou homme d'imagination,
il n'y a qu'un seul moyen non pas de réussir,
mais de survivre, un seul, mais absolu, un *sine
qua non*, c'est le style.

Le style est aux œuvres de l'esprit ce que
l'alcool est aux corps organisés, il les conserve.

Il y a deux espèces de style, celui qu'on
reçoit en naissant et celui qu'on se fait.

Quelques artistes de génie, les plus grands,
je crois, naissent, pour ainsi dire, avec leur
plume toute taillée dans leur main. Le travail
l'affine, l'étude en perfectionne le maniement,
mais l'instrument reste le même. Tels furent
Corneille, Pascal, Molière, Fénelon, Mme de
Sévigné, etc. D'autres, de grande race aussi,
ne trouvent qu'à force de temps, d'étude, de
comparaison, *la langue de leur pensée*, si je puis
m'exprimer ainsi, la forme propre à mettre en
pleine valeur leurs qualités poétiques.

J'en puis citer trois illustres exemples : André
Chénier, Racine et La Fontaine.

André Chénier, poète de naissance s'il en fut

jamais, n'était pas né grand versificateur. La preuve, c'est qu'il ne *pensait pas en vers*. Quelques-uns de ses manuscrits retrouvés nous le montrent *ébauchant d'abord en prose*, même de simples élégies; y semant çà et là quelques hémistiches qui lui viennent d'inspiration et refondant ensuite le tout en un style homogène, mais dont l'homogénéité n'est que le résultat du travail, le produit d'emprunts faits de tous côtés. Je ne dis là que ce qu'il a dit lui-même. Le secret de son curieux travail nous est livré par lui, dans sa troisième épître à Lebrun. Il nous raconte en vers délicieux la peine que lui coûtaient ses vers et comment il prenait çà et là pour les faire. On dirait un oiseau construisant son nid. Il se compare lui-même tantôt à un fondeur

Qui forme son métal de cent métaux divers,

tantôt à un tailleur qui, par une couture invisible

Unit à son étoffe une pourpre étrangère,

tantôt à un jardinier qui greffe des écussons sur ses arbustes :

Ma main avec adresse
Les attache, et bientôt même écorce les presse.

On ne peut pas mieux dire; car, sous cette

écorce, les deux sèves, se mêlant, finissent par se fondre en un fruit exquis.

Quant à Racine, Boileau ne se vantait-il pas de lui avoir appris à faire difficilement des vers faciles?

L'exemple de La Fontaine est plus décisif encore. C'est lui qui nous apprend ingénument, dans son épître à l'évêque d'Avranches, qu'il a failli faire fausse route, que l'étude des anciens l'a remis dans sa véritable voie, et il dit dans un vers charmant :

Je tâche à rendre mien cet air d'antiquité.

Autre témoignage plus significatif encore dans une fable dédiée au duc de Bourgogne :

Je fabrique à force de temps
Des vers moins sensés que sa prose.

Je fabrique!... La Fontaine obligé de se forger son instrument! Eh bien, Voltaire n'a pas su faire ce qu'ont fait La Fontaine et André Chénier. Il était né grand prosateur et grand poète, mais versificateur incomplet, et il n'a pas su se compléter. Il avait le génie, il n'a pas su se donner le talent.

Quand on étudie son théâtre attentivement, on reste stupéfait, je dirai presque épouvanté, des disparates qui éclatent même dans ses chefs-d'œuvre. On dirait un autre homme, une autre plume. Après des vers sublimes qui vous transportent, des vers charmants qui vous enchantent, des vers touchants qui vous émeuvent, des tirades entières qui vous enthousiasment; tout à coup vous tombez comme on tombe dans une crevasse de glaciers, vous tombez, vous roulez dans une phraséologie filandreuse, dans un style de pacotille que je ne sais comment caractériser. Indigence de rimes, absence de rythmes, fausse élégance, incohérences d'images, impropriété de termes; quelque chose de mou, de flasque, de factice, qui vous irrite et vous énerve.

Certes, Corneille aussi a fait de mauvais vers, mais ce sont des taches sur une belle étoffe; chez Voltaire, c'est l'étoffe même qui est mauvaise, c'est la trame du style qui fait défaut; l'*Orphelin de la Chine*, si admirable de conception et d'invention, est positivement illisible.

Les preuves de ce que j'avance abondent par milliers dans le répertoire de Voltaire. Je ne ferai que deux citations, qui suffiront pour expliquer ma pensée.

GENGIS-KHAN

Étouffez dans le sang ces fatales semences

Des complots éternels et des rebellions
Qu'un fantôme de prince inspire aux nations.

. . . .

ZOPIRE

Les flambeaux de la haine, entre nous allumés,
Jamais des mains du temps ne seront consumés.
Ne les éteignez pas, mais cachez-en la flamme,
Immolez au public les douleurs de votre âme !

. . . .

ZOPIRE

Je ne sais quel penchant pour cette infortunée
Remplit le vide affreux de mon âme étonnée.
Soit faiblesse ou raison, je ne puis sans horreur
La voir aux mains d'un monstre, artisan de terreur.

Je m'arrête par respect pour Voltaire ; et je me demande comment une telle anomalie a pu exister ! Comment ! lui, le prosateur qui parlait un français si pur ! lui, l'écrivain si pénétré du génie de notre langue ! lui, l'admirateur si passionné de Racine ! lui, le commentateur si sévère parfois, mais si perspicace de Corneille ! lui, maître de tous les secrets de notre versification ! lui, enfin, l'auteur de tant de beaux vers, a-t-il pu leur imposer un tel voisinage ?

Je ne puis ni me l'expliquer, ni le lui pardonner. Je lui en veux du mal qu'il s'est fait, et du mal qu'il a fait ! Il n'a pas seulement à demi étouffé en lui un grand poète, il a porté

un coup sensible à notre poésie elle-même.
Notre beau vers tragique, que lui avaient légué
nos maîtres, a dégénéré entre ses mains et
s'est perdu sous la plume de ses imitateurs.
Il a fait loi, il a fait école. Mme du Deffand
raconte que de son temps il y avait, à Paris,
soixante-neuf faiseurs de tragédies. Eh bien,
pendant vingt-cinq ans, ces soixante-neuf pré-
tendus poètes, tous élèves de Voltaire, ont
versé dans le pur et limpide courant de la
poésie française des flots d'alexandrins infec-
tieux, qui ont altéré la source même.

On reproche aux auteurs dramatiques de
l'empire leur goût pour la périphrase, leur
horreur du mot propre, leur amour de l'ab-
straction. Mais n'est-ce pas Voltaire qui leur a
donné l'exemple lorsque, dans *Alzire*, il a
appelé des vaisseaux « ces châteaux ailés qui
volent sur les eaux »?

Il n'a fallu rien moins qu'une révolution,
pour jeter bas ce système. La gloire de Victor
Hugo est d'avoir été l'homme de cette révolution.

Ce qui a fait sa force, c'est qu'il est remonté
droit à Corneille et au delà de Corneille. Il a
nourri son vers de la vigoureuse sève de deux
siècles de poésie. D'Aubigné lui a prêté la verve

âpre du seizième siècle. Les poètes de la
Pléiade, l'éclat de leurs rimes, de leurs rythmes
et de leurs images. Il n'est pas jusqu'au langage de Rabelais dont les splendides truçu-
lences n'aient pu lui servir ; ainsi retrempé
aux sources les plus fécondes, reforgé au feu
de son propre génie, notre alexandrin est sorti
de ses mains, solide et brillant comme un beau
métal.

Je déplore plus que personne les bizarreries,
les exagérations, les vulgarités, les mièvreries,
les fausses naïvetés de tel ou tel passage des
drames de Victor Hugo. Mais il y a sous tout
cela une structure de vers si puissante, un
gouvernement de la période si magistral, un
tel souffle d'inspiration, que son style s'est
imposé à toute la génération des poètes de
notre siècle. Tous relèvent de lui, tous lui
doivent quelque chose, sinon par imitation, au
moins par affinité. Tous les drames en vers
applaudis depuis trente ans portent son empreinte, ce que j'appellerai sa marque de
fabrique, une facture solide et brillante.

Enfin, dernière preuve décisive de son autorité et dernière démonstration de l'idée générale de cette étude : deux drames du répertoire
de Victor Hugo restent fièrement debout et sont

en passe de devenir classiques : *Hernani* et
Ruy Blas.

Certes, ces deux pièces prêtent fort à la critique comme pièces! Qui donc les fait vivre et
les fera survivre? La poésie, le style.

Si *Mérope*, *Zaïre*, *Mahomet*, malgré tant de
beautés dramatiques de premier ordre, ne se
relèvent pas de leur chute, qui en sera la
cause? Le style.

Qui assure à nos chefs-d'œuvre classiques
une durée égale à celle de notre langue? Le
style.

CHAPITRE XI

Requiescunt in pace (Ils reposent en paix) ne s'applique pas à tous les morts. Il y en a qui sont plus actifs que des vivants. Bien peu d'hommes d'État, placés à la tête de notre gouvernement depuis plus de soixante ans, ont été aussi mêlés à nos affaires, quand ils étaient dans ce monde, que Napoléon depuis qu'il n'y est plus. Sa vie posthume fut aussi accidentée que sa vie réelle. Trente ans d'une marche ascendante et triomphante qui rappelle les successions de ses victoires, puis, tout à coup, une catastrophe qui le précipite, ce semble, du comble de la gloire, comme sa dernière défaite l'avait précipité du trône.

C'est cette biographie d'outre-tombe que je voudrais retracer ici, sans aucun esprit de polémique, en simple narrateur, et en me bornant à ce que j'ai vu, ou entendu.

Une de mes parentes m'a souvent raconté qu'en 1813, étant assise aux Tuileries, sur la terrasse des Feuillants, elle vit passer l'Empereur en voiture découverte et revêtu de son costume d'apparat : toque avec des plumes, le diamant le *Régent* au bord de la toque, manteau de velours noir, dessous de satin, enfin en habit de théâtre.

Il se rendait au Corps législatif pour demander une nouvelle levée d'hommes...

« Eh bien, me disait-elle, le croiriez-vous? la foule l'a accueilli avec des huées et des sifflets! »

Deux ans après, en 1815, circulait dans Paris une lithographie qui faisait grand bruit. Cette lithographie était, je crois, d'Horace Vernet. Elle représentait une scène de labourage. On voyait dans un champ une charrue tirée par un âne; une femme dirigeait la charrue, et un enfant conduisait l'âne.

J'entendais dire autour de moi : Voilà ce que Napoléon a fait de la France!... Il n'y a plus dans nos campagnes, ni hommes valides, ni chevaux; il a tout dévoré! Ce sentiment était celui de la haute et moyenne bourgeoisie presque tout entière. Le peuple et l'armée restaient fidèles à l'Empereur; mais les classes élevées et libérales le maudissaient comme un fléau, et le détestaient comme un despote.

Six ans plus tard, dans les derniers jours de mai 1821, une grande douleur se répandit sur presque toute la France. Beaucoup de familles prirent le deuil. Les personnes même indifférentes gardaient le silence du respect devant un regret qu'elles ne partageaient pas. Quel événement causait donc cette douleur?... Qui pleurait-on?... Napoléon!

Il était mort le 5 mai à Sainte-Hélène, et c'est l'annonce de sa mort qui jetait la désolation dans tant de cœurs. Un de ses ennemis les plus illustres et les plus ardents, Népomucène Lemercier, fondit en larmes en l'apprenant.

Comment expliquer un tel revirement dans l'esprit public? Que s'était-il donc passé dans ces six ans, pour que l'homme, si haï en 1815, fût pleuré en 1821? Qu'y avait-il eu? Il y avait eu... Sainte-Hélène!

M. Guizot m'a dit avoir tenu entre ses mains le cahier de géographie de Bonaparte écolier. Ce cahier, écrit tout entier de sa main, contenait l'énumération de quelques contrées de l'Afrique et se terminait par ce mot : « Sainte-Hélène, petite île ».

Certes, c'est un hasard bien saisissant que

celui qui amenait un tel mot sous une telle
plume, et au début d'une telle vie. Mais bien
plus extraordinaire encore est l'influence de
cette petite île sur cette destinée. Sainte-Hélène
compte autant dans la carrière de Napoléon
que Marengo ou Austerlitz : elle a autant fait
pour sa gloire. C'est Sainte-Hélène qui, effaçant
son despotisme sous ses tortures, l'a changé,
lui, en martyr et ses ennemis en bourreaux !
C'est à Sainte-Hélène qu'il est devenu, pour les
poètes, Prométhée sur son rocher, le Christ sur
son calvaire, Jeanne d'Arc sur son bûcher !
C'est Sainte-Hélène qui a fait de lui le plus
admirable sujet d'inspiration lyrique, et a
groupé autour de son nom, comme autant de
coryphées, les voix immortelles de toute l'Europe : lord Byron, Manzoni, Pœtefi, Victor Hugo,
Béranger, Casimir Delavigne. Enfin, c'est de
Sainte-Hélène qu'est parti ce livre qui fit une
véritable révolution en France, le *Mémorial*. Il
faut avoir vécu dans ce temps-là pour se rendre compte de l'effet produit par ces volumes.
On eût dit une résurrection. C'était lui-même
qui apparaissait dans ces pages. C'était sa voix
qu'on entendait. Autant de paroles, autant
d'oracles. Du haut de son rocher, il distribuait
des récompenses, il rendait des jugements. Un

mot de lui était un brevet ou un arrêt. Quand il disait du général Foy, du général Lamarque, du général Gérard : « C'étaient mes futurs maréchaux », il les faisait monter d'un grade dans l'armée. La pitié se mêlait au respect et à l'admiration. On s'attendrissait sur ce mari abandonné par sa femme, sur ce père séparé de son enfant. Quand nous lisions qu'il ne pouvait prononcer le nom de son fils sans que ses yeux se remplissent de larmes, nous nous sentions émus comme lui. Enfin, telle était la puissance d'attraction de cette petite île, que des vaisseaux se détournaient de leur route pour saluer de loin ce rocher; on y faisait des pèlerinages pour s'incliner sur cette tombe, et j'ai vu distribuer autour de moi comme des présents et conserver comme des reliques quelques feuilles cueillies sur le saule qui ombrageait le sépulcre de Sainte-Hélène.

C'est sous l'impulsion de tous ces sentiments, que se produisit un phénomème absolument étrange. Cette ombre rentra dans la vie active : ce mort devint un chef de parti. Les libéraux l'enrôlèrent dans leurs rangs. En réalité, rien de plus absurde que cet amalgame de bonapartisme et de libéralisme. Mais les masses n'y regardent pas de si près, ni les jeunes gens

non plus; nous tous, garçons de dix-huit à
vingt ans, nous étions à la fois enragés bonapartistes et enragés libéraux. Quant aux chefs
politiques, leur enthousiasme était calcul; l'alliance avec Napoléon leur apportait deux auxi-
liaires puissants : le peuple et l'armée. Ils
firent donc de son nom une arme de guerre
contre les Bourbons. Les Bourbons, revenus
avec l'étranger et le drapeau blanc, représen-
taient la défaite nationale et l'ancien régime;
ils lui opposèrent dans Napoléon le promulga-
teur du Code civil, le vainqueur de l'Europe,
le défenseur de l'égalité, si bien que, quand les
ordonnances de Juillet précipitèrent toute la
population de Paris à l'attaque de la monarchie, on peut dire qu'à la tête des assaillants se
trouvait le captif de Sainte-Hélène : Napoléon
est un des combattants de Juillet.

Après la victoire, le butin. Il y eut sa part.

Le 7 août 1830, quand Louis-Philippe entra
à la Chambre des députés pour y être proclamé
roi, Napoléon y entra avec lui; car c'est sous le
drapeau tricolore que le nouveau souverain
prêta son serment. Or qu'était-ce que le drapeau tricolore, sinon le souvenir vivant de la
gloire impériale, tout autant que de la gloire
républicaine.

Deux mois après, le 7 octobre, un groupe de députés bonapartistes demanda à la Chambre la translation, sous la Colonne, des restes de l'Empereur. Des questions de politique étrangère, des difficultés de diplomatie, et peut-être aussi quelques prévisions justement craintives, déterminèrent le refus de la Chambre qui passa à l'ordre du jour.

Victor Hugo répondit à ce refus par une ode à la Colonne, qui était en même temps une iambe :

> Oh ! quand tu bâtissais de ta main colossale
> Pour ton trône appuyé sur l'Europe vassale
>   Ce pilier souverain,
> Ce bronze devant qui tout n'est que poudre et sable,
> Sublime monument, deux fois impérissable,
>   Fait de gloire et d'airain,
> Oh ! qui t'eût dit alors, à ce faîte sublime,
> Tandis que tu rêvais sous ce trophée opime
>   Un avenir si beau,
> Q'un jour à cet affront il te faudrait descendre,
> Que trois cents avocats oseraient à ta cendre
>   Chicaner ce tombeau !

Toute la jeunesse récitait cette ode avec enthousiasme : « Chicaner ce tombeau » nous semblait sublime.

En vain Auguste Barbier répondit-il par ses strophes sur « le *Corse aux cheveux plats* ». On admira ses vers, mais on n'en tint compte; et quant au vote de la Chambre, on le cassa de la plus originale façon. Les restes de Napoléon étaient proscrits... On les laissait en exil... Hé bien! ce fut sa personne même qui fut ramenée en France! Comment? Rien de plus simple; chaque soir, tous les théâtres de Paris, l'Odéon, la Porte-Saint-Martin, le Vaudeville, les Variétés, les Nouveautés, le Théâtre enfantin de M. Comte, produisirent sur la scène quelque épisode de l'Empire, c'est-à-dire l'Empereur même. On cherchait quel acteur, par sa taille, par son profil, par sa façon de mettre ses mains derrière le dos, ou de tenir sa lorgnette, pouvait le mieux rappeler le grand homme. Gobert, de la Porte-Saint-Martin, Edmond, du Cirque, se firent une réputation rien qu'avec cette ressemblance. Telle était la folie où ces espèces d'évocations jetaient la foule, que M. Provost, du Théâtre-Français, m'a raconté qu'à la Porte-Saint-Martin, dans un drame sur Sainte-Hélène où il jouait le rôle de sir Hudson Lowe, il fut apostrophé à mi-voix par un des spectateurs de l'orchestre qui lui disait en lui montrant le poing: « Ah! gredin! Ah! misérable! Je vais te faire ton affaire tout à l'heure! »

Bientôt trois événements extérieurs vinrent

successivement accroître encore le pouvoir de cette mémoire qui grandissait toujours.

En 1832, le duc de Reichstadt mourut à Vienne, et la mort du fils renouvela toutes les douleurs de la mort du père.

En 1836, le prince Napoléon fit sa tentative de Strasbourg. Cette échauffourée échoua, ce semble, dans le ridicule... Oui, pour les classes élevées, mais non pas pour le peuple. Elle donna un corps à ce qui n'était qu'un nom, changea un souvenir en une espérance : l'Empereur avait un héritier ! Enfin, le 21 août 1840, le gouvernement obéissant à une impulsion mystérieuse et irrésistible, M. de Rémusat, le ministre de l'intérieur, monta à la tribune et, d'une voix émue, demanda un crédit d'un million pour la translation des restes de l'Empereur à Paris. Cette déclaration tout à fait inattendue produisit dans la Chambre une sorte de commotion électrique, qui se répandit non seulement dans toute la France, mais dans l'Europe entière. Henri Heine a traduit l'émotion générale dans cette phrase caractéristique : « Le monde tressaillit à l'idée du géant de Sainte-Hélène sortant de son tombeau et se dirigeant vers la France, comme pour en reprendre possession ». Chose frappante ! pendant qu'en octobre 1830 cette même proposition avait été repoussée dédaigneusement par un simple ordre du jour, en 1840 elle ne rencontra qu'une seule voix opposante. Il est vrai que cette voix était celle de Lamartine. Relu à cinquante ans de distance, son discours reste comme un des plus beaux monuments d'éloquence politique. Les anciens donnaient au poète le nom de *vates*, prophète ; Lamartine, ce jour-là, mérita ce beau nom. Son discours, mélange incomparable de grandeur, d'ironie, de tristesse, de déférence pour le génie et de haine pour le despotisme, se termine par cette péroraison : « Vous le voulez ! Ramenez ces restes ! Placez-les où vous voudrez, à Saint-Denis, sous la Colonne, aux Invalides, mais gravez sur le monument la seule inscription qui réponde à votre enthousiasme et à notre prudence : *A Napoléon seul.* »

Ce mot sublime fut à peine entendu, et le 10 décembre 1840 arrivaient à Paris, ramenés par un fils de roi, ces restes qu'on appelait des cendres, comme pour leur prêter je ne sais quel poétique prestige d'antiquité. Ceux qui ont vu cette journée ne l'oublieront jamais. Ce fut un second retour de l'île d'Elbe. On eût dit un monarque rentrant en triomphe dans sa capitale. Le ciel même semblait s'être mis de la fête. Au ciel, le soleil d'Austerlitz! Dans l'air, des milliers de petites étoiles de glace qui, en tombant, irisaient le sol et le char. Pour porte d'entrée, l'Arc de Triomphe! Pour cortège, les débris de l'ancienne armée mêlés aux gloires de la nouvelle! Sur tout le parcours, une foule innombrable, étagée sur des estrades et saluant, d'acclamations passionnées, chaque pas du char qui s'avançait! Aux Invalides, toutes les autorités constituées, tous les pouvoirs publics, l'Armée, le Parlement, la Magistrature, l'Université, les Académies, en grand costume, inclinant devant ce cercueil, l'élite de la France libre! Enfin, pour couronnement de cette journée d'apothéose, le *Requiem* de Mozart, chanté par ce que tout Paris comptait de plus illustres artistes!

A cinq heures, tout était fini. Le bruit et l'éclat de cette fête triomphale s'éteignaient peu à peu, et le soir, quand le silence et la nuit eurent repris possession de la ville, il y avait deux rois de France à Paris, l'un aux Tuileries, l'autre aux Invalides.

De 1840 à 1848, la France fut travaillée d'un mal étrange, que Lamartine caractérisa par un mot profond : « *La France s'ennuie!* » Pourquoi s'ennuyait-elle? Elle avait soif de gloire. Elle était reprise d'un besoin de bataille et d'aventures; le grand Retour avait remué dans son âme tous ses ferments d'ardeur belliqueuse.

Le roi résistait avec toutes les forces de la conviction à ces agitations qu'il jugeait malsaines et dangereuses. Il se complaisait à s'entendre appeler *le Napoléon de la Paix.* M. Thiers, tant qu'il fut ministre, avait poussé dans un sens contraire avec une énergie égale, et un jour, dans une discussion avec Louis-Philippe, il alla jusqu'à lui dire : « *Sire, le Napoléon de la Guerre a péri par la guerre, le Napoléon de la Paix périra par la paix.* »

M. Thiers, ayant été remplacé par M. Guizot, retourna à ses travaux et publia, de 1845 à 1847, les premiers volumes de son *Histoire de l'Empire.* Nouveau triomphe de l'Empereur!

Là apparut en lui, non plus seulement l'homme de guerre, mais l'organisateur, l'administrateur, le législateur; là se produisirent devant nous, dans tous leurs détails, ses grandes créations sociales : l'établissement du Concordat, la reconstitution de l'Université, l'achèvement de la promulgation du Code civil, la réorganisation de nos finances. Je ne sais quoi de plus sévère, de plus grave s'ajouta à sa gloire.

Le souvenir de son despotisme, dont on ne souffrait plus, s'effaça devant ses services dont on profitait encore, et l'admiration réfléchie d'un grand nombre d'esprits sérieux se joignait peu à peu à l'enthousiasme des passionnés, quand éclata la révolution de Février.

Quelle part y eut-il? Aucune, je crois. En réalité, personne n'a fait la révolution de Février. Elle s'est faite. Comment? pourquoi? Il y a là un mystère qui reste inexplicable. Mais une fois l'événement accompli, une fois le trône renversé, le terrible hôte des Invalides rentra en scène et reprit sa part dans les événements.

Quatre actes foudroyants, et qui rappellent ses campagnes d'Italie, signalèrent son intervention dans notre histoire.

En juin, il fit rentrer son neveu exilé.

En octobre, il le fit nommer député.

Le 10 décembre 1848, président de la République.

Le 2 décembre 1852, Empereur. En dix-huit ans, cette ombre avait brisé un trône, renversé une république, fondé une dynastie! Que lui restait-il à faire? Elle ne pouvait plus monter, non! mais elle pouvait descendre! Ici commence la seconde phase, et la plus extraordinaire peut-être, de cette destinée posthume.

Le 2 Décembre est né du 18 Brumaire. L'un
ne se serait jamais produit sans l'autre. Napoléon III n'a pas seulement emprunté l'idée de
son coup d'État à Napoléon Ier : il l'a étudié,
imité, mais en même temps il l'a profondément
modifié. Si l'attentat politique est le même, les
circonstances qui l'ont entouré, les faits qui
l'ont accompagné et suivi, en font un acte très
différent. Carrel, dans un article éloquent, dit
du 18 Brumaire : C'est un crime! Mais tel
n'était pas le sentiment des contemporains.
Interrogez tous les mémoires du temps, et vous
verrez que, dans la grande majorité de la nation, le 18 Brumaire fut accueilli avec une vive
joie. On vit le salut dans ce coup d'État qui
s'était accompli sans effusion de sang et sans
proscription. La France presque tout entière
poussa un soupir de délivrance, comme au 9
Thermidor.

En peut-on dire autant du 2 Décembre?

Ici, je cède la parole à une voix plus auto-
risée que la mienne, et j'emprunte mon récit
à un fait où je fus à la fois acteur et témoin.
Ce jour-là, ces deux journées historiques m'ap-
parurent, pour ainsi dire, en face l'une de
l'autre, dans la personne de deux hommes

éminemment propres à les représenter, le duc de Broglie, le père, et M. Nisard.

Voici ce qui se passa :

Le 3 avril 1856, une commission de l'Académie, dont je faisais partie, était convoquée pour entendre le discours de M. le duc de Broglie succédant à M. de Sainte-Aulaire. M. Nisard se trouva chargé de lui répondre. Le récit du 18 Brumaire avait sa place naturelle dans le discours du récipiendaire, puisqu'il succédait à un des témoins de cette mémorable journée. Quand il arriva à ce passage, M. le duc de Broglie, avec la gravité austère qui caractérisait son talent, commença ainsi :

« Quelque jugement qu'on porte sur la nature et le caractère politique du 18 Brumaire, cet événement fut heureux pour la France. *On peut tout exagérer, excepté le service qu'il nous a rendu.* »

Puis, partant de là, il consacra deux pages entières à nous peindre la désorganisation de la France sous le Directoire, son relèvement sous le Consulat, et finit en disant :

« Le mérite du 18 Brumaire fut non seulement de nous rendre la victoire et la paix, mais de remettre dans le gouvernement le bon sens et la prévoyance; dans l'administration, le bon ordre et l'économie ; dans la législation, le respect des droits et des saines traditions ; de fermer la plaie des convulsions politiques, de relever les autels, et de retrouver, dans les décombres de l'ancien régime, les éléments d'une société nouvelle fondée sur les principes éternels de la raison. »

Un tel langage, dans une telle bouche, excita, parmi ceux qui l'écoutaient, un sentiment singulier. Nous nous regardions les uns les autres avec étonnement. Plusieurs d'entre nous trouvaient cet éloge excessif, mais nous en étions encore plus intrigués que choqués. Nous sentions qu'il y avait sous ces paroles autre chose que ces paroles mêmes, et nous démêlions mal cette autre chose.

Notre incertitude ne fut pas longue. Soudain, presque sans transition, l'orateur, par un contraste saisissant, aborda le 2 Décembre. Alors, avec une force d'autant plus grande qu'elle restait contenue, il fit un tableau implacable de ce nouveau coup d'État : il le montra débutant par les mitraillades dans la rue, procédant par l'expulsion de ce que la France comptait de plus illustre dans l'Armée, dans le Parlement, dans la Magistrature, dans la Presse, dans l'Académie, et poursuivant pendant de longs mois, dans tous les coins de la France, son œuvre de proscription. L'effet de cette page fut immense parmi nous! Par une rencontre singulière, les membres de la commission, choisis par le hasard, semblaient choisis à dessein. La moitié, au moins, appartenait aux plus violents adversaires de l'Empire. C'étaient MM. Mignet, de Tocqueville, Villemain, Vitet, auxquels se joignaient Scribe et moi. Un seul d'entre nous avait écouté M. de Broglie dans un silence morne, les lèvres serrées, la physionomie contractée; c'était l'académicien chargé de lui répondre, c'était M. Nisard. Il se trouvait dans une position cruelle. Dévoué de cœur à l'Empereur et à l'Empire, son honneur ne lui permettait pas de les laisser attaquer avec une telle violence sans les défendre. Il faut lui rendre cette justice, il fit vaillamment son devoir. Malgré les ardentes animosités qu'il sentait gronder autour de lui et retomber sur lui, il se jeta résolument dans la lutte, et aborda sans hésiter l'apologie du 2 Décembre.

Pas un des auditeurs ne protesta, car une des traditions de l'Académie est qu'on ne doit jamais interrompre l'orateur; mais les physionomies irritées, les lèvres tremblantes, les gestes d'indignation mal contenus faisaient pressentir un violent orage. A peine, en effet, la dernière phrase terminée, M. Mignet et M. de Tocqueville se levèrent à la fois, allèrent droit à M. Nisard, très pâle sur sa chaise, et, l'apostrophant en face :

« De quel droit, monsieur, amnistiez-vous, au nom de l'Académie, un acte effroyable et repoussé par toute l'Académie ? »

Un peu déconcerté par cette brusque attaque, M. Nisard, d'une voix émue, mais qui restait ferme, répondit qu'il n'avait fait que se défendre et défendre son opinion.

« Monsieur, répliqua vivement M. Villemain, il ne s'agit pas ici de votre opinion ; vous n'êtes pas M. Nisard, vous êtes le directeur de l'Académie, le représentant de l'Académie, et vous ne pouvez pas oublier que le coup d'État, absous par vous, a proscrit trois de nos plus illustres confrères, M. Thiers, M. Victor Hugo, M. Rémusat, et que M. Vitet a été appréhendé au corps comme un malfaiteur. »

A chacun de ces noms, la colère montait dans l'auditoire et tournait à l'indignation. En vain M. Vitet, avec sa naturelle dignité d'attitude, essayait-il de ramener le calme ; en vain M. de Broglie marquait-il, par ses gestes, son déplaisir d'avoir amené un tel trouble, l'effervescence devenait de la violence, et une scène regrettable était à craindre, quand Scribe, avec ce sourire plein de finesse et de bon sens qui était un de ses charmes, dit d'une voix très douce :

« Mes chers confrères, me permettez-vous une observation ? Je suis ici sur mon terrain ; nous voici dans une de ces situations telles que j'en ai vu souvent au théâtre, qui semblent absolument inextricables, et d'où j'ai eu quelquefois la bonne chance de sortir à mon honneur. Eh bien, le cas est le même. Je vois ici un dénouement facile, et si vous vouliez nous accorder votre confiance à M. Vitet et à moi, et nous laisser seuls avec les deux orateurs, je crois que dans un quart d'heure tout serait terminé. »

Ainsi fut fait ; nous nous éloignâmes tous, et, après quelques minutes d'entretien, l'accord était complet : M. de Broglie, sur la proposition de Scribe, consentit de grand cœur à retirer son attaque ; M. Nisard, du même coup, retira sa défense ; le 2 Décembre était mis hors de cause, et à trois heures, à l'ouverture de la séance, le directeur put dire, selon la formule consacrée, que la commission avait entendu les deux discours avec un égal plaisir, et leur prédisait un égal succès.

Mais voici le fait curieux : M. de Broglie n'oublia qu'une chose, c'est que son éloge excessif du 18 Brumaire n'avait pour objet que de justifier son attaque contre le 2 Décembre; il retira l'attaque sans penser à retirer l'éloge, de façon qu'à la séance publique, ce fut un tollé universel dans la presse républicaine contre cette apologie de Bonaparte. On fit à l'orateur les plus vifs reproches, et, quelques jours plus tard, quand il porta aux Tuileries, selon l'usage, l'exemplaire de son discours, relié en un beau papier d'or, l'Empereur lui dit, avec un demi-sourire :

« Monsieur le duc, j'ai déjà lu votre discours, et avec le plus vif plaisir. Je vous remercie de tout ce que vous avez dit du 18 Brumaire, et j'espère que votre petit-fils en dira autant du 2 Décembre. »

L'Empereur se trompait. Le 18 Brumaire n'a pas réhabilité le 2 Décembre. C'est le 2 Décembre qui a incriminé le 18 Brumaire. Par une sorte de reversibilité rétroactive, le sang versé par le second coup d'État a rejailli sur le premier qui n'en a pas versé. Les générations nouvelles les ont enveloppés tous deux dans le même anathème, et Victor Hugo, dans *les Châtiments*, oubliant ses vers sur la Colonne et voulant réunir en une seule toutes les accusations portées contre Napoléon Ier, l'a marqué au front, comme d'un stigmate ineffaçable, de ce mot : *18 Brumaire*.

Du 18 Brumaire et du 2 Décembre réunis, partit en effet, sous l'impulsion des sentiments hostiles au second Empire, la revision totale du règne de Napoléon Ier. On le rabaissa avec la même passion qu'on l'avait exalté. Ce fut comme un immense procès en appel, où furent cités tour à tour les principaux actes du gouvernement impérial, et qui aboutit à une condamnation rigoureuse. On vit le spectacle, sans exemple, je crois, d'une illustre mémoire tombant, degré à degré, comme elle avait grandi.

Parmi ces réquisitoires, je nommerai en première ligne, quoiqu'il ne soit pas le premier en date, *l'Histoire de Napoléon*, de M. Lanfrey.

Posé nettement et systématiquement comme une antithèse en face de l'ouvrage de M. Thiers, l'histoire de M. Lanfrey reprit une à une les grandes guerres, les grandes créations, les grands actes administratifs, les grands actes politiques de l'Empire, et soumit les appréciations, souvent enthousiastes de son illustre devancier, au contrôle d'une investigation scrupuleuse et d'une austérité de principes inflexible; l'effet produit fut considérable, même sur M. Thiers.

Un second historien alla plus loin.

M. Lanfrey avait été sobre de critiques devant le génie militaire de l'Empereur. Le colonel Charras mit en lumière les défaillances et les fautes de ce génie, dans son livre sur la campagne de Waterloo. Écrit pour ainsi dire sur le champ de bataille même, fondé sur des témoignages directs, le livre de Charras accusa l'Empereur d'imprévoyance, d'aveuglement et d'inhabileté. Cette accusation souleva de violentes polémiques. J'ai entendu M. Cousin traiter l'ouvrage, devant M. le chancelier Pasquier, de pamphlet calomnieux. A quoi le chancelier, de ce ton péremptoire auquel son grand âge et sa longue expérience donnaient tant d'autorité, lui dit : « Monsieur Cousin, j'ai la prétention de savoir les choses qui se sont passées de mon temps, mieux que ceux qui n'y étaient pas. Le colonel Charras a dit la vérité. » Un témoignage bien inattendu confirma, pour moi, l'opinion du colonel Charras. M. Guizot m'a raconté qu'un jour où il causait avec lord Wellington de la bataille de Waterloo, le général anglais lui dit ces mots textuels : *I was happy, and the Emperor Napoleon was sometimes more skilful.* « Je fus heureux, et l'empereur Napoléon fut quelquefois plus habile. »

Bientôt s'éleva contre l'Empereur un juge bien autrement sévère encore que M. Lanfrey, le comte d'Haussonville. Son remarquable ouvrage sur les rapports de Napoléon avec le pape Pie VII nous montre un Napoléon nouveau. On le savait bien despote, on ne le savait pas cruel. Le récit de ses cruautés, de ses duplicités, de son ingratitude pour le pontife qui devait lui être trois fois sacré, par son titre, par son âge et par son dévouement, excita un sentiment général d'indignation. Rien, pas même les Mémoires de Mme de Rémusat, ne porta une plus rude atteinte à la mémoire de Napoléon. Vint alors la publication officielle de sa correspondance. Faite évidemment en vue de le grandir, elle fournit une nouvelle arme contre lui. Ses instructions à ses frères rois témoignèrent parfois d'un tel mépris des lois, de la justice, et des droits des peuples, qu'on peut dire que sa statue s'écroulait pièce à pièce. Quand la guerre de 1870 éclata, ce fut le dernier coup. La responsabilité de nos désastres retomba sur lui. Notre isolement en Europe, la haine implacable de l'Allemagne, l'abandon de la Russie, furent considérés comme autant de legs de sa politique néfaste, Sedan fut pour lui un second Waterloo. Sa puissance y a sombré avec sa dynastie. Son rôle actif a fini ce jour-là. Ce jour-là, il est mort pour la seconde fois, et pour toujours. Pour toujours?

Je disais cela à Sèvres au mois de mars 1893... c'est-à-dire, il y a cinq ans. Or, depuis ces cinq ans-là, les choses ont bien changé. Un fait considérable s'est produit! Lequel? C'est que ce terrible mort a ressuscité pour la seconde fois! Le voilà remonté en plein ciel! Waterloo? oublié! Sedan? oublié! son effroyable immolation d'hommes? oublié! sa part dans nos désastres de 1870? oublié! Il n'est plus coupable, ni responsable de rien! Il a reconquis les imaginations!... Il règne! Il rayonne, et le point le plus curieux de cette apothéose, ce qui prouve à la fois combien le fétichisme est tout personnel, c'est que le bonapartisme n'a profité en rien de ce réveil du napoléonisme. Combien compte-t-on de députés bonapartistes à la Chambre? combien de suffrages bonapartistes dans les élections? Le parti est plus qu'amoindri, mais le culte reste! Il grandit! Il envahit toutes les classes! Il y a une littérature Napoléonienne.

18.

Mais pour nous, hommes d'autrefois, nous qui nous souvenons, et qui jugeons, cet enthousiasme que nous subissons parfois nous-même, ne va pas sans le plus amer regret! Nous ne pouvons penser à cet être prodigieux, sans nous dire : Ah! si avec tant de génie, avec un tel empire sur les âmes, cet homme avait eu dans ses veines une goutte du sang de Washington, quelle France il aurait faite!

CHAPITRE XII

La création des lycées de jeunes filles est l'œuvre propre du xixe siècle. Elle l'honore grandement. Il a consacré ainsi dans l'éducation le légitime principe de l'égalité pour les femmes. Malheureusement, il l'a trop consacré. Il a oublié le second principe qui complète le premier : la différence. J'en fus frappé dès mon entrée dans le professorat universitaire. Les programmes des lycées de jeunes filles, et même ceux de l'École normale me parurent construits sur le modèle des programmes pour les garçons, surchargés comme les programmes pour les garçons. Je fis part de mes remarques, de mes regrets, de mes désirs, au directeur de l'enseignement secondaire, au vice-recteur de l'Académie. Ils voulurent bien m'écouter, même me dire qu'on en tiendrait compte ; et en effet quelques progrès furent faits dans la voie que je désirais. Mais rien de décisif. C'est alors qu'en 1895, trouvant une occasion favorable dans la création du Lycée Lamartine, je formulai et publiai l'ensemble de mes idées dans une lettre adressée à M. Gréard. Voici cette lettre.

A Monsieur Gréard, vice-recteur de l'Académie de Paris.

J'ai appris avec une vraie joie que le nouveau lycée de jeunes filles, qui s'ouvre à Paris, s'appelle le Lycée Lamartine. Je vois là plus qu'un titre ; j'y vois une promesse, j'oserai presque dire un programme.

Toutes les grandes fondations, placées sous l'invocation d'un mort immortel, ne se contentent pas d'inscrire son nom sur la façade de l'édifice, elles s'inspirent de son esprit, elles font pénétrer son âme dans l'œuvre entière ; ce nom brille au dedans de la maison comme au dehors.

Eh bien ! il m'a semblé qu'une sorte de renouvellement entrait dans l'enseignement des jeunes filles avec le nom de Lamartine. J'ai senti, à ce nom, se préciser, se formuler en moi quelques pensées qui s'agitent dans ma tête depuis longtemps déjà, et je m'aventure à vous les exposer aujourd'hui, non à titre de programme, mais à la façon de ces graines qu'on jette, un peu au hasard, avec l'espoir que quelques-unes ne seront pas stériles.

*
* *

Les programmes de nos lycées sont pleins et solides. Ils ont le double mérite de constituer une éducation sérieuse pour les femmes, et de répondre à un besoin impérieux de la société moderne.

Le temps n'est plus où, dans la classe moyenne, dans la petite bourgeoisie, les filles se résignaient à une existence toute passive, et acceptaient, comme une nécessité, la gêne, l'oisiveté, souvent le célibat. Aujourd'hui, elles veulent avoir les mêmes droits que les filles du peuple. Elles veulent agir, gagner leur vie, gagner leur dot, contribuer au bien-être du ménage. Nos lycées leur en donnent les moyens. Après leurs classes terminées, le professorat, les lettres, les administrations publiques ou privées, le haut commerce, la haute industrie, les mille applications de l'art et de la science, offrent à celles qui en ont besoin des places honorables et lucratives. Vie matérielle et vie intellectuelle, voilà ce qu'elles doivent à l'enseignement nouveau, et le succès de l'œuvre répond de son utilité : nos lycées regorgent d'élèves.

Le but, cependant, est-il tout à fait atteint? Non. Un fait positif le prouve. Toute une partie de la société française, et non la moins notable, fait défaut dans nos lycées. Parcourons les listes des parents; nous y trouvons des familles de professeurs, de fonctionnaires, de commerçants, d'industriels, de médecins ou de pharmaciens à leur début, c'est-à-dire la petite et moyenne bourgeoisie, la bourgeoisie travailleuse; au-dessus des classes populaires, au-dessous des classes élevées : le niveau s'arrête là.

Que l'aristocratie nobiliaire et l'aristocratie financière nous manquent, je ne m'en étonne pas. Leurs préjugés leur feront longtemps encore repousser la camaraderie de leurs filles avec les élèves de moindre condition, comme une mésalliance. Mais pourquoi n'avons-nous pas la classe si nombreuse et si intelligente de la bourgeoisie riche et même aisée? Pourquoi n'avons-nous aucune des sommités sociales, professionnelles, artistiques? Pourquoi?

Un mot que m'a cité un de nos derniers Ministres de l'instruction publique m'a éclairé sur un point important. Il demandait à un député de simple bourgeoisie pourquoi il n'envoyait pas sa fille à un de nos lycées. *« Parce que vous apprenez à vos élèves un tas de choses dont nos filles n'ont que faire. »*

Qu'entendait-il par *nos filles*? Ce qu'on entend par ce terme général : les jeunes filles du monde, les jeunes filles dont la dot est toute prête, la vie toute faite, qui n'auront à y représenter que le goût, l'élégance, l'amour des arts, la distinction des manières, le loisir intelligent, et qui, à ce titre, ont une réelle influence sur le jugement du public dans les questions littéraires et artistiques. Or, nos lycées peuvent-ils se passer de cette sorte d'élite? Un enseignement public qui ne la comprendra pas ne sera-t-il pas forcément incomplet? Nul doute. Il faut donc la conquérir à tout prix, il faut la disputer aux cours publics, aux cours privés, aux institutions particulières. Comment? Rien de plus simple. L'Université n'a qu'à s'imiter elle-même. Qu'elle fasse pour les jeunes filles ce qu'elle a fait pour les garçons ; qu'elle crée un second enseignement, un enseignement moderne et approprié à une certaine classe d'élèves. Relisons donc, dans cette pensée, les divers programmes actuels, et cherchons ce qu'on pourrait y changer, y ajouter, y prendre.

Je commence par l'histoire.

Un première chose me frappe. La disparition
de l'histoire sainte. Elle n'existe plus dans les
programmes, ni de nom, ni de fait. Autrefois
l'histoire sainte était le fondement de toute
éducation de jeune fille, c'était trop et trop
peu ; aujourd'hui, elle est noyée dans les annales des Égyptiens, des Assyriens, des Babylo-
niens, etc. C'est-à-dire qu'on l'a dépouillée de
tout ce qui en fait l'intérêt, la couleur, le caractère, l'individualité, pour la jeter, sèche et
morte, dans la plate réalité de la nomenclature. Les plus grands hommes ne sont plus que
des ombres. Les plus grands noms ne sont plus
que des étiquettes. Une telle exclusion me
semble inexplicable. Au simple point de vue
de la poésie, de l'art et de l'histoire, l'Écriture
Sainte n'a-t-elle pas été l'*alma parens* des imaginations et des âmes pendant quinze générations ? N'a-t-elle pas produit une foule de chefs-
d'œuvre ? Rayer un tel livre de l'éducation des
jeunes filles, c'est tarir en elles une des plus
pures sources de poésie ; c'est briser un des
liens les plus sacrés entre elles et nos pères.
Quelle heureuse occasion de réparer une telle
faute que l'inauguration du Lycée Lamartine !
N'a-t-il pas eu, lui, pour premiers maîtres, sa

mère et l'Écriture Sainte? Faisons donc revivre en son nom, dans l'imagination de nos jeunes filles, les sublimes figures de Moïse et d'Abraham, les touchantes histoires d'Esther, de Ruth, de Joseph, ne fût-ce que pour leur apprendre à mieux goûter Racine, Fénelon, Bossuet, Le Poussin, Rembrandt, Raphaël, Michel-Ange, tous les grands génies enfin qui se sont inspirés de l'Écriture Sainte?

Après l'histoire sainte, l'histoire de France. Elle occupe trop peu de place dans les programmes actuels. A partir de la quatrième année, elle rentre dans l'histoire générale; c'est le contraire qu'il faudrait. Que les annales des autres nations figurent et tiennent un rang important dans l'enseignement historique, rien de plus juste; mais à la condition que notre histoire à nous en reste la base, le centre, le pivot. Pourquoi? Parce que notre premier devoir est de faire de nos élèves, nouvelles ou anciennes, des Françaises. Nul ne sait ce que réserve l'avenir à notre pays. De rudes épreuves, de sérieuses luttes nous attendent peut-être. Il faut préparer les femmes à ces luttes; il faut les armer contre ces épreuves, car ce seront les leurs comme les nôtres. Pour

cela, un seul moyen : leur rendre le mot de
Patrie aussi sacré que les mots de Dieu et de
famille ; leur mettre au cœur un profond amour
de la France, et, pour la leur faire aimer, la
leur faire connaître. Seulement, entendons-
nous sur ce mot « connaître ». On ne connaît
pas une nation parce qu'on sait combien elle
a soutenu de guerres, combien elle a signé de
traités de paix, de commerce, d'industrie, ce
n'est là que le squelette de l'histoire, et ce qu'il
faut à nos élèves, c'est l'histoire en chair et en
os !... Que la France devienne pour les jeunes
filles, comme une personne réelle dont un témoin ému leur raconte, phase à phase, toute
l'existence. Ce récit doit être à la fois très sommaire et très détaillé : très sommaire pour ce
qui ne les touche pas, très détaillé pour ce qui
les touche. Il y a dans l'histoire une foule de
choses, et de choses considérables, auxquelles
les femmes restent forcément indifférentes et
étrangères. Telles sont les opérations militaires, les combinaisons politiques, les organisa-
tions administratives, etc. Pour celles-là, bor-
nez-vous aux lignes principales, aux grandes
masses, aux vues d'ensemble. Mais quand vous
arrivez à ce qui émeut les femmes, à ce qui,
dans l'histoire, est l'âme humaine en action,

c'est-à-dire les événements héroïques et pathétiques, les grands hommes, les caractères,
l'existence intime, les mœurs, les coutumes,
les goûts, les passions, oh! alors, entrez résolument dans les détails qui seuls constituent la
vie. Sans doute un tel enseignement est difficile, par cela même qu'il va à l'encontre de
tous les livres de classe, précis, sommaires, etc.
Heureusement nous ne manquons pas de jeunes professeurs qui ne demandent qu'à sortir
de la routine, et ils ont devant eux des modèles
qui peuvent leur servir de guides : Michelet,
Augustin Thierry, et Lamartine, avec son génie
de divination. Certes, rien qui ressemble
moins à un érudit que Lamartine; mais prenez
les *Girondins*, et les deux premiers volumes de
la *Restauration* : quel relief! quelle couleur!
quelle analyse profonde des individus! quel
sentiment des masses! Personne n'a peint
d'une touche plus large, et d'un pinceau plus
puissant, les grandes journées de la Révolution.

Voilà l'histoire telle qu'il la faut à nos élèves, voilà nos maîtres.

La Géographie.

Admirable science, et admirablement enseignée aujourd'hui. Quand je pense à ce que dans ma jeunesse était pour nous la Terre! Je ne dirai pas, comme dans la Bible, un tapis étendu sous les pieds de l'Éternel. Mais ce globe figuré sur une feuille de papier nous représentait quelque chose de plat et de mort. Aujourd'hui tout y est en relief et vie. La terre nous apparaît, hérissée de montagnes, couronnée de glaciers, empanachée de forêts, enveloppée et parsemée d'océans, c'est presque un être. Pourtant j'ai un grief contre la géographie actuelle. Elle a l'humeur trop conquérante, elle s'annexe, sous prétexte de voisinage, de cousinage, la géologie, la minéralogie, la statistique, la climatologie, etc., toutes sciences fort intéressantes sans doute, mais les élèves, les élèves! Pensons à leur surcharge. On est tombé d'un excès dans l'autre. L'ancienne méthode, avec sa passion de nomenclature, faisait de nos élèves des géographes, des officiers d'état-major : aujourd'hui on en fait des encyclopédistes. Cherchons la mesure.

Les Lettres.

Pour les lettres, un mot suffit. Beaucoup moins d'histoire littéraire, et beaucoup plus de littérature. L'objet principal, j'oserais presque dire l'objet unique de ce cours, devrait être de développer dans nos élèves le *goût, d'apprendre à nos élèves à admirer*. Le *goût des choses*, et le *goût dans les choses*, c'est-à-dire une sympathie vive mais intelligente ; une sympathie qui choisit ; une sympathie qui soit un jugement. Qu'on le sache, une jeune fille qui sentirait et expliquerait bien les beautés d'une seule fable de La Fontaine serait plus forte en littérature, mériterait un rang plus élevé dans un examen, que celle qui énumérerait l'un après l'autre, sans en oublier un seul, les noms de tous nos poètes depuis Marot, y compris la date de leur naissance et celle de leur mort. Heureusement, nous avons pour les études littéraires un modèle excellent : Sainte-Beuve. Il a su allier, dans une mesure merveilleuse, la biographie et la critique, l'intérêt humain et l'intérêt artistique. Ajouterai-je qu'ici encore Lamartine peut nous venir en aide? Son cours familier de littérature n'est certes pas ce qu'on apprécie tant aujourd'hui, un livre fortement documenté ; mais le charme, la nouveauté des aperçus, éclatent à chaque page, et çà et là se rencontre un chef-d'œuvre. Je ne sais rien de plus délicieux que le chapitre sur l'archevêque

19.

de Cambrai, c'est le portrait de Fénelon fait par Fénelon lui-même.

Nous voici maintenant en face de trois facultés qui tiennent une grande place dans les programmes actuels.

La grammaire, l'arithmétique, voire même une partie des mathématiques qui est obligatoire jusqu'à la quatrième année. Ici, selon moi, se posent et s'imposent des réductions qui sembleront bien radicales ; mais ma conviction est que le temps des programmes encyclopédiques est passé. L'abondance toujours croissante des connaissances humaines les fait ressembler à un festin pantagruélique ; chaque plat est excellent, mais il faut nécessairement choisir ; on ne peut pas manger de tout. Une des premières règles de l'éducation d'aujourd'hui doit être : *consentir à ignorer.*

Commençons par la grammaire. Je la réduirais à l'orthographe. Qu'est-ce que nos jeunes filles ont à faire des curiosités philologiques et étymologiques ? Est-ce que nous avons à élever des grammairiennes ? Qu'elles sachent aussi bien le français que Mme de Lafayette, ou Mme de Maintenon, je dirais même volontiers que Lamartine, je ne leur en demande pas davantage.

Pour l'arithmétique, je la réduirais aux quatre règles en y ajoutant un peu de fractions, si vous voulez, par concession. Mais quel besoin ont nos filles des problèmes de calcul, des règles composées, etc.? Est-ce qu'elles sont destinées à être des comptables? Qu'elles sachent tenir leur maison, et régler leurs livres de comptes ; Molière ne leur demande pas autre chose. Croyons Molière.

Les Mathématiques.

Pas de mathématiques du tout, je dis, bien entendu, des mathématiques obligatoires. Que les jeunes filles qui en ont le goût et l'aptitude trouvent dans nos lycées le moyen d'y satisfaire, rien de mieux. Mais soyez assuré que, sur dix élèves, il y en a huit pour qui l'algèbre... sera toujours de l'algèbre. J'en parle savamment. Jamais, vous m'entendez bien, jamais je n'ai pu parvenir, non pas à résoudre un problème de géométrie, mais à le comprendre. On m'aurait menacé de me tuer sur place, que je n'en serais pas venu à bout. Ne condamnons pas *toutes* nos élèves à une étude qui serait pour la plupart une souffrance, et une souffrance stérile. Il y a un mot qui m'a toujours paru d'une énergie singulière : c'est *se casser la tête*,

Ne cassons pas ces têtes délicates et frêles ! N'y faisons rien entrer à coups de marteau !

Je sais qu'une opinion assez courante est que la géométrie et l'algèbre donnent plus de rectitude à l'esprit des femmes, leur apprennent à mieux raisonner. Entendons-nous. A mieux raisonner? Peut-être. Mais à être plus raisonnables? Non. Les femmes ont, selon moi, dans les choses de la vie, un bon sens pratique au moins égal à celui des hommes. Elles voient parfois plus juste, et plus vite juste que nous. Mais l'$a + b$ n'est pour rien dans leur affaire. C'est chez elles instinct, divination. Elles ont parfois raison sans pouvoir dire pourquoi. Ne gâtons pas ce beau don naturel par nos études pédantesques. Rappelons-nous ce vers devenu proverbial :

> Et le raisonnement en bannit la raison.

Viennent enfin les langues vivantes et les sciences naturelles.

Ici il ne s'agirait plus de supprimer ou de réduire, mais de compléter et d'accroître. Une partie du temps pris à l'étude de la grammaire, de l'arithmétique, des mathématiques, et à l'ensemble des programmes, serait, je crois, utilement employé par la création de deux cours nouveaux, et tout consacrés au développement du sentiment littéraire et de la pensée.

L'étude des langues vivantes est, dans les lycées, pour les nouvelles élèves comme pour les anciennes, d'une utilité incontestable, et d'une insuffisance absolue. C'est pour toutes un point de départ excellent, mais ce n'est qu'un point de départ. Elles y apprennent à traduire une page d'anglais ou d'allemand, à écrire une lettre, à échanger quelques mots de conversation, ce qui leur servira beaucoup dans le courant de la vie ordinaire. Mais ce serait une grande illusion de croire qu'elles arriveront, par ces études, à pénétrer le secret d'une langue et le génie des grands écrivains, à entrer en communication directe avec les chefs-d'œuvre, à lire un drame de Shakespeare ou de Gœthe dans le texte. Cette pleine possession d'un idiome étranger ne s'acquiert pas sans de très fortes études spéciales ; nous ne demandons à nos élèves que d'apprendre avec leurs professeurs d'anglais ou d'allemand à faire des thèmes ou des versions. Est-ce assez ? Non, car c'est rester sur le seuil du temple. Je voudrais donc les y faire entrer par une autre voie. Je voudrais qu'un autre enseignement, plus large et plus fécond, élevât leur intelligence, allât jusqu'à leur âme, et leur laissât une impression profonde et durable.

Pour cela, ne nous bornons pas aux quelques leçons de littérature ancienne éparses dans les programmes, non! Ce que je voudrais, c'est la création d'un cours complet, méthodique, et *fait en français*, des principales littératures étrangères. Le professeur y mêlerait sans cesse l'interprétation et les citations traduites. L'étude de la langue proprement dite n'aurait aucune place dans ce cours, on n'y chercherait que l'appréciation intime de chacun de ces génies étrangers. Sophocle y entrerait comme Shakespeare, et Dante comme Homère. On pourrait même faire appel aux poésies populaires, et je ne doute pas que l'apparition successive de tant de formes différentes de l'inspiration poétique, ne frappât fortement l'imagination des jeunes filles et ne développât en elles un des moyens d'instruction les plus féconds : l'esprit de comparaison. Ces chefs-d'œuvre s'éclaireraient l'un l'autre par le contraste, et nos élèves comprendraient mieux le génie de la France, en voyant ce qui a été créé d'immortel dans l'art, en dehors d'elle. Veut-on la preuve évidente de l'utilité et du charme des chefs-d'œuvre étrangers dans la traduction? Qu'on aille à la Comédie-Française, et qu'on voie les succès éclatants d'*Œdipe*, d'*Hamlet*, d'*Antigone*.

De même pour les sciences. Elles règnent aujourd'hui trop souverainement dans le monde ; elles passionnent trop toutes les intelligences ; elles renouvellent trop toutes les formes de l'activité humaine ; elles ouvrent trop d'horizons inconnus à l'imagination comme à la pensée ; elles font éclater autour de nous trop de merveilles qui ressemblent à des prodiges, pour que nos jeunes filles puissent y rester étrangères. Seulement, au lieu de les y faire pénétrer par la route aride et ardue des abstractions mathématiques, plaçons-les résolument en face de l'univers même. Qu'elles y voient Dieu et l'homme à l'œuvre ! Que la création leur apparaisse telle que le créateur l'a faite, et telle que la créature l'a transformée ou devinée. Certes, les lois célestes sont chose bien admirable, mais n'est-ce pas bien beau aussi de les avoir comprises et expliquées ? Rien sans doute de plus prodigieux, que les forces de la nature en pleine expansion ou en plein déchaînement ; mais n'est-ce pas bien extraordinaire aussi, de les voir domptées, utilisées, domestiquées ? Eh bien ! imaginons-nous un cours ayant pour sujet ce double spectacle. Un cours de sciences fait à la façon d'Arago, sans sciences. Figurons-nous une histoire vivante, biographique, familière, mise à la portée de tous, *des grandes inventions et des grands inventeurs*! Et demandons-nous si de telles leçons n'initieraient pas pour toujours nos élèves au mouvement intellectuel le plus merveilleux de notre époque, et si elles ne leur graveraient pas au cœur une inoubliable image de la toute-puissance divine et de la grandeur humaine.

Je m'arrête, mon cher ami, j'en ai assez dit, je me fie à vous pour démêler dans mes idées ce qu'elles peuvent avoir d'applicable, et pour l'appliquer.

On commence à demander de tous côtés ce que je réclame. J'ai entendu les membres du jury d'agrégation et du jury d'aptitude, les professeurs de Sèvres, les professeurs de Fénelon, les élèves, voire M. le Directeur général de l'Enseignement secondaire, eh bien! tous, tous en face de nos programmes, n'ont qu'un mot, je dirai qu'un cri : De l'air! de l'air! J'ajoute, moi : et de la lumière! Si en effet nos élèves étouffent dans nos programmes, ce n'est pas seulement parce qu'elles s'y sentent trop serrées, trop foulées, c'est que l'atmosphère qu'elles y respirent est lourde, épaisse, brumeuse, cela manque d'oxygène et de soleil. Changeons donc d'altitude. La création de nos lycées a déjà élevé l'éducation des jeunes filles de bien des centaines de mètres au-dessus du niveau de la mer; eh bien! montons encore, mais en restant dans les régions accessibles : pour cela résumons nos *desiderata* en quatre formules précises et pratiques :

1° Rayer des programmes tout ce qui ne s'apprend que pour s'oublier au bout de six mois ou de six jours. Cela seul les allégera d'un grand quart ;

2° Chercher avant tout dans l'éducation ce qui survit à l'éducation; allumons au cœur de nos élèves un feu qui dure ;

3° Instruire moins et élever plus. Laissons plus de place à la famille ;

4° Féminiser — je ne dis pas efféminer — féminiser l'enseignement, c'est-à-dire l'approprier à la nature et à la destinée des femmes. Elles veulent être intéressées?... Intéressons-les ! Elles veulent être amusées ?... Amusons-les ! Mais en ayant toujours soin que l'agréable même repose sur un fond d'idées sérieuses. C'est le fait des architectes habiles : une élégante habitation sur des fondations solides.

Enfin jetons dans nos programmes le libre essor, l'imagination, la largeur des vues, tout ce que représente le nom de Lamartine.

E. Legouvé.

Cette lettre n'a pas été sans résultat. Envoyée à tous les recteurs d'Académie, sur le conseil et par les soins de M. Gréard, elle a obtenu d'eux un accueil très favorable. Depuis, plusieurs commissions, rassemblées au Ministère de l'instruction publique, ont réclamé et voté la simplification et l'appropriation des programmes. Ce n'est encore qu'un pas, mais le progrès amène le progrès. Quand et dans quelle mesure se produira ce changement? je ne sais; mais il en sera de lui comme de l'*enseignement moderne*, il se réalisera, parce qu'il a deux raisons d'être : la *nature des femmes* et la *force des choses*.

CHAPITRE XIII

I

Jamais on n'a élevé tant de statues qu'aujourd'hui; jamais on n'en a tant renversé; et il semble que ce soit avec les débris des anciennes que l'on construise les nouvelles.

De toutes ces chutes de renommées, la plus éclatante, fut, je crois, celle de Béranger, car nul poète n'est tombé de plus haut et n'est, peut-être, tombé plus bas.

Pourquoi? Comment?

Il y a là un fait d'histoire littéraire qui vaut d'être étudié.

De 1820 à 1848, Béranger a occupé, dans le domaine poétique, une place absolument à part. Admiré par les classiques, applaudi par les romantiques, fêté par la jeunesse, adoré du peuple, porté au pinacle par les libéraux, honoré par les républicains, sympathique même aux socialistes, sa réputation touchait à la renommée, quand sa mort, arrivée en août 1857, la porta jusqu'à la gloire. Dès le lendemain, s'éleva dans le public un hosanna général pour celui qu'on nommait le poète national. Pendant plusieurs semaines, les journaux furent pleins de vers de Béranger, de vers à Béranger, de mots de Béranger, de traits de Béranger; je compris là ce que c'est qu'une apothéose.

Cinq mois plus tard, à la fin de décembre, M. Perrotin, éditeur et ami de Béranger, fit paraître un dernier volume d'œuvres inédites. Parmi ces chansons nouvelles, il s'en trouvait huit consacrées à Napoléon Ier. Jamais on ne vit dans l'opinion publique un pareil « tourbillon de revirement », comme dit Saint-Simon. Toute la presse républicaine se retourna avec violence contre celui qu'elle admirait la veille. La glorification du premier empire sembla une flatterie à l'adresse du second. En vain les amis du poète répétaient-ils que ces chansons remontaient à plus de dix ans, que Béranger était étranger à leur publication; on ne voulut rien voir, rien entendre que ce fait : Napoléon Ier glorifié sous Napoléon III! Pelletan se mit à la tête des assaillants. Sa plume ardente de polémiste lança invectives sur invectives contre le faux républicain, le faux poète, le faux bonhomme. Les royalistes, dont la haine pour Béranger n'avait jamais désarmé, se joignirent avec passion aux républicains. Puis vint le tour des penseurs. Renan, le défenseur de toutes les aristocraties, inventa la théorie du dédain transcendant contre cette poésie bourgeoise, et cribla de ses ironies acérées la conception mesquine qu'avait Béranger de Dieu et de l'amour. La gloire du chansonnier ne put résister à de telles attaques : on n'osa plus le citer, on cessa de le lire, on eut honte de le défendre ; la jeunesse se dégoûta de lui avec la même passion qu'elle s'en était jadis engouée, et enfin, au printemps dernier, un critique aussi éminent comme professeur et comme orateur que comme écrivain, M. F. Brunetière, faisant à la Sorbonne, devant un public d'élite, le tableau de la poésie lyrique au xix⁰ siècle, en exclut nettement Béranger : « Je ne vous parlerai pas de Béranger, dit-il, car ce n'est pas un poète, c'est un prosateur qui a mis quelquefois des rimes à sa prose ».

Cette exclusion est-elle juste? Je ne le crois pas.

La génération qui nous a précédés et qui

nous valait bien, s'est-elle abusée au point
d'appeler poète national un prosateur qui ri-
mait à peu près? Je ne le crois pas; et je viens
ici, aujourd'hui tout exprès, pour vous donner
quelques conseils d'équité littéraire, c'est-à-dire
d'admiration réfléchie, car je résumerais volontiers vos devoirs de professeurs futurs en un
mot : apprenez à vos élèves à admirer. Cherchons donc ensemble, dans une double étude
sur Béranger, étude littéraire et étude biographique, les raisons de son succès d'autrefois,
et peut-être de son succès de demain. Les
poètes que la critique enterre ne sont pas toujours aussi morts qu'ils en ont l'air. Il y a des
résurrections dans ce royaume des ombres. Témoin, Alfred de Vigny, dont on est en train de
relever la gloire poétique. Pourquoi n'en serait-
il pas de même pour Béranger? Qui sait? Peut-
être ne faut-il que trouver la forme et le moment? C'est ce que nous chercherons à la fin de
notre entretien.

II

Le critique éminent dont je vous ai parlé
explique la grandeur de la poésie lyrique du
XIXe siècle, par son évolution successive de l'in-
dividualisme au naturalisme, du naturalisme

au pessimisme, et du pessimisme au symbo-
lisme.

Je ne conteste pas ce que cette conception
peut avoir d'élevé; mais, je l'avoue, l'étude de
nos chefs-d'œuvre éveille en moi des idées
différentes, moins abstraites et plus humaines, moins scientifiques et plus littéraires, et, à
côté de cette définition toute philosophique,
j'en vois une autre qui ne relève que de la
poésie.

La grandeur de notre école lyrique au
XIXe siècle, tient, selon moi, à la nouveauté et
à la richesse de son programme. Regardez en
arrière : les poètes du XVIIe et du XVIIIe siècles
ne cherchent leurs inspirations que dans des
sujets religieux et orthodoxes, ou dans des
sujets d'amour, quelque peu païens. De notre
temps, la poésie a pris pour thèmes tous les
grands sentiments de l'âme humaine et toutes
les grandes manifestations de la vie. Son domaine embrasse la foi, la nature, l'amour,
l'histoire, la philosophie, la politique, et elle
a mis au premier rang la patrie, l'humanité
et la liberté.

Eh bien! le droit de Béranger au titre de
poète, c'est que nulle âme n'a été plus *patrio-
tique*, plus *humaine* et plus *indépendante*.

Notre étude sur lui se bornera à ces trois points; ils suffiront.

Sous la Restauration, l'amour de la patrie se produisit sous deux formes très différentes. Il était fait à la fois d'orgueil et de honte. Le souvenir de nos récents désastres nous courbait le front, le souvenir de nos anciennes victoires nous haussait le cœur. Il faut avoir vécu dans ce temps-là, il faut avoir assisté à l'entrée des alliés à Paris, avoir vu leurs soldats se promener dans nos rues, leurs cavaliers parqués dans le Bois de Boulogne, pour se rendre compte de ce qu'éveillait dans nos cœurs le nom de Waterloo. Ce nom résumait tous nos désespoirs, toutes nos rages. En voici une preuve saisissante. Quand l'assassin du duc de Berry, Louvel, parut devant la cour d'assises, le président lui demanda quel motif avait pu le pousser à un crime aussi abominable. Louvel baissa la tête et répondit d'une voix sombre : « J'entendais toujours gronder là le canon de Waterloo. » Eh bien, le croirait-on? L'horreur générale qu'inspirait le crime s'atténua pour le criminel, par cette réponse, tant elle était d'accord avec nos sentiments intimes, tant chacun de nous sentait aussi gronder au fond de son cœur le canon de Waterloo.

Eh bien, ce sourd et sinistre grondement n'eut jamais un plus douloureux écho que dans ces stances, si oubliées aujourd'hui, intitulées : *Stances sur la journée de Waterloo.*

Le poète suppose que de vieux soldats lui ont dit :

. . . .

« Chante ce jour qu'invoquaient des perfides,
« Ce dernier jour de gloire et de revers. »
J'ai répondu, baissant des yeux humides :
— Son nom jamais n'attristera mes vers.

Qui, dans Athène, au nom de Chéronée
Mêla jamais des sons harmonieux ?
Par la fortune Athènes détrônée
Maudit Philippe et douta de ses dieux.
Un jour pareil voit tomber notre empire,
Voit l'étranger nous apporter des fers,
Voit des Français lâchement leur sourire.
Son nom jamais n'attristera mes vers.

Mais quoi, déjà les hommes d'un autre âge
De ma douleur se demandent l'objet.
Que leur importe, en effet, ce naufrage?
Sur le torrent leur berceau surnageait.
Qu'ils soient heureux! Leur astre, qui se lève,
Du jour funeste efface les revers ;
Mais, dût ce jour n'être plus qu'un vain rêve,
Son nom jamais n'attristera mes vers.

Quelle sombre et noble douleur dans ce refrain !

Après nos désastres, nos victoires.

On peut haïr Napoléon, on peut flétrir Napoléon, on peut maudire Napoléon, on peut même, comme les hommes de ma génération, le maudire après l'avoir admiré, mais on ne peut pas nier que ses victoires n'aient été les nôtres, qu'il n'ait accru notre patrimoine de gloire. De là vient sa place immense dans la poésie lyrique au xixe siècle. Il est impossible de parler d'elle sans parler de lui. A ne considérer Napoléon que comme sujet de vers, il n'en a jamais existé de plus beau. Grâce à lui, l'histoire de France a ressemblé, pendant quinze ans, à un poème épique. Il a électrisé le génie de tous les poètes qui l'ont chanté, et ils l'ont tous chanté. Il a inspiré des chefs-d'œuvre, même à ceux qui lui ont jeté l'anathème. L'*Idole* d'Auguste Barbier vaut l'*Ode à la Colonne* de Victor Hugo. Béranger n'a donc fait que suivre l'exemple de tous et il suffit de rappeler le *Vieux drapeau*, le *Vieux Sergent*, le *Vieux Caporal*, le *Cinq Mai*, et tant d'autres chansons appelées justement des odes, pour marquer la place de Béranger parmi tant de coryphées illustres; mais il est une œuvre de lui, plus originale et plus personnelle encore, ce sont les *Souvenirs du Peuple*.

Pour lieu de scène, une chaumière et, pour acteurs, une vieille femme, des paysans et Napoléon.

La conception est originale, mais que de difficultés dans l'exécution ! Comment éviter la déclamation ou la trivialité ? Comment laisser au langage populaire sa vérité, sa naïveté, sa vivacité, son relief, et y joindre la grandeur ? Comment être à la fois épique et familier ?

Lisons et jugeons.

Des paysans se pressent autour de la vieille femme en lui disant :

> — Parlez-nous de lui, grand'mère ;
>   Parlez-nous de lui.

> — Mes enfants, dans ce village,
> Suivi de rois, il passa.
> Voilà bien longtemps de ça ;
> Je venais d'entrer en ménage.
> A pied grimpant le coteau
> Où, pour voir, je m'étais mise,
> Il avait un petit chapeau
> Avec redingote grise.

> Près de lui, je me troublai ;
> Il me dit : « Bonjour, ma chère,
>   Bonjour ma chère. »
> — Il vous a parlé, grand'mère !
>   Il vous a parlé !...

Tout l'émerveillement du peuple ne se peint-il pas dans cette exclamation : « Il vous a parlé ! » et n'admirez-vous pas ces mots familiers jetés çà et là avec tant d'art, *grimpant, voilà bien longtemps de ça*, qui font contraste, sans dissonance, avec ce vers presque épique :

> Suivi de rois, il passa.

La strophe suivante nous amène à Paris. C'est le jour où l'on célébrait la naissance du roi de Rome. L'empereur entrait à Notre-Dame :

> Tous les cœurs étaient contents;
> On admirait son cortège.
> Chacun disait : « Quel beau temps!
> Le ciel toujours le protège.
> Son sourire était bien doux;
> D'un fils, Dieu le rendait père,
>   Le rendait père.
> — Quel beau jour pour vous, grand'mère !
>   Quel beau jour pour vous!

Me trompé-je en voyant presque un trait de génie dans ce mot d'une naïveté et d'une émotion si sincères :

> Quel beau jour, *pour vous*, grand'mère,
>   Quel beau jour *pour vous*!

Des années de triomphe nous passons aux années de désastres.

C'était dans les derniers jours de la campagne de 1814 :

> Un soir, tout comme aujourd'hui,
> J'entends frapper à la porte ;
> J'ouvre : bon Dieu ! C'était lui !
> Suivi d'une faible escorte :
> Il s'assoit où me voilà ;
> S'écriant : « Oh ! quelle guerre !
>   Oh ! quelle guerre ! »
> — Il s'est assis là, grand'mère,
>   Il s'est assis là !

A cette tragique apparition succède tout à coup la vulgarité de la vie réelle :

> « J'ai faim ; » dit-il, et bien vite
> Je sers piquette et pain bis ;
> Puis il sèche ses habits ;
> Même à dormir le feu l'invite.
> Au réveil, voyant mes pleurs,
> Il me dit : « Bonne espérance !
> Je cours de tous ses malheurs
> Sous Paris venger la France. »

Ce réveil héroïque, ce cri de victoire à côté de ce pain bis et de cette piquette, complètent le tableau qui se termine par un merveilleux effet de mise en scène.

> Il part, et, comme un trésor,
> J'ai depuis gardé son verre,
>   Gardé son verre.

— Vous l'avez encor, grand'mère!
Vous l'avez encor!...
— Le voici!

Comme cela est vivant! Plus on relit ce petit poème, plus on admire sa nouveauté de pensée et de forme. Victor Hugo, voulant peindre dans les *Orientales* toute la grandeur tragique de l'empire et tout le prestige de l'empereur, nous le montre tour à tour aux Pyramides, à Marengo, au Kremlin, à l'île d'Elbe, à Sainte-Hélène. Il n'a pas trop de l'univers entier pour servir de cadre à cette grande figure. Béranger la circonscrit dans les quatre murailles d'une cabane et dans le cœur de quelques pauvres paysans, sans que les événements y perdent rien de leur grandeur, ni l'homme rien de sa puissance! Peut-être même son ascendant sur les imaginations n'est-il nulle part aussi sensible, parce que nulle part son souvenir n'est aussi durable. L'histoire, le monde ont eu bien des enthousiasmes pour Napoléon; mais le monde oublie, l'histoire juge; tandis que le peuple, lui, se souvient et ne juge pas! Il pardonne les fautes, les crimes, voire le mal qui lui a été fait, et quand la vieille femme dit qu'à la mort de l'empereur

Sa douleur fut bien amère!

ses fils répondent naïvement :

> Dieu vous bénira, grand'mère,
> Dieu vous bénira !

III

Pendant les deux derniers siècles, notre poésie lyrique a été éminemment aristocratique. De Ronsard à André Chénier, voire à Lamartine, elle n'a guère chanté que les passions, les douleurs, les grandeurs des élus de ce monde. Il fallait payer le cens pour entrer dans ses vers.

Une des gloires de la muse moderne est d'avoir appelé à elle tout ce qui est en bas, tout ce qui souffre, tout ce qui travaille, tout ce qui peine. Le génie s'est ainsi retrempé aux sources fécondes de la pitié et de la charité. Or, qui a ouvert cette voie nouvelle? Qui, le premier, a fait descendre l'ode et l'élégie dramatique dans la rue? Qui les a introduites dans l'atelier, dans le taudis, dans le galetas, dans l'hôpital, dans la hutte? Béranger. La date, ici, est précise et fait loi. Le dernier recueil de Béranger, publié par lui, est de 1833. Il contient huit chansons, qui sont toutes d'un ordre d'inspiration absolument nouveau : *Jacques, Jeanne la Rousse*, le *Vagabond*, le *Contrebandier*, la

Pauvre Femme, etc. C'est l'avènement des misérables et des travailleurs dans la haute poésie... D'autres l'ont suivi... avec quel éclat, vous le savez ! Mais aucun ne l'a dépassé, ni effacé. Parti le premier, il est resté au niveau de tous, parce qu'il est resté lui-même au milieu de tous. Les autres poètes ont chanté le peuple, mais ils n'en étaient pas. Béranger en était. C'est du peuple qu'il sortait, et il n'a jamais cessé d'être en relations intimes avec lui.

Je l'ai vu plus d'une fois, rue du Temple, dans sa très modeste salle à manger, avec sa houppelande de petit bourgeois du Marais, à côté de son poêle de fonte et déjeunant en compagnie de quelque artisan en veste de travail, ou d'une ouvrière au bonnet rond.

Si brillant que fût l'accueil qu'il recevait dans le monde, il ne s'y plaisait qu'à demi. « Tout y est faux, m'écrivait-il un jour, jusqu'au son de la voix. » Il revenait toujours aux humbles, aux travailleurs. Leur âme lui semblait plus simple, plus mâle, plus sincère, plus poétique. « Si la poésie est encore quelque part, a-t-il écrit, c'est parmi eux qu'il faut la chercher. » De là, quand il parle d'eux et de leurs douleurs, ou quand il les fait parler eux-

mêmes, une vérité d'accent et une intensité
d'expression où nul autre poëte n'est peut-être
arrivé. Je n'en veux pour preuve que *Jacques*.

La scène se passe au fond d'un pauvre village. Une femme de campagne est assise non
loin du grabat où son homme dort encore,
quoique le jour soit déjà levé.

> Jacque, il me faut troubler ton somme.
> Dans le village, un gros huissier
> Rôde et court, suivi du messier.
> C'est pour l'impôt, las! mon pauvre homme.
>
> Lève-toi, Jacques, lève-toi ;
> Voici venir l'huissier du roi.
>
> Pas un sou! Dieu! Je crois l'entendre.
> Écoute les chiens aboyer.
> Demande un mois pour tout payer.
> Ah! si le roi pouvait attendre !

Comment ne pas être frappé de ce dernier vers?
Victor Hugo a souvent cherché des traits pareils, mais, chez lui, le naturel ne va presque
jamais sans affectation. Béranger reste vrai en
étant naïf. Mérite rare! Le faux vrai est une des
maladies de la littérature actuelle.

> Pauvres gens! l'impôt nous dépouille!
> Nous n'avons, accablés de maux,
> Pour nous, ton père et six marmots,
> Rien que ta bêche et ma quenouille.
>
> Lève-toi...

> On compte, avec cette masure,
> Un quart d'arpent, cher affermé.
> Par la misère il est fumé ;
> Il est moissonné par l'usure.

On pourrait reprocher aux deux derniers vers d'être un peu trop poétiques, mais ils sont si expressifs que je leur pardonne. Puis le peuple a parfois un tel imprévu d'images !

> Il entre ! O ciel ! Que dois-je craindre ?
> Tu ne dis mot ! Quelle pâleur !
> Hier, tu t'es plaint de ta douleur.
> Toi qui souffres tant sans te plaindre !

> Lève-toi, Jacques, lève-toi...

> Elle appelle en vain ; il rend l'âme.
> Pour qui s'épuise à travailler
> La mort est un doux oreiller,
> Bonnes gens, priez pour sa femme.

De tels vers n'ont pas besoin de commentaires.

Quelle concision puissante ! Quelle austère grandeur ! Où trouver une image plus émouvante de cette pauvre race, dont la vie se résume en deux mots : *pâtir* et *patienter*.

IV

Après la pitié, la charité. Elle a inspiré des chefs-d'œuvre à nos grands poètes. Qui ne se rappelle les *Pauvres Gens*, de Victor Hugo? Je leur préfère pourtant encore le *Juif errant* de Béranger. Le sujet est plus beau, la leçon est plus forte. Est-il un plus puissant appel à la secourabilité, que la peinture de ce misérable, condamné à un supplice éternel pour avoir refusé un verre d'eau au martyr du calvaire?

La première strophe est un cri de douleur poignante et nous met au cœur du sujet :

> Chrétien, au voyageur souffrant
> Tends un verre d'eau sur ta porte :
> Je suis, je suis le Juif errant
> Qu'un tourbillon toujours emporte :
> Sans vieillir, accablé de jours,
> La fin du monde est mon seul rêve.
> Chaque soir j'espère toujours;
> Mais toujours le soleil se lève.
>   Toujours, toujours,
> Tourne la terre où moi je cours,
> Toujours, toujours, toujours, toujours.

Vient alors le tableau de cette fuite éperdue, haletante, à travers le temps et l'espace. Pour punir le méchant, Dieu lui a infligé un châtiment étrange, il l'a rendu bon! le malheureux s'attache à tout, et est arraché à tout. La maison, prête à l'accueillir, se dérobe sous ses pas. Il n'a pas le temps de serrer la main du pauvre à qui il fait sa modique aumône. Il rencontre

des enfants qui lui rappellent les siens; il n'a
pas le temps de les regarder. Il se retrouve au
lieu où il est né... il voudrait s'y arrêter un
instant... Passe! passe! dit le tourbillon qui
l'emporte. Et cette lamentation terrible se termine par ces quatre vers que je ne crains pas
d'appeler sublimes :

> Vous qui manquez de charité,
> Tremblez à mon supplice étrange !
> Ce n'est point sa divinité,
> C'est l'humanité que Dieu venge.

V

Reste enfin un dernier point, la liberté.

Comment Béranger conciliait-il son amour
pour la liberté avec son adoration pour l'empereur? Il ne la conciliait pas. Il était inconsé-
quent et sincère comme nous, jeunes gens de
dix-huit à vingt ans, qui étions à la fois enragés bonapartistes et enragés libéraux. D'ailleurs, comment n'aurait-il pas aimé la liberté,
lui qui avait un amour si farouche de l'indépendance? Il était de la race du loup de La Fontaine; le cou pelé lui faisait horreur. Toute
l'ambition de sa vie a été de n'être rien. La
Révolution de 1830 lui donna accès à toutes
les places, il les refusa toutes. Nommé député

malgré lui, il donna sa démission au bout de six mois. On lui offrit vingt fois un fauteuil à l'Académie. « Dieu m'en garde! répondait-il. — Pourquoi? — Parce que je me connais! Si j'étais académicien, je me croirais obligé d'assister à toutes les séances, à toutes les commissions! Cela m'ennuierait à mourir! Ce serait un bout de chaîne. Je n'en veux pas. »

Tous ces sentiments se retrouvent dans une chanson que je cite tout entière, sans scrupule, car je n'y vois pas une tache, et peut-être y aura-t-il bien peu de mes lecteurs qui la connaissent :

LE REFUS

Un ministre veut m'enrichir,
Sans que l'honneur ait à gauchir,
Sans qu'au *Moniteur* on m'affiche.
Mes besoins ne sont pas nombreux ;
Mais, quand je pense aux malheureux,
Je me sens né pour être riche.

Qu'un peu d'argent pleuve en mon trou,
Vite il s'en va, Dieu sait par où !
D'en conserver je désespère.
Pour recoudre à fond mes goussets,
J'aurais dû prendre, à son décès,
Les aiguilles de mon grand'père.

Ami, pourtant, gardez votre or,
Las! j'épousai, bien jeune encor,

La liberté, dame un peu rude.
Moi, qui dans mes vers ai chanté
Plus d'une facile beauté,
Je meurs l'esclave d'une prude.

La liberté ! c'est, Monseigneur.
Une femme folle d'honneur;
C'est une bégueule enivrée
Qui, dans la rue ou le salon,
Pour le moindre bout de galon,
Va criant : A bas la livrée !

Vos écus la feraient damner.
Au fait, pourquoi pensionner
Ma Muse indépendante et vraie ?
Je suis un sou de bon aloi;
Mais en secret argentez-moi,
Et me voilà fausse monnaie.

Gardez vos dons : je suis peureux,
Mais, si d'un zèle généreux
Pour moi le monde vous soupçonne,
Sachez bien qui vous a vendu !
Mon cœur est un luth suspendu :
Sitôt qu'on le touche, il résonne.

J'en ai dit assez. La preuve est faite. On ne peut exclure de notre cénacle lyrique celui qui a écrit de tels vers. Achevons de le caractériser par une dernière citation.

Béranger ne savait pas le latin. Il le disait hautement, je dirais volontiers qu'il s'en vantait. Le génie romain lui était peu sympathique. Il le trouvait raide et tendu. En revanche, tout ce qui venait de la Grèce l'enchantait. Rien de plus intéressant que de l'entendre parler d'Euripide et de Sophocle, qu'il ne connaissait pourtant que dans la traduction; et j'ai toujours cru que son goût très vif pour Mérimée tenait un peu à son respect pour le seul peutêtre de nos illustres d'alors qui sût le grec.

Lisons ce passage du *Voyage imaginaire* :

> Arrachez-moi des fanges de Lutèce;
> Sous un beau ciel mes yeux devaient s'ouvrir.
> Tout jeune aussi, je rèvais à la Grèce;
> C'est là, c'est là que je voudrais mourir.
>
> En vain faut-il qu'on me traduise Homère.
> Oui, je fus Grec; Pythagore a raison.
> Sous Périclès j'eus Athènes pour mère;
> Je visitai Socrate en sa prison.
> De Phidias j'encensai les merveilles;
> De l'Ilissus j'ai vu les bords fleurir;
> J'ai sur l'Hymette éveillé les abeilles;
> C'est là, c'est là que je voudrais mourir !

VI

Notre étude n'est pas achevée. Nous avons, je crois, établi avec évidence que Béranger a une place légitime parmi nos poètes. Mais quelle place? Doit-il figurer au premier rang? Peut-on le comparer à Lamartine, à Victor Hugo, à de Musset? Évidemment non. Lui-même a protesté contre une telle assimilation.

Béranger est un vrai poète, mais n'est qu'accidentellement un grand poète. Il lui manque une qualité maîtresse : *l'afflatus*, le souffle. Chez lui, l'exécution trahit trop souvent l'inspiration. Il vise plus haut qu'il ne peut atteindre. Il veut faire entrer trop de choses dans un couplet, ou dans un vers. De là, parfois, dans l'ensemble de son œuvre, quelque chose de pénible, d'obscur, qui sent l'effort. Il n'a pas pu, comme La Fontaine, effacer toute trace de travail, à force de travail. Dieu sait pourtant combien il corrigeait! Il m'a dit un jour : « La composition ne me coûte jamais qu'un effort agréable, mais j'ai toujours la fièvre en corrigeant. »

D'où vient donc que, pendant trente ans, il a compté autant que les plus célèbres? A quoi tient le rôle considérable qu'il a joué parmi ses contemporains?

Ici, la biographie doit s'ajouter à l'appréciation littéraire; car, chez Béranger, c'est l'homme qui a complété l'artiste; c'est sa valeur individuelle qui, jointe à sa valeur poétique, a fait un personnage si considérable, d'un simple chansonnier.

VII

Béranger a été le grand conseiller de son temps. Les hommes les plus haut placés, Manuel, Benjamin Constant, Laffitte, Thiers, ne faisaient rien sans consulter Béranger.

A la révolution de Juillet, M. de Talleyrand témoigna le désir de s'entendre avec Béranger. Mais ils étaient vis-à-vis l'un de l'autre à l'état de puissances; ils ressemblaient aux souverains que leur dignité empêche de se rendre visite. Béranger ne voulait pas aller à l'hôtel de la rue Saint-Florentin, où s'était faite la Restauration. M. de Talleyrand ne pouvait pas monter au troisième étage de Béranger. Ils se contentèrent de causer par intermédiaires. Ils échangèrent des notes diplomatiques.

Plus tard, Béranger eut pour amis trois des plus grands esprits du dix-neuvième siècle, Chateaubriand, Lamartine et Lamennais. Il connaissait et reconnaissait leur supériorité de génie, et cependant tous trois ont subi son ascendant; tous trois l'ont pris, dans les circonstances les plus délicates de leur vie, pour confident, pour conseiller, pour arbitre, pour intermédiaire. C'est à lui que Lamartine venait confier ses rêves de spéculations financières;

Chateaubriand ses éternelles doléances d'homme gêné ; Lamennais ses troubles de conscience. « Restez prêtre, lui répétait-il sans cesse. C'est une partie de votre honneur. Quitter l'Église, pour vous, ce n'est pas abdiquer, c'est déserter. » Lamennais lui résista sur ce point, mais sans cesser d'avoir recours à ses conseils.

Comment expliquer une telle influence?

Par quatre qualités morales de premier ordre. D'abord, un désintéressement absolu. Sa plume eût été bien facilement une *plume d'or*. Les offres tentantes ne lui ont pas manqué ; mais il ne voulait devoir à la poésie que l'aisance modeste qui assure l'indépendance : faire de l'art un commerce lui semblait indigne de l'art. Une pension viagère de sept mille francs, en échange de la propriété de ses œuvres qu'il abandonna à son éditeur, composait toute sa fortune ; et il trouvait moyen de rester généreux en étant presque pauvre.

Puis son admirable bonté. Je n'ai pas connu d'âme plus compatissante. Il avait toutes les charités. Aumônier de son argent, aumônier de son temps, aumônier de ses démarches. Lui si indépendant, il se faisait l'esclave volontaire des besoins de tous. Lui qui n'avait jamais sollicité pour lui-même, il passait sa vie à solliciter pour les autres. C'était un frère quêteur laïque. Quand il ne pouvait plus donner, il faisait donner. Il mettait tous ses amis à contribution. Il courait tous les ministères, à pied, par la pluie, par la neige, afin d'obtenir une pension pour celui-ci, une place pour celui-là, un secours pour un troisième; voire, pour quelque artiste méconnu, la croix d'honneur qu'il n'avait pas, lui, parce qu'il n'avait jamais voulu l'avoir. Venir en aide aux autres était chez lui plus qu'un devoir, plus qu'une vertu : c'était une passion.

La troisième cause de l'influence de Béranger était son merveilleux bon sens. Le conseil qu'il vous donnait n'était pas seulement le meilleur qu'on pût donner, mais le meilleur qu'on pût vous donner. Personne n'a si bien su mesurer un avis au caractère, à l'intelligence, à la position, aux ressources de celui à qui il parlait. Ajoutez le caractère particulier de sa conversation. Elle était plus que charmante, piquante, amusante, elle était féconde. Une causerie avec lui avait des lendemains délicieux. J'ai maintes fois remarqué que telle idée qui, jetée par Béranger au cours de l'entretien, m'avait simplement paru juste, faisait peu à peu son chemin dans mon esprit, s'y développait, y grandissait et portait pour ainsi dire des fruits inattendus; c'était comme un germe vivant déposé en moi.

Enfin, quatrième qualité, une franchise complète. Il ne s'en départait vis-à-vis de personne. Il n'a jamais ni trompé, ni flatté. Si réelle que fût son admiration pour Lamartine ou Victor Hugo, il a toujours gardé envers eux son franc-parler quelque peu gouailleur. Sa gouaillerie était une de ses forces; on craignait son esprit: rien de plus solide que l'ascendant où il entre un peu de crainte.

Mais c'est surtout vis-à-vis des jeunes gens que sa sincérité était vraiment admirable. Plus de raillerie! Plus de détour spirituel! Une loyauté toute cordiale, toute paternelle. En général, les hommes supérieurs, consultés par les jeunes gens, ne lisent pas un seul des vers qu'on leur envoie et s'en tirent en décernant à l'auteur un brevet de grand poète : affaire de placement; ils sèment des admirations pour récolter des admirateurs. Béranger lisait toujours, répondait toujours, et mêlait toujours à la critique le conseil et l'encouragement.

Tel fut l'homme et tel fut le poète. Quelle est la conclusion naturelle de cette double étude? C'est qu'il est impossible de laisser périr une telle mémoire, sans la défendre. Pour moi, c'est plus qu'un besoin, c'est presque un devoir. Il m'a été si paternel, que je désirerais ardemment lui payer quelque peu de ma dette. Il ne s'agit pas de lui élever une statue ; une statue ne fait revivre que la personne ; c'est lui, c'est son talent et son âme qu'il faut perpétuer. Rien de plus simple. Un monument dont il fournira seul les matériaux ; un petit volume composé de deux parties : cent pages de vers, et cent pages de prose. Une anthologie et une biographie.

Pour la première, choisir vingt-cinq ou trente de ses chansons, d'une valeur incontestable et irréprochable. Il importe grandement que ce volume puisse être mis dans toutes les mains. Je voudrais qu'on eût droit de l'appeler *le Béranger des écoles*. J'y joindrais des fragments, pris çà et là ; un couplet, une moitié de couplet, parfois même un vers isolé, car aucun poète, depuis La Fontaine, n'a su faire tenir autant de poésie et de pensée dans quelques syllabes. Je ne manquerais pas de donner place à quelques-unes de ses pièces les plus gaies, ce n'est pas sa moindre originalité que d'être resté, en plein romantisme, un rieur.

Quant à sa biographie, je la demanderais un

peu à tout le monde, et surtout à lui-même. Je puiserais dans sa correspondance, dans ses mémoires, dans ses préfaces. On le trouverait là, peint de sa propre main, avec la plus fine plume de prosateur, et de ce volume, ainsi composé, sortirait une des figures de poète les plus originales et les plus attachantes de notre siècle.

Mon vœu se réalisera-t-il? Je n'en désespère pas. Un jour, au Bois de Boulogne, dans une promenade où je lui parlais de lui, de sa réputation, il s'arrêta tout à coup, me prit la main et me dit : « Savez-vous quelle serait mon ambition? C'est qu'il restât cent vers de moi. » Il en restera davantage.

Béranger a été mis au premier rang par les plus grands hommes de son époque. Gœthe, dans ses conversations avec Eckermann, revient souvent à Béranger, et n'hésite pas à l'appeler un *Poète de génie.*

Chateaubriand, dans la préface de ses *Études historiques*, a écrit textuellement : « Sous le simple titre de chansonnier, un homme est devenu un des plus grands poètes que la France ait produits. Avec un génie qui tient de La Fontaine et d'Horace, il a chanté, quand il l'a voulu, comme Tacite écrivait. »

Dickens m'a dit, à moi : « Savez-vous quel est, parmi nos classes laborieuses et éclairées, le poète français le plus populaire? C'est Béranger. »

Stendhal, si fort vanté aujourd'hui, a dit dans ses *Promenades d'un touriste* : « Béranger est un des plus grands poètes du XIXe siècle. »

Pour moi, si je voulais définir Béranger, je l'appellerais un Franklin poète.

Les ressemblances entre lui et le philosophe américain sont nombreuses.

Même amour de la liberté, même patriotisme, même goût pour le progrès, même désintéressement, même humanité, même mélange d'esprit pratique et de gaîté railleuse, même simplicité d'habitude. Mais Béranger a, de plus, une qualité rare et précieuse, l'imagination. Répandue dans ses œuvres, dans sa vie, elle leur donne un charme d'idéal tout particulier. Franklin s'arrêta toujours à la raison. Il y a en tout de l'*au delà* chez Béranger.

CHAPITRE XIV

Aucune existence n'a été plus honorable que celle de M. Duruy; peu de mémoires ont été plus honorées. Pas une note discordante ne s'est mêlée aux éloges qui lui ont été accordés et qu'il méritait tous. On raconte que, pendant le siège de Paris, un membre de l'Institut, l'amiral B..., passant devant le ministère de l'Instruction publique, vit, à la porte, un factionnaire qu'il crut reconnaître.

« C'est vous, Duruy?

— Oui, amiral.

— En faction devant cet hôtel où vous avez été ministre!

— On ne peut pas toujours être ministre, mais on peut toujours faire son devoir. »

Voilà M. Duruy tout entier. Partout et toujours, dans sa chaire de professeur ou dans son cabinet de ministre, aux Tuileries ou à la tribune, il a été *le Soldat du devoir*, mais, cette fois, avec d'autant plus de mérite que ce n'était pas son devoir : il avait soixante-deux ans quand son confrère le vit, le fusil sur l'épaule.

M. Duruy est un des rares membres de l'Institut qui aient été élus dans trois classes différentes, à trois titres différents : aux *inscriptions et belles-lettres*, comme érudit; aux *sciences morales et politiques*, comme historien; à l'*Académie française*, comme écrivain.

Nos deux fauteuils, à l'Académie, se touchaient; et les deux voisins devinrent bien vite deux amis intimes.

Je n'ai jamais vu académicien si heureux de l'être. Comme je m'étonnais que cet honneur, venu après tant d'autres, lui causât tant de joie :

« Oh! mon cher ami, me dit-il, j'ai occupé, en effet, de très beaux postes : inspecteur général de l'Université, membre du gouvernement, voire même membre de l'Institut; eh bien, aucune de ces distinctions successives ne m'a valu autant de félicitations cordiales que mon titre d'académicien. C'est que, pour le monde, voyez-vous, la seule académie, c'est la vôtre ; il n'y a d'immortels que chez vous. »

L'élévation de Duruy eut quelque chose de .tout à fait exceptionnel. Il gravit tous les degrés du pouvoir, comme les jeunes gens montent les marches d'un escalier, quatre à quatre, par un coup de faveur qui s'est trouvé un coup de justice, et cela, sans que cette extraordinaire fortune étonnât ou choquât personne, et lui inspirât à lui le moindre orgueil. ·

On sait le point de départ de son élévation. L'empereur Napoléon III, s'étant mis en tête d'écrire une vie de César, il lui fallut un collaborateur pour faire les recherches et préparer les documents. On lui indiqua un professeur d'histoire au lycée Henri IV, M. V. Duruy. Quinze jours après, Duruy entrait en fonction ; un mois plus tard, il était en faveur auprès du souverain. Rien de plus explicable. Napoléon III trouvait en Duruy une espèce d'homme qu'il ne connaissait pas, *un être absolument simple*. Il en fut stupéfait et charmé.

Les opinions politiques de Duruy le mettaient pourtant aux Tuileries dans une position bien délicate ; il était républicain! Il s'en tira de la façon la plus inattendue, en restant républicain. Il ne cacha, il ne renia, il ne changea rien de ses principes, et comme il eut le tact de ne pas les afficher, comme, en outre, il apporta dans son travail, une conscience, une science, une sûreté de renseignements, une largeur d'idées véritablement rares, le souverain, qui l'avait d'abord pris en goût, le prit bientôt en amitié; il devina peu à peu dans son collaborateur littéraire un précieux auxiliaire politique, et il le fit entrer dans son gouvernement.

Il n'eut pas lieu de s'en repentir. Peu de ministres de l'Instruction publique ont rendu autant de services que M. Duruy. Il porta, dans une fonction nouvelle pour lui, cette passion du bien qui fait de l'ambition une vertu.

J'allais assez souvent le voir au ministère. Sur une des parois de son cabinet s'étalait, à la première place, une grande carte de France, où les départements étaient teintés de trois couleurs différentes : *blanc, gris, noir.*

« Voyez-vous, me dit-il un jour. Voilà l'objet perpétuel de mon étude. Voilà mon champ de bataille ! Les départements teintés en *blanc* sont ceux où l'on sait très bien lire : les *gris,* ceux où on lit à peu près; les *noirs,* ceux où on ne lit pas. Eh bien ! je suis devant cette carte, comme les conquérants devant le pays qu'ils veulent envahir. Il faut absolument que je conquière ces affreux départements noirs ! que j'en chasse l'ignorance ! je ne serai heureux que lorsque toute ma carte de France sera blanche. »

Les progrès qu'il réalisa dans l'enseignement primaire furent immenses, mais ils ne furent pas les seuls. Il jeta les fondements de l'enseignement moderne, en créant les cours de Cluny ; il préluda à l'éducation publique pour les jeunes filles, en fondant pour elles les cours de la Sorbonne. Dieu sait quelles attaques furieuses lui valut cette innovation ! Mgr Dupanloup le prit violemment à partie, à la Chambre même ; il l'accusa d'arracher les jeunes filles à leurs mères ; et on sait quelle violence impétueuse enflammait la parole de Mgr Dupanloup. M. Duruy n'était pas aussi éloquent que lui ; mais il trouva dans sa conscience d'honnête homme, et dans sa conviction de citoyen, des accents d'une fermeté sincère et mâle, devant lesquels tomba tout l'emportement du fougueux évêque.

Enfin Duruy, vers 1864, eut le courage et la force de nous rendre, en partie, une de nos plus chères libertés, la liberté de la parole publique.

Je puis parler de cet épisode de sa vie ministérielle avec compétence, j'y ai été mêlé, et le fait est assez curieux pour mériter quelques détails.

M. Saint-Marc Girardin professait alors à la Sorbonne; son succès rappelait ceux de Villemain, de Guizot et de Cousin; mais il ambitionnait encore quelque chose de plus. Il rêvait un auditoire plus nombreux, plus mêlé, un auditoire populaire. Il me fit part de son projet, me demanda de m'y associer; et, un jour, nous allâmes, lui et moi, trouver le ministre de l'Instruction publique, M. Duruy, et lui demander l'autorisation d'ouvrir, en plein faubourg, devant un public d'ouvriers, des conférences au profit des exilés polonais. Il nous fallait quelque hardiesse pour faire cette demande, mais il en fallait bien plus au ministre pour l'accueillir. Songez donc! en 1864! quand toutes les plumes étaient muettes! Un ministre, proposer à l'Empereur de nous rendre la liberté de la parole! M. Duruy, qui était un vaillant homme et un sincère libéral, nous reçut à merveille, se montra sympathique à notre projet, mais sans nous en cacher les difficultés. « Que dirait le Conseil des ministres? Que dirait l'Empereur? Enfin, ajouta-t-il, j'es-

saierai. Il y a conseil demain, j'exposerai et
j'appuierai votre demande. Revenez après-
demain; je vous rendrai réponse. » Nous arrivons à l'heure dite. « La séance, nous dit-il,
a été très vive, presque orageuse, mais l'Empereur a tranché la question; voici l'autorisation; seulement on y met une condition dont
j'ai accepté la responsabilité. *Il ne sera pas
parlé politique.* Acceptez-vous? Promettez-vous?»

Promesse! acceptation! remerciements! et,
un mois après, nos séances commençaient,
dans une salle détruite aujourd'hui, la salle
Barthélemy, située derrière le Château-d'Eau,
et contenant trois mille cinq cents personnes.

Saint-Marc Girardin se chargea du discours
d'ouverture, et moi de la conférence proprement dite : J'avais pris pour sujet :

JEAN REYNAUD

Deux jours avant l'ouverture, Saint-Marc
Girardin me fit une singulière confidence :

« Je meurs de peur! me dit-il.

— Vous! après dix ans de succès à la Sorbonne!

— Oh! ce n'est pas la même chose! ce n'est
pas le même public! nous aurons en face de
nous des hommes du peuple. Il ne s'agit pas là

d'avoir de l'esprit, du goût, de l'éloquence si vous voulez. Il faut les *prendre par les entrailles*, comme dit Molière. Est-ce que cela ne vous effraie pas?

— Non, j'ai bien étudié mon sujet, j'ai la conscience de leur apporter un travail sérieux et sain. A la grâce de Dieu!

— Oh! conscrit! me répondit-il en riant; ces gaillards-là ne doutent de rien, parce qu'ils n'ont jamais été au feu. Eh! bien, moi, depuis quatre jours, j'ai la colique. »

Notre première séance fut très brillante; les autres se succédèrent très heureusement, tous les dimanches, pendant trois mois, avec le concours de MM. Jules Simon, Jules Favre, duc de Broglie, etc.; une des dernières fut marquée par un fait assez singulier. C'était moi qui devais prendre la parole, et j'avais choisi comme sujet : *La femme au dix-neuvième siècle.* — La veille au soir, j'étais dans mon cabinet, travaillant encore pour le lendemain, quand, à dix heures et demie, j'entendis le bruit de la sonnette. Qui pouvait venir me voir à cette heure? Mon domestique entra avec cette carte :

SECRÉTAIRE PARTICULIER

DE M. LE MINISTRE DE L'INSTRUCTION PUBLIQUE

« Faites entrer. »

Un homme, jeune encore, se présente, et non sans un certain embarras.

« Vous venez de la part du ministre, monsieur?

— Oui, monsieur, et la commission dont je suis chargé par lui n'est pas sans quelque difficulté.

— Qu'est-ce?

— Ce matin, au Conseil, M. Duruy a été très vivement interpellé par un de ses collègues à cause de vous.

— A cause de moi!

— On a assuré que, dans votre conférence de demain, vous deviez faire l'éloge de Robespierre. M. le ministre a répondu que c'était impossible, attendu qu'il vous tenait pour incapable de manquer à votre promesse. Mais enfin, l'attaque a été si précise, si vive, l'Empereur lui-même en est si frappé, que M. le ministre sent le besoin de répondre demain au Conseil par un mot direct de vous.

— Rien de plus simple, répondis-je très tranquillement, et prenant une feuille de papier, j'écrivis en grosses lettres : « *Je hais Robespierre de tout mon amour pour la Liberté, pour la Justice, et pour l'Humanité.* »

« Je crois que cela suffira, » repris-je en remettant le papier au jeune secrétaire.

A quelques jours de là, je fus appelé aux Tuileries pour présenter à l'Empereur un nouvel élu académique.

« Eh bien, monsieur, me dit l'Empereur, avec ce demi-sourire énigmatique qui le caractérisait, êtes-vous content des conférences de la salle Barthélemy?

— Très content, sire, permettez-moi d'ajouter, très reconnaissant, et je crois que Votre Majesté n'a pas lieu de les regretter. Elles prouvent qu'on peut, sans danger, nous rendre la parole, pourvu que celui qui parle ait une seule préoccupation : ne rien dire qui ne soit utile à ceux qui l'écoutent. »

Ainsi se termina ce petit événement, qui fit quelque bruit à cette époque, qui honore grandement M. Duruy, et resserra singulièrement notre amitié.

Il m'en donna bientôt une marque que je suis heureux de rappeler en finissant.

Un jour, étant encore ministre, il nous engagea, Gounod et moi, à déjeuner, dans sa petite propriété de Villeneuve-Saint-Georges. Au sortir de table, il nous proposa une promenade sur la Seine. Le temps était splendide! une délicieuse matinée d'avril! et nous nous laissions aller au fil de l'eau, quand tout à coup M. Duruy, se retournant vers moi, me dit :

« Il me vient une idée! Legouvé, il paraît que votre père lisait très bien les vers, et que vous tenez de lui.

— Du moins, repris-je en riant, voilà trente ans que je tâche.

— Eh bien! si vous nous récitiez un beau morceau de poésie? Personne ne vous entendra que nous. Les deux rives sont si éloignées, et, en face de ce joli paysage, dans cette solitude, ce sera charmant.

— Très volontiers, repris-je, à une condition, c'est que Gounod nous chantera quelque chose; vous verrez comme il chante!

— Bravo! bravo! reprit Duruy. Ah! mon cher Gounod!...

— Je ne demande pas mieux, reprit Gounod.

— Eh bien! commençons. »

Ce que je récitai, ce que chanta Gounod, je l'ai oublié. Mais ce que je n'oublierai jamais, c'est la figure de notre hôte! Je vis là un Duruy que je ne connaissais pas! Un enfant! un ingénu! un enthousiaste! un poète! Il débordait de joie et de reconnaissance. « Oh! mes amis, que je vous remercie! Vous me faites du bien!

Ce ciel, cette musique, ces vers, cette promenade sur l'eau, tout cela va si bien ensemble ! Un pauvre ministre comme moi a si peu de journées pareilles ! Et j'ai eu une vie si sévère et si sevrée de plaisirs ! »

Quand nous revînmes sur le bord, nous étions émus tous trois, et depuis... depuis que nous avons eu le regret de le perdre, je ne me rappelle jamais ce front mâle, où se peignait son caractère ; ses yeux si vifs, où perçait son intelligence ; cette large bouche cordiale et ouverte, où respirait sa bonté, sans que le souvenir de Villeneuve-Saint-Georges ne vienne jeter pour moi, sur cette physionomie, je ne sais quel reflet d'idéal qui la complète.

CHAPITRE XV

J'étais, à la campagne, chez des amis et avec des amis. La réunion était nombreuse. J'y avais remarqué une dame qu'on pouvait appeler une jeune mère, car sa fille semblait à peine une jeune fille. Toutes deux m'avaient charmé par le goût délicat et sobre de leur toilette, et surtout par une distinction de langage, assez rare aujourd'hui. Un jour, après le déjeuner, la mère vint à moi, et me dit :

« Je voudrais bien que ma fille pût profiter de son heureuse rencontre avec vous. Si je vous demandais pour elle une courte causerie sur un sujet quelconque, poésie... histoire... morale, que diriez-vous ?

— Que je ne peux pas refuser, répondis-je en riant, puisque c'est mon état... Mais d'abord, quel âge a votre fille, et où en est-elle de ses études ?

— Elle touche à ses seize ans, et, après les vacances, elle va commencer un cours complet d'histoire de France.

— Il suffit, j'accepte. Je rêve depuis longtemps à un sujet de conférence assez difficile... Je ferai l'épreuve de mon idée pour votre fille et sur votre fille; à demain! »

I

Le lendemain, la mère et la fille entrèrent à dix heures dans mon cabinet de travail.

« Ma chère enfant, dis-je à la jeune fille, me voilà donc votre professeur pour une heure! J'en suis très heureux, et je voudrais m'en montrer digne. Madame votre mère m'a dit qu'à la rentrée des classes vous alliez suivre un cours complet d'histoire de France. Eh bien! je voudrais que notre entretien fût la première leçon de ce cours, qu'il lui servît de préface, et que son souvenir vous suivît et vous profitât pendant toute la durée de vos leçons. Sur quoi donc portera notre étude? De quelle époque nous occuperons-nous? Est-ce des Carlovingiens? du moyen âge? de la Renaissance? du siècle de Louis XIV? de la Révolution et de l'Empire?... Nullement. Nous allons commencer par la fin. Ce que nous allons étudier, c'est *aujourd'hui...* le *présent :* au lieu de Pharamond, le président de la République. Seulement, expliquons-nous. Je n'entends pas, par le présent, ce qui se passe et ce qui passe, les faits du jour, les événements et les hommes du moment ; non, je parle de ce qui est permanent dans une époque, de ce qui en constitue la vie, de son organisation sociale. » Je m'arrêtai un moment après ce mot, et regardant la mère, j'ajoutai demi-gaîment :

« Je crois voir sur le visage de madame votre mère, que ce mot et la gravité de ce sujet l'effrayent un peu pour une jeune fille, et qu'elle se demande en quoi cette étude, tout abstraite et tout actuelle, pourra vous servir pour l'ensemble de votre cours.

« Je vais vous l'expliquer. Les siècles se suivent, dit-on souvent, on devrait dire qu'ils s'engendrent. Aujourd'hui est le fils d'hier, et de tous les innombrables hier qui le précèdent. Le présent est le résumé du passé. Telle de nos institutions forme à elle seule un chapitre de l'histoire de France tout entier. Donc, étudier ce qui fut, à la lumière de ce qui est, c'est en comprendre le but, c'est en apprécier le développement, c'est en saisir le fil. Beaucoup de faits historiques, étudiés chronologiquement, restent obscurs parce qu'on ne sait pas où ils conduisent. Mais que tels ou tels événements, inexplicables ou monstrueux, vous apparaissent non plus comme une halte dans les ténèbres ou dans le sang, mais comme une étape vers un avenir que vous connaissez, alors tout change, tout s'explique, tout prend de l'intérêt. Comprenez-vous bien ce que je veux dire? Est-ce clair?

— Parfaitement, reprit la mère.

— Je veux vous rendre mon idée plus sensible encore, et mon moyen sera bien simple. Je mettrai en pratique l'invention d'une des femmes les plus distinguées de ce temps-ci, et qui a le plus fait pour l'éducation des enfants et des jeunes filles, Mme Pape-Carpentier. Elle a inventé les leçons de choses. Eh bien! notre leçon d'histoire sera une leçon de choses. Tenez, voyez ce que j'ai mis là sur ma table de professeur. Sont-ce des livres? des notes? Non, rien autre chose que cinq petits imprimés : *un bulletin d'impositions, une carte d'électeur, une citation devant le juge de paix, un appel de service pour un officier de réserve, une invitation de bal à la Présidence.* Or, je vais essayer, à l'aide de ces cinq petits papiers, de vous expliquer, non pas tous les rouages de nos grands ministères, je m'y perdrais et vous aussi, mais de mettre en lumière leur principe, le point qui les distingue du passé. Je veux plus, et, vous l'avouerai-je? je n'aurai atteint mon but que si vous sortez de notre entretien, avec le cœur encore plus français, aimant encore un peu plus notre pays... c'est-à-dire plus fière de ce qu'il est, plus intelligente de ce qu'il fut, plus confiante en ce qu'il sera. »

II

« Commençons par les finances.

« Notre hôte vous a certainement fait voir, dans son jardin, une petite machine fort ingénieuse, de date assez récente, et dont il s'amuse beaucoup. C'est un appareil qui, au moyen du pétrole, fait monter l'eau d'une source souterraine dans un réservoir, d'où elle se déverse et se distribue dans toutes les parties du jardin.

« Or, quel est le modèle de cette pompe aspirante et refoulante. C'est le cœur humain, notre cœur. Lui aussi, il attire à lui notre sang par le canal des veines, pour le répandre par les artères dans tout l'organisme. Eh bien! qu'est-ce que le cœur? C'est le ministère des finances. Ce bulletin d'impositions force l'argent, qui est le sang du corps social, à venir se remettre lui-même entre les mains qui l'appellent, et d'où il se répand dans tous les services de l'État.

Trois traits caractéristiques distinguent ce petit papier :

« 1° Il est envoyé directement par l'État ;

« 2° Il est remis à tous les citoyens, à quelque classe qu'ils appartiennent ;

« 3° Il répartit l'impôt entre tous, en vertu d'un seul et même principe ;

« 4° Il agit au nom d'une loi consentie par l'universalité des citoyens.

En d'autres termes :

« L'État est percepteur ;

« Tous les Français sont égaux devant l'impôt ;

« L'impôt est voté par ceux qui le payent ;

« Rien de plus juste, ce semble, et de plus simple que cette organisation.

« Le croiriez-vous, cependant ! il a fallu quinze siècles de luttes pour en arriver là. L'histoire de l'impôt est un martyrologe. Le cours que vous allez suivre à la rentrée des classes vous fera suivre pas à pas toutes les phases ; vous verrez quelle suite effroyable d'extorsions, de violences, d'iniquités, de sanglants combats ont subi nos pères, pour conquérir ce

dont nous jouissons aujourd'hui. Me trompé-je
en croyant qu'il sortirait de là, pour vous, un
double enseignement? Ce rapprochement perpétuel et forcé entre les deux époques, ne les
éclairera-t-il pas toutes deux? Ne les rendra-
t-il pas plus vivantes toutes deux? N'aurez-vous
pas plus de pitié pour le passé, et plus de reconnaissance pour le présent? Ne vous asso-
cierez-vous pas avec plus d'émotion à toutes
les souffrances de nos pères et ne saluerez-vous
pas avec plus de respect l'ère de justice qui est
la nôtre? Certes, il reste plus d'un progrès à
faire, plus d'un danger à éviter, plus d'un ennemi à combattre; mais nous tenons le principe, et les conséquences légitimes s'en dédui-
ront forcément, par l'exemple même du passé.

« Un dernier mot :

« De cette étude, se dégage, pour moi, un
sentiment assez rare et que je voudrais vous
voir partager, *le respect de l'impôt.*

« Qu'il ait été autrefois oppresseur, spolia-
teur, c'est incontestable; mais, tel qu'il est
établi aujourd'hui, il nous donne bien plus
qu'il ne nous prend : la part qu'il prélève sur
nos biens nous assure la paisible jouissance
du reste. C'est le vrai défenseur de la propriété
et de la liberté. Aussi ne puis-je comprendre

comment les gens les plus probes du monde se permettent, vis-à-vis de lui, mille improbités de détail. On le fraude sans scrupule par des déclarations fausses et par des contrebandes. Croyez-moi, quand vous serez à l'âge où l'on paye les impôts, soyez honnête avec l'État comme avec tout le monde, et si, ce qui est bien permis, vous trouvez les contributions un peu lourdes, je sais un moyen de les alléger : payez-les gaiement! »

III

Je n'entrerai pas dans le détail des autres parties de la leçon, ce récit nous mènerait trop loin ; mais je vais tâcher d'en résumer l'esprit sommairement et avec précision, pour bien faire comprendre mon idée.

J'ai appliqué partout la même méthode que pour le ministère des finances.

Chacun des petits bulletins m'a servi à montrer en action, à mon élève, nos principaux ministères, à en marquer nettement le trait caractéristique, ce qui constitue le progrès.

Pour le ministère de la guerre : le service obligatoire, *toute la nation armée.* Pour le ministère de l'instruction publique : l'enseignement primaire obligatoire, *toute la nation instruite*. Pour le ministère de la justice : l'institution des justices de paix et l'institution du jury ; l'une datant de l'Assemblée Constituante, et joignant la justice conciliatrice à la justice protectrice des droits ; l'autre datant de 1790, et ajoutant la conscience de tous à la science des juges ; achevant de porter la pleine lumière dans les ténèbres des jugements criminels.

Au palais de la Présidence, le principe de l'élection appliqué même au chef de l'État.

Après chacune de ces explications, j'ai fait sentir à mon élève quel intérèt, pour ainsi dire dramatique, cette connaissance du présent ajouterait, pour elle, à l'étude du passé.

« Les transformations de ces divers services publics, lui ai-je dit, se succéderont devant vous comme les actes d'une pièce de théâtre, qui, s'enchaînant logiquement l'un à l'autre, naissant l'un de l'autre, marchent à un but déterminé et certain.

« Enfin, voici une invitation de bal pour la Présidence, qui me rappelle un fait assez frappant.

« Vers 1883, j'entrais un soir à l'Opéra ; je montais le grand escalier ; devant moi, je voyais, à trois ou quatre marches plus haut, un homme à cheveux grisonnants, donnant le bras à une jeune fille : c'était le président de la République. J'avais eu avec lui, avant sa présidence, quelques relations de monde. Il se retourne, me reconnaît, et s'arrête en m'attendant. — « Vous! me dit-il, quand je fus près de lui, je suis heureux de vous rencontrer. Permettez-moi de vous présenter ma fille, et à ma fille. » Il me nomma à elle, et ajouta amicalement : « Voulez-vous me faire un plaisir? Il y a bal dimanche à l'Élysée; acceptez une invitation. Vous avez bien, dans votre nombreuse famille, quelque jeune personne qui danse... »

« Est-ce que cette familiarité, cette simplicité, cette cordialité ne vous frappent pas singulièrement en un si haut personnage? Est-ce que ce souvenir ne rendra pas plus saisissantes pour vous les majestueuses ou redoutables figures de souverains que vous offrira le passé? Est-ce que vous ne suivrez pas avec plus de curiosité toutes les phases qu'à traversées le pouvoir monarchique, pour en arriver à faire du chef de l'État un simple citoyen, et de ce pouvoir qui était le grand ressort de la machine gouvernementale, un balancier qui ne sert plus qu'à imprimer le mouvement et à le régler.

« Je m'arrête, et je termine en vous disant :

« Au début de notre leçon, je vous ai promis trois choses :

« 1° De vous faire comprendre et apprécier la France d'aujourd'hui. Je l'ai fait ;

« 2° De vous intéresser à l'étude de la France d'autrefois. Je l'ai fait ;

« 3° De vous donner confiance dans la France de demain. Je vais tâcher de le faire :

« Il y a vingt-six ans, en 1871, en quel état se trouvait la France ?

« Vaincue, mutilée, découronnée de sa gloire par la guerre étrangère, dévastée et déshonorée par la plus honteuse des guerres civiles, écrasée sous le poids d'une effroyable rançon, déchirée entre quatre partis, elle voyait s'amonceler sur sa tête les plus sombres pronostics ; on lui prédisait une série de révolutions ; l'impossibilité de payer sa dette ; l'occupation indéfinie de son territoire ; l'isolement en Europe ; sa chute irrémédiable au rang des nations secondaires ; et, à brève échéance, la mort du gouvernement qu'elle s'était donné.

« Qu'est-il arrivé ?

« La France est debout, et ce gouvernement a vécu ! Vécu dix ans de plus que les quatre pouvoirs monarchiques qui l'avaient précédé.

« La rançon a été payée avant le terme fixé.

« Le territoire a été délivré avant le terme espéré.

« Il n'a pas éclaté, dans tout le pays, une seule révolte à main armée.

« Les deux plus grandes souverainetés de notre époque, la plus puissante autocratie morale, et la plus puissante autocratie politique, le pape et le tsar, sont venus spontanément à nous, et nous ont tendu la main en amis.

« Le palais de l'Élysée a changé cinq fois de maître, et ces cinq transmissions du pouvoir présidentiel se sont accomplies avec autant de calme que les plus heureuses successions monarchiques.

« Un simple citoyen français, dont le mérite réel n'était rehaussé, ni par l'éclat d'un grand nom, ni par de brillantes actions militaires ou civiles, s'est vu recevoir par un grand souverain, avec autant de pompe qu'un roi, rien que, parce qu'il était le représentant de la France.

« Enfin, chose plus frappante encore, peut-être sans exemple, le traité d'alliance, fait entre les deux chefs d'État, a été contresigné, par acclamation, en face de l'Europe, par les deux nations.

« Qu'en conclure?

« Qu'un pays qui est sorti ainsi d'une telle

crise n'est pas près de voir finir son rôle dans le monde, que Dieu a encore des desseins sur lui; que ce qui nous reste à faire, pour achever notre relèvement, se fera par la force des choses, et que j'ai le droit de vous dire : Notre leçon d'histoire est une leçon d'espérance. »

CHAPITRE XVI

Camille Doucet a laissé à l'Académie plus qu'un regret, il y a laissé un vide. Nous avons tous senti, en le perdant, que nous perdions à la fois quelqu'un et quelque chose, c'est-à-dire, un secrétaire perpétuel inconnu avant lui, et disparu avec lui. Je voudrais essayer de faire revivre, en traits précis, cette aimable figure.

Il avait cela de particulier, qu'il renfermait trois personnes très différentes, presque contradictoires, mais qui se fondaient si bien ensemble, que leur union seule lui a permis de montrer, à la fin de sa carrière, tout ce qu'il était et tout ce qu'il valait.

Ces trois personnes étaient un poète comique, un administrateur et un secrétaire perpétuel de l'Académie.

Le développement successif et simultané de

ces trois personnes est un fait d'histoire littéraire très curieux. On dirait que les circonstances se sont chargées de faire l'éducation
et de préparer la haute position de cet homme
heureux. Chacune de ses facultés, prise à part,
était distinguée sans être supérieure. Leur
ensemble formait une supériorité.

Ses débuts au théâtre eurent lieu à un moment qui n'était guère favorable à ses comédies. Nous étions en plein romantisme! Et, lui,
qu'était-il? Un héritier de Collin d'Harleville et
d'Andrieux. Quelle figure allait faire sa muse
modeste, mesurée, souriante, au milieu de ces
effervescences et de ces luttes, dont quelques-
unes allaient jusqu'à la bataille? Il prit un
parti assez singulier, il n'en prit pas. Au lieu
de se mettre dans un des deux camps, il se mit
dans tous les deux. Il applaudit avec passion
Hernani, en continuant de choisir pour modèles, les *Étourdis* et les *Châteaux en Espagne*.

Était-ce calcul? habileté? manière de se mé-
nager des amis des deux côtés? Nullement. Il
obéit à un sentiment très sincère et très personnel, à une sympathie d'intelligence, qui
égalait sa sympathie de cœur; il faisait bon
accueil à toutes les œuvres remarquables,
comme à tous les braves gens. Camille Doucet

est un des auteurs que j'aie connus, le plus
absolument exempts d'envie et de vanité. Il
n'était pas envieux, parce qu'il admirait ; il
n'était pas vaniteux, parce qu'il se comparait,
et se mesurait.

Bien lui en prit, du reste, d'aimer ce que
faisaient les autres et de faire autrement
qu'eux, car il débuta à l'Odéon par un succès ;
puis, passant les quais, il fixa définitivement
son domicile littéraire rue de Richelieu. Le
Baron Lafleur, les *Ennemis de la maison*, le
Fruit défendu, la *Considération*, très applaudis
d'abord et repris ensuite plusieurs fois avec
faveur, lui donnèrent une place, au second
rang sans doute, mais bien sienne, dans le
grand répertoire de la Comédie-Française. Il y
représenta la poésie légère, aisée, qui tient
peut-être autant de l'épître que de la comédie,
mais qui rappelle les plus aimables vers du
xviiie siècle. Je me souviens encore de la première représentation du *Fruit défendu* ; la salle
était en fête. Jamais je n'ai mieux compris le
sens délicat de ce mot : *Une œuvre qui fait
plaisir*. On reproche à Camille Doucet ses pro-
saïsmes :

Léon, je te défends de brosser ton chapeau.

Augier en a écrit bien d'autres :

Fais-nous faire... tu sais... ce machin au fromage.

Cela fait partie du genre.... Il est vrai que, ce genre, on le déclare mort; mais, avouons-le, il est bien étrange que les mêmes gens qui proscrivent les comédies en vers, veuillent qu'on écrive des opéras en prose.

Voilà le premier Doucet; voici le second.

Chose étrange! ce poète était né chef de division. Il en avait toutes les qualités : ardeur au travail, entente des affaires, ponctualité, facilité de rédaction et d'élocution. Certes, bien d'autres que lui ont écrit leurs premiers vers ou leurs premières scènes sur du papier de bureau et sur un pupitre de ministère. Je ne citerai que Coppée, Gondinet, voire Béranger; mais eux, ils n'entraient dans l'administration que pour en sortir. Camille Doucet y entra pour y rester, pour y faire son chemin, et il le fit si bien que, de grade en grade, à force de prouver sa valeur bureaucratique, il se trouva porté à la direction d'un des plus importants services de son administration : la direction générale des théâtres.

En apparence, ce n'était qu'un pas de plus dans sa carrière; en réalité, c'était une vie nouvelle qui s'ouvrait devant lui.

Comme la liberté des théâtres n'existait pas
à ce moment, puisque c'est lui qui l'a créée,
toutes les scènes, petites ou grandes, subven-
tionnées ou non, tombèrent sous son autorité.
Tous les artistes, auteurs ou interprètes, lyri-
ques ou dramatiques, relevèrent plus ou moins
de lui; ils vinrent presque tous chercher en
lui un arbitre, un intermédiaire, un conseiller,
un appui; mais, du même coup, par un hasard
providentiel, ce grand pouvoir obtenu par
C. Doucet donna pleine satisfaction à son goût
le plus passionné et à ses qualités les plus délicates.

Grande est l'erreur de ceux qui croient que,
quand on fait des pièces de théâtre, on aime,
par cela seul, à en voir. C'est une affaire de
tempérament. Scribe voyait tout; Labiche ne
voyait presque rien. Augier, Dumas, Sardou, ne
sont nullement des habitués de l'orchestre.
d'Ennery, m'a-t-on dit, n'assiste presque jamais
à aucune de ses représentations, et rarement à
celles des autres. Or, Camille Doucet aimait le
spectacle autant que Scribe! Sous toutes ses
formes! dans tous ses genres! Le croirait-on?
à quatre-vingts ans, à quatre-vingt-trois ans,
il l'aimait comme au premier jour. Cet hiver
encore, il n'a pu résister à aller, entre deux

bronchites, assister au triomphe de *Giboyer*, de l'*Ami des femmes*, de *Pour la Couronne*. Pendant ses dernières années, il avait, comme nous tous, laissé en route quelque peu de sa finesse d'oreilles. Tapi au fond de sa loge, il n'entendait pas absolument tout; n'importe! il écoutait avec les yeux; il devinait ce qu'il ne saisissait qu'à demi; et si, pour lui, le dialogue tournait un peu trop à la pantomime, eh bien, la pantomime... c'est encore du spectacle, et cela l'amusait toujours.

De tous les théâtres, celui qu'il affectionnait le plus, c'était le Théâtre-Français. Son cher Théâtre-Français! C'était pour lui comme une petite patrie. Que de fois l'a-t-on vu, à l'époque de sa direction, sous l'Empire, prétexter du voisinage pour traverser la rue et monter tout doucement au cabinet de l'administrateur général du Théâtre-Français. Qu'allait-il y faire? Causer. De quoi? De tout : d'une scène qui l'inquiétait dans une pièce nouvelle; d'un décor nouveau; d'un jeune artiste à encourager; d'un auteur émérite à satisfaire, d'un engagement à contracter. C'est lui qui a fait entrer Bressant à la Comédie-Française; c'est lui qui y a ramené *Hernani*, sous l'empire. Là se montrait, dans toute sa grâce, et dans toute sa force, sa qualité dominante : la serviabilité.

Il était serviable de la tête aux pieds. Serviable d'esprit, serviable de cœur, serviable de jambes et, ce qui est plus rare, serviable de bourse. On prétend qu'il laisse des mémoires. Ils seront forcément incomplets. Ils ne diront jamais tous les services qu'il a rendus, tous les ingrats qu'il a faits, et dont il ne s'est vengé qu'en les obligeant encore. Ne lui en sachons pas trop de gré : il était généreux par tempérament, par nature, malgré lui..., ce qui, après tout, est peut-être la meilleure manière d'avoir des vertus solides.

Enfin n'oublions pas un dernier fait qui achève notre étude sur cette curieuse personnalité.

Ses hautes fonctions mettaient Camille Doucet en relations avec les personnages les plus considérables de la cour, avec le souverain lui-même. Les fêtes, les bals, les cérémonies, ne l'appelaient pas seuls aux Tuileries. Le directeur des théâtres avait à y traiter des questions difficiles, à y conduire des négociations délicates. Là se développèrent ses dons naturels de finesse, de tact, de mesure, de goût. Il y apprit l'art de manier les choses et les gens, et sortit de cette nouvelle épreuve, homme du monde accompli.

Arrivons au troisième Camille Doucet, et voyons ce qu'il a dû aux deux premiers.

La grande ambition de sa vie avait été de pouvoir écrire sur sa carte : « Membre de l'Académie française ». Tous les autres titres n'étaient pour lui que secondaires à côté de celui-là.

Or, qu'arriva-t-il quand se produisit sa candidature? C'est que, tout ce qu'il avait fait de bien s'ajoutant à tout ce qu'il avait écrit de distingué, l'Académie accueillit avec une double faveur cet homme de talent, qui avait tant de cœur, j'ajoute et tant d'esprit, car il en avait beaucoup, et du meilleur, moitié bonne grâce, moitié gaieté railleuse : la bonne grâce faisant passer la raillerie ; la raillerie donnant du piquant à la bonne grâce.

Je n'ai jamais vu académicien plus content et plus modeste. Comme il faisait bon marché de son mérite! Certes, il était très fier d'appeler M. Guizot ou Lamartine ses confrères, mais il semblait presque s'en excuser auprès d'eux. Je le vois encore, quand il regardait M. Villemain assis au bureau, à sa place de secrétaire perpétuel et parlant. Quelle eût été sa surprise si on lui eût dit que, quelques années plus tard, il occuperait cette même place, qu'il serait, lui aussi, la plume de l'Académie! la voix de l'Académie! le représentant de l'Académie! et qu'il la représenterait, aussi bien que ses devanciers, en faisant tout autrement qu'eux.

Camille Doucet, en effet, inaugura son secrétariat perpétuel par deux innovations qui furent presque des révolutions. D'abord, *il fit de son salon le salon de l'Académie.* Pour débuter, bouleversement des lieux mêmes! changement complet de décor! Les quatre ou cinq petites pièces obscures, étroites et encombrées, se métamorphosent en un bel appartement de réception. Des vitraux, au lieu de vitres; des portières, au lieu de portes; partout des tableaux, des objets d'art; çà et là, des tables chargées de bibelots et figurant le tohu-bohu charmant des plus élégants salons aristocratiques.

Même métamorphose dans les invités. Camille Doucet y appela... *le monde!* Comme ses diverses fonctions l'avaient mis en rapport avec toutes les classes de la société, le grave palais de l'Institut ne vit pas sans étonnement ces réunions de jour et de soir, si brillantes, si variées, si amusantes! On y trouvait de tout : à côté des divers membres de l'Institut, des

25.

ambassadeurs, des ministres passés, présents
et futurs, des candidats à la veille d'être élus,
et des candidats qui ne le seront jamais : un
mélange tout à fait charmant de femmes élégantes, riches, titrées, spirituelles, jolies; puis,
parfois, une étoile de la Comédie-Française,
traversant tous les groupes et laissant derrière
elle son petit sillon lumineux. Mais, fait plus
curieux, ce salon si gai était celui où il se
disait peut-être le moins de mal du prochain.
Je sais bien pourquoi. Pour créer un salon, il y
a une chose indispensable : c'est une femme.
Or, Camille Doucet en avait deux, sa femme et sa
fille. Toutes deux bienveillantes et sympathi-
ques de nature, comme lui; elles donnaient le
la de la courtoisie et de la bonté. Il était
l'honneur de ce salon, elles en étaient le
charme.

Restait la partie la plus difficile de son rôle
de secrétaire perpétuel, le rapport annuel.

Les noms de ses devanciers étaient bien
propres à l'effrayer. Il n'avait ni l'éloquence
et l'élévation de vues de Villemain, ni la forte
culture littéraire de M. Patin; de plus, une
partie notable des matières qu'il avait à traiter
lui était étrangère.

Rien de plus frappant que la façon dont il

s'y prit pour suppléer à ce qui lui manquait,
ou le compléter.

Membre de toutes les commissions, de par
le règlement, il assistait à toutes les séances
importantes; il s'instruisait en écoutant. Il
prenait en note tout ce qui s'y disait d'intéressant et de nouveau; le concours jugé, il priait
chacun des rapporteurs de lui donner un court
résumé de ce qu'il avait dit ou écrit; puis, le
printemps venu, il rassemblait tous ces éléments et les fondait dans son propre travail,
en les marquant de son empreinte, en y faisant
sa part. Cette part était double. Auteur dramatique, il y apportait les deux qualités fondamentales de notre art : d'abord le *talent de faire
un plan*, c'est-à-dire de répandre, dans l'ouvrage le plus confus, l'ordre et la progression;
puis, de *mettre les choses à l'effet*. C'est pour
nous, au Théâtre, une condition de succès *sine
qua non*.

Le public accepte les idées les plus sérieuses,
les conceptions les plus élevées, mais il lui
faut, de temps en temps, un mot plaisant qui
l'égaye, un mot touchant qui l'émeuve; eh
bien! Camille Doucet appliquait, quai Conti, ce
qu'il avait pratiqué rue de Richelieu. Il eut
l'art de semer çà et là, dans ses rapports, des

phrases courtes, qui résumaient les sujets les plus graves sous une forme piquante; ajoutez encore le tact, le goût de l'homme du monde, qui sait, en restant sincère, mesurer l'éloge, tempérer la critique, parler de tout sobrement, discrètement, indiquer, d'un trait rapide mais vif, ce qui pour d'autres demanderait une page; et de tout cela sortait une œuvre à la fois sérieuse et légère, amusante et instructive : *Res alata*, comme disaient nos maîtres, et qui constitua la partie la plus personnelle, la plus originale peut-être du talent de notre ami. Son succès a été tel qu'il a rejailli même sur ses ouvrages précédents : car c'est un fait incontestable, le répertoire de Camille Doucet est en plus grande estime aujourd'hui qu'autrefois. Le secrétaire perpétuel a rendu à l'auteur dramatique le service qu'il en a reçu. Quelle jolie société de secours mutuels!

Qu'on me permette de m'arrêter un moment sur un souvenir qui me reste de lui.

C'était le jeudi 29 mars 1895. Je le vois encore, entrant dans la salle de nos séances, enveloppé dans sa grande redingote, sa petite calotte de velours sur la tête, un peu voûté, un peu cassé, car l'hiver avait fort pesé sur lui, mais les yeux plus brillants que jamais de gaieté et de malice. Le dirai-je? Avec ses regards de bas en haut, sa lèvre inférieure avançant, et son sourire, il y avait dans sa figure quelque chose du masque de Voltaire.

Il vint à moi en me disant, avec un accent plus ému qu'à l'ordinaire. « Cher! cher! » puis il me tendit... sa main?... Hélas! non, son coude. Ses pauvres doigts, gonflés et raidis par le rhumatisme, n'osaient pas s'aventurer dans les étreintes un peu trop brusques, trop vives.... Cela devait lui coûter beaucoup. Il vous offrait la main si cordialement et serrait la vôtre si affectueusement! Son infirmité lui causait une peine plus grande encore.... Il ne pouvait plus écrire. Son dernier rapport, si brillant, lui a coûté les plus vives souffrances. Il ne l'a achevé que soutenu par l'idée de faire tout haut l'éloge de celui qu'il appelait son enfant, de Déroulède.

Il me disait toujours : « C'est fini, je n'en ferai plus! » Je le querellais là-dessus : « Taisez-vous donc, répondais-je..., vous n'avez jamais eu plus de talent. » Je lui rappelais le mot de M. Pasquier : « Il ne faut jamais cesser de faire ce qu'on fait encore bien ». Et j'ajoutais : « Ne quittez pas votre plume! ne quittez pas votre plume! » Hélas! pauvre ami! ce n'est pas lui qui l'a quittée, c'est elle qui lui est tombée des mains !

Quatre jours plus tard, il rentra chez lui à dix heures, gai, heureux ; il s'est couché et, à quatre heures du matin, un léger soupir, un petit arrêt du cœur, et puis plus rien !... Oserai-je le dire ? je ne le plains pas, je l'envie. Quelle belle et douce fin ! Mourir jeune à quatre-vingt-trois ans ! mourir sans souffrances ! éviter les infirmités qui vous guettent ! échapper à l'horrible douleur de survivre aux siens, de se survivre à soi-même ! Oh ! certes, cette dispari-tion subite est un terrible coup pour ceux qui restent, mais pour eux-mêmes, après les pre-miers transports du désespoir, n'y a-t-il pas une grande consolation à se dire que celui qu'on a tant aimé a eu la rare, la merveilleuse fortune de mettre en œuvre, de mettre en lumière tous les dons de son heureuse nature ; de n'en pas perdre un seul, et de les avoir réunis tous, dans cette dernière période de sa vie, comme pour la couronner ?

CHAPITRE XVII

DEUX SOUVENIRS ACADÉMIQUES.

L'Académie, en 1896, m'a donné une double marque de confiance dont je suis heureux et fier, dans deux circonstances solennelles. Elle a bien voulu me choisir pour la représenter et prendre la parole en son nom, le jour de la visite de Leurs Majestés Impériales, et le jour de la translation des restes de Pasteur à l'Institut de la rue Dutot.

ALLOCUTION AU TZAR ET A L'IMPÉRATRICE.

Sire, Madame,

Il y a près de deux cents ans, Pierre le Grand, au cours de son voyage à Paris, arriva un jour, à l'improviste, au lieu de réunion des membres de l'Académie, s'assit familièrement au milieu d'eux, et se mêla à leurs travaux. Cette visite, si pleine de cordialité, est restée dans nos archives comme un de nos plus précieux souvenirs.

Votre Majesté fait plus encore aujourd'hui; elle ajoute un honneur à un honneur, en ne venant pas seule. Votre présence, Madame, va apporter à nos graves séances quelque chose de bien inaccoutumé... le charme.

Comment remercier Vos Majestés de daigner prendre place dans cette petite salle? Le meilleur moyen est, ce me semble, de vous donner une idée de ce qui s'y passe, de vous faire assister à une de nos séances ordinaires, de vous montrer les académiciens... à l'ouvrage. L'empereur du Brésil a pris part plus d'une fois à nos discussions philologiques; le grand-duc Constantin a paru s'y plaire; cela nous laisse espérer que Vos Majestés ne regretteront pas trop les quelques moments qu'Elles veulent bien nous consacrer, et dont nous sentons tout le prix.

Me sera-t-il permis de le dire? Ce témoignage de sympathie s'adresse, non seulement à l'Académie, mais à notre langue nationale elle-même, qui n'est pas pour vous une langue étrangère, et l'on sent là, je ne sais quel désir d'entrer en communication plus intime avec

le goût et l'esprit français. Une telle bienveil-
lance nous enhardit; elle nous reporte à votre
immortel ancêtre; sa visite se relie pour nous
à la vôtre, et, dans notre gratitude, nous osons
adresser une prière à Vos Majestés : souffrez
que nous fêtions par avance, dans ce jour, le
bi-centenaire de l'union cordiale de la Russie
et de la France. »

*
* *

Leurs Majestés Impériales quittèrent Paris le
8 octobre. Quelques jours après leur départ,
il me vint une idée qui me parut le complément de mon discours, je la publiai dans une
Revue, et je la reproduis ici avec son titre :

*
* *

UNE GRANDE DUCHESSE DE UN AN.

Les manifestations publiques les plus écla-
tantes, les cérémonies solennelles qui sont
des pages d'histoire, se rattachent parfois à
nos sentiments de famille les plus intimes par

un fait accessoire, dont la valeur ne se dégage qu'avec le temps et la réflexion.

Personne de nous qui ait suivi sans émotion le passage de cette petite grande-duchesse à travers nos fêtes. Il y avait un contraste émouvant entre l'âge de cette enfant et son titre; entre ces splendeurs grandioses et l'apparition de cet être ingénu. Les hasards de ses promenades dans Paris nous intéressaient. Sa voiture reconnue et acclamée, ses petits cris de joie, ses petites mains s'agitant comme pour remercier, mettaient entre elle et la foule je ne sais quelle familiarité affectueuse. On raconte qu'à Versailles, dans un moment d'attente, un homme s'écria dans la foule : « Les voilà! » une femme du peuple répondit : « Mais non! c'est Olga. » On dit aussi que, de toutes les acclamations enthousiastes, celle qui touchait le plus le tzar, c'était : *Vive la grande-duchesse Olga!* Mais, chose singulière! ce que ce spectacle avait de charmant, nous cachait ce qu'il avait de sérieux, et ce n'est que depuis le départ, depuis que le silence s'est fait en nous et autour de nous, que nous avons compris la signification profonde de cette présence à Paris, d'une grande-duchesse d'un an.

Quel signe des temps! Quelle preuve irréfutable de la place immense qu'occupent aujourd'hui les enfants dans notre vie! Comme ce petit berceau transporté de si loin, à travers tant de cours souveraines et tant de foules, en dit plus que toutes les dissertations du monde, sur le triomphe des sentiments naturels dans la famille d'aujourd'hui.

Un fait curieux, c'est que le grand-père du tzar actuel, Alexandre II, nous a donné un semblable exemple, il y a trente ans. En 1865, l'empereur de Russie traversa l'Europe entière pour aller embrasser une dernière fois son fils mourant, à Nice. Quel souverain, il y a un ou deux siècles, aurait eu un pareil désir ou aurait osé le satisfaire? Il aurait cru manquer à sa dignité de roi et même de père. La hiérarchie réglait tout dans la famille, comme dans l'État. Partout l'étiquette commandait aux mouvements du cœur ou en dominait l'expression. Dans notre siècle, le cœur règne même sur le trône, et l'on a vu alors, dans Alexandre, le tzar s'effaçant devant le père.

Aujourd'hui son petit-fils a fait bien plus encore. Il n'a pas seulement contrevenu à tous les usages, il a osé braver les critiques, les moqueries contenues, voire même les reproches, en embarquant un enfant à la mamelle,

dans ce voyage au long cours; et cela, il l'a fait
non pas comme son aïeul, sous le coup d'une
douleur poignante, dans une crise de désespoir, mais pour obéir à un sentiment tout
intime, à un simple besoin de tendresse paternelle. Comment les choses se sont passées?
On le devine. Au milieu des préparatifs du
départ, une commune tristesse les aura saisis
tous les deux : la vue de cette enfant leur
aura serré le cœur; l'idée de se séparer d'elle,
et pour un si long temps, leur aura gâté
toutes leurs joies futures, et un jour ils se
seront dit... peut-être tous les deux à la fois :
Si nous l'emmenions? Et ils l'ont emmenée!
Et ils nous l'ont amenée! et ils nous ont
montré, dans un empereur et une impéra-
trice, un père et une mère, pareils à nous
tous. Dirai-je ce que je me suis imaginé? Il
m'a semblé qu'au milieu de toutes ces journées
de fêtes, ils n'avaient pas de meilleur moment
que le soir, quand ils entraient ensemble dans
cette chambre attenante à la leur, qu'ils s'ap-
prochaient doucement et embrassaient sans
l'éveiller l'enfant dans son berceau. Chère
petite endormie! elle a formé un lien de plus
entre la Russie et nous. Son père, en venant
à Paris, cimentait son pacte d'union avec la

Nation française : en amenant sa fille il a fait alliance avec la *Famille française*.... Je dis française, car, ne l'oublions pas! c'est la France qui a donné le signal de ce grand progrès dans les mœurs. C'est notre code civil, qui, en abolissant le droit d'aînesse, et en mettant les filles et les fils sur le même rang, a modifié les rapports des parents et des enfants; c'est lui enfin qui a permis à l'affection, à la tendresse, de prendre leur place prépondérante jusque dans l'exercice de l'autorité paternelle.

C'est le 21 décembre 1896 qu'ont eu lieu les secondes obsèques de Pasteur. Ceux qui y ont assisté ne pourront les oublier. Cette crypte disposée en chapelle, cette chapelle élevée par la pieuse tendresse de sa veuve et de ses enfants et transformée en une merveilleuse œuvre d'art; ces murs revêtus de splendides mosaïques, ce mélange harmonieux de paysages, de tableaux à figures, de personnages symboliques et d'êtres réels, de scènes rustiques, de feuillages, d'animaux, le tout représentant les divers travaux du Maître, et se détachant sur un fond d'or éblouissant de lumières, changeaient cette cérémonie funéraire en une sorte d'hosannah.

Le Ministre de l'Instruction publique a parlé d'abord ; ensuite vinrent deux ou trois autres discours officiels, puis le mien.

Allocution aux obsèques de Pasteur

Messieurs,

Il y avait deux hommes dans Pasteur : un savant et un croyant. Mais jamais, — chose frappante ! — ces deux hommes ne cessèrent d'être pour lui, et en lui, deux personnalités absolument distinctes. Il est également jaloux des droits de l'une et de l'autre ; il veut la liberté absolue pour l'une comme pour l'autre, et son discours de réception à l'Académie française n'est que l'éloquent témoignage de cette puissante et extraordinaire dualité.

Qui de nous ne se rappelle cette mémorable séance ? Notre coupole n'avait, je crois, jamais entendu de tels accents.

Il fit d'abord, avec une admirable puissance

de dialectique, l'analyse de sa méthode expérimentale. Il en fit sentir toute la vérité ; il en déduisit toutes les conséquences ; nul savant ne se montra plus vraiment homme de science, c'est-à-dire ne mit plus de rigueur dans ses démonstrations et plus de conviction dans ses principes.

Puis, amené par la nature même de ses travaux, à faire un pas de plus dans les mystères de la création et dans l'étude de l'infini, il s'écria : « Celui qui proclame l'idée de l'infini « accumule dans cette affirmation plus de sur- « naturel qu'il n'y en a dans tous les miracles « de toutes les religions ! car la notion de l'in- « fini a ce caractère de s'imposer et d'être « incompréhensible. Quand cette notion s'em- « pare de l'entendement, il n'y a qu'à se pros- « terner ! Il faut demander grâce à sa raison ! « Les ressorts de la vie intellectuelle mena- « cent de se détendre ! on se sent près d'être « saisi par la sublime folie de Pascal. Le sur- « naturel entre dans votre cœur, l'idée de Dieu « n'est qu'une forme de l'idée de l'infini. »

Ces mots, prononcés avec une émotion profonde, firent courir dans toute l'assemblée un frisson d'enthousiasme et de foi ! Les applaudissements éclatèrent de toutes parts. C'est

que cette parole répondait à l'ardent besoin
de milliers de cœurs. Grande est l'erreur de
ceux qui pensent que le monde se partage en
athées et en croyants : entre ces deux extrêmes,
s'agite une foule de consciences troublées, d'esprits pleins d'angoisse, qui sentent l'idée de
Dieu leur échapper! Ils le cherchent, et ne le
trouvent plus! Ils l'invoquent, et ne l'enten-
dent plus! La seule croyance qui leur reste est
l'amer regret de ne plus croire. Quel *Sursum
corda* pour eux qu'un tel *credo* parti publique-
ment d'une telle bouche! J'en connais plus
d'un qui y a trouvé la lumière qui guide et la
voix qui sauve! Oui! si les découvertes scientifiques de Pasteur ont fait de lui le bienfaiteur
du pauvre corps humain, on peut dire qu'en
conciliant dans sa personne la science et la
foi, il a été le bienfaiteur des âmes.

CHAPITRE XVIII

LES TROIS DUMAS[1].

Certes, le général noir, Alexandre Dumas, a, été une créature bien extraordinaire.

Certes, son fils était un être phénoménal. Certes, notre Alexandre Dumas, troisième du nom, tient dans son art une place qui n'est qu'à lui.

Mais il y a quelque chose de plus étonnant encore, c'est la façon dont ce père, ce fils et ce petit-fils se sont fondus ensemble, s'ajoutant l'un à l'autre, influant sur la nature l'un de l'autre, complétant la vie l'un de l'autre et arrivant à ce résultat inouï : rester trois et ne former qu'un. Ce ne sont pas trois individus, c'est une race. Ce ne sont pas trois drames, c'est une trilogie. Quelle leçon d'atavisme en action! Quel argument pour l'abolition de l'es-

1. Cette étude sur Alexandre Dumas a paru quelque temps après sa mort.

clavage! Allez donc parler de l'infériorité de la race noire, quand vous voyez sortir d'une famille d'esclaves trois pareils exemplaires de l'homme!

L'aïeul a fourni le moule et le métal. Le métal est solide, le moule est superbe. Six pieds de haut! Une musculature à la Michel-Ange! Une forêt de cheveux noirs, crépus, entortillés, se tenant debout et formant couronne autour de sa tête! Des yeux à la fois noirs et étincelants, comme des charbons allumés. Un teint d'ébène poli, des dents de coco, des lèvres couleur de sang! Le dedans est pareil au dehors : on dirait que le soleil des Antilles a fait pousser en lui des qualités d'audace, d'énergie, de passion, gigantesques comme les végétations tropicales. A cheval, c'est un centaure; à pied, c'est un hercule; dans la bataille, c'est un héros.

Arrive celui qui sort de lui. Le type a un peu baissé. Cinq pieds dix pouces... pas plus! Mais c'est la même exubérance de vie, le même bouillonnement de sève, le même esprit d'aventures héroïques! Seulement, le fils a changé d'arme. Au lieu d'une épée, une plume. Mais, quelle plume! Créatrice, féconde, jetant dans le monde tout un peuple d'êtres où revit son père! Qu'est-ce, en effet, que d'Artagnan, Porthos, Bussy, Chicot, La Môle, sinon le général noir, aux seizième et dix-septième siècles, c'est-à-dire le chevaleresque mêlé à l'héroïque! Le fils a jeté sur la race un rayonnement de gaieté, de bonté, d'esprit, d'imagination; c'est la gloire poétique greffée sur la gloire militaire! La grâce française unie à la fougue africaine. Quel joli croisement de races!

Arrive enfin le troisième porteur du nom. Qu'a-t-il ajouté à l'héritage paternel et que doit-il à ses pères? Il leur doit d'abord ce qu'il était à vingt ans. Plus rien d'un colosse, mais un grand garçon bien découplé, bien membré, agile, adroit, actif, la mine vaillante, la moustache retroussée, la lèvre souriante, moqueuse, un peu insolente, enfin... quelqu'un. Un seul trait détonne sur cette figure, c'est l'œil. On m'a raconté que, dans une ancienne famille, un vieux serviteur, venant rendre hommage à un petit baron né de la veille, le regarda attentivement et dit : « Ça, c'est la bouche de monsieur! Ça, c'est le front de madame! Mais ce nez-là n'est pas d'ici! » Eh bien, j'en dirai autant de l'œil de Dumas. Globuleux comme pour voir de plus de côtés à la fois, observateur, inquisiteur, inquiet, se portant sans cesse

de droite à gauche, mélancolique... Mélancolique un œil qui s'appelle Dumas! et bleu! c'est
un intrus dans la maison, c'est un œil du Nord,
c'est un œil slave! Soit! Mais que vient-il
faire là, cet œil slave, troublé, troublant,
chargé de toutes les brumes du Nord? Que
signifie-t-il, sinon qu'un flot de sang nouveau
est entré dans ce sang tropical? Suivons-le
donc à la trace, comme on s'amuse à suivre,
à la sortie de Lyon, l'eau jaunâtre de la Saône
se mêlant à l'eau verte du Rhône, et voyons
ce qui va résulter de ce mélange.

Quand on compare l'auteur des *Mousquetaires* à l'auteur du *Demi-Monde*, on reste stupéfait. Jamais un père et un fils n'ont été si
pareils et si dissemblables. Ils suivent la même
carrière l'un et l'autre; ils ont autant de talent
dramatique l'un que l'autre; autant d'esprit
l'un que l'autre; autant d'audace et d'initiative
l'un que l'autre; mais ce n'est ni le même
esprit, ni la même audace, et ils marchent par
deux chemins absolument différents vers le
même but. Le père est un spontané, un
instinctif, un improvisateur; le fils, un réflé-
chi, un patient, un méditatif. Le génie du
père ressemble à un torrent qui coule à pleins
bords et même par-dessus bords. Le talent du

fils, contenu, circonscrit, est une source qui creuse profondément son lit. Le père n'a qu'un objet : faire rire et faire pleurer. Le fils y ajoute : faire penser. Dès la première pièce du fils, la similitude et la différence éclatent. Qu'est-ce, en effet, que la *Dame aux camélias?* En apparence, une aventure de jeunesse racontée par un jeune homme, avec la verve paternelle.

En réalité, ce n'est pas moins qu'une révolution dramatique. Seulement, l'auteur ne s'en doute pas. Il ne sait pas où il va. Mais une force cachée et toute-puissante le pousse... l'instinct, la vocation. Marguerite Gautier, la courtisane poétisée, ne monte pas seule sur la scène; elle y entraîne après elle toute une caste, tout le peuple des femmes déchues, ou prêtes à déchoir. Voilà les modèles futurs du poète et voilà sa place dans son art. C'est un peintre de mœurs, c'est un moraliste. Que nous sommes loin de la *Tour de Nesle* et de *Mademoiselle de Belle-Isle!*

A sa troisième pièce, le jeune auteur se révèle aux autres et à lui-même. Le *Demi-Monde* ne porte pas seulement la marque d'un talent dramatique de premier ordre; c'est l'œuvre d'un observateur original. Dumas a découvert dans

Paris un coin de société inconnu : il le peint, il le juge, il le nomme.

Le temps marche, les œuvres se succèdent, la pensée de l'auteur s'accentue. Il prend en main la cause de la fille-mère dans le *Fils naturel*, dans les *Idées de Mme Aubray*, dans *Monsieur Alphonse*, dans *Denise*; il peint spirituellement, dans le *Père prodigue*, la courtisane homme d'affaires; dans l'*Ami des femmes*, il réconcilie le mari avec la femme; dans l'*Étrangère*, il délivre la femme de son mari; dans la *Femme de Claude*, il inaugure la théorie de *Tue-la!*

Après ses pièces, ses préfaces; de moraliste il devient philosophe. Il dogmatise ce qu'il a dramatisé. Il aborde toutes les questions sociales qui touchent aux femmes, la séduction, la recherche de la paternité, l'adultère, le divorce. Il va plus loin, il prend à partie le sexe tout entier.

Personne n'en a jamais dit tant de bien et tant de mal. Il défend les femmes et il les méprise. Il réclame pour elles des droits égaux à ceux des hommes, tout en leur refusant le bon sens d'un garçon de quatorze ans, et, dans cette lutte fiévreuse *pour et contre l'éternel féminin*, il concentre, il fond ensemble toute la puissance dramatique de son père, toute la combativité de son grand-père et toute sa force personnelle de logicien, de dialecticien, de penseur; c'est un remueur d'idées, parfois paradoxal, chimérique, mais toujours intéressant parce qu'il est sincère, et passionnant parce qu'il est passionné.

En veut-on la preuve? Que l'on compare les *Fourchambault* d'Émile Augier et le *Fils naturel*. C'est le même sujet, les mêmes personnages, la même situation : une fille séduite abandonnée; un fils élevé par la mère seule; un séducteur marié, qui est ruiné par sa femme et sauvé par le fils qu'il a renié. Seulement, dans la pièce d'Émile Augier, tout est touchant, intéressant, habile, amusant. L'œuvre de Dumas est plus forte, plus puissante, mais amère et pénible. Pourquoi? Parce qu'Augier n'a cherché, dans les *Fourchambault*, qu'une œuvre d'art, tandis que Dumas a poursuivi, avant tout, le châtiment d'une grande lâcheté; le *Fils naturel* est un réquisitoire! Dumas envoie devant les assises de la conscience publique le séducteur qui a abandonné son fils! Il l'abaisse devant son fils! Il le punit par la générosité de son fils! Il l'exécute! C'est un justicier.

On conçoit qu'un tel esprit ne s'arrêtât devant rien. Le scandale ne lui fait pas peur, il l'excite, il le tente! Je me rappelle que, quelques jours avant la publication de l'*Affaire Clémenceau*, je me trouvais à dîner avec lui. « Eh bien, lui dis-je, croyez-vous à un grand succès? — *Ce que ça va les faire gueuler!...* » me répondit-il en riant. Je laisse au mot sa crudité, car il est typique. N'y voyez pas, de la part de Dumas, le désir de faire du tapage et le goût de la réclame? Non! C'est conviction profonde qu'il est dans le juste, qu'il est dans le vrai et qu'il faut faire cabrer le cheval pour le dompter plus sûrement. L'événement lui a donné raison. Il l'a dompté.

Il y a là un fait littéraire bien curieux.

Depuis cinq ou six ans, les pièces de Dumas, au lieu de se démoder, reviennent à la mode. Le *Fils naturel*, le *Père prodigue*, *Monsieur Alphonse*, repris à l'Odéon avec une interprétation relativement inférieure, ont eu un succès plus général qu'autrefois. Ce qui avait choqué ne choque plus. Ce qui avait plu, plaît davantage. Enfin, dernière preuve éclatante : au printemps dernier, l'*Ami des femmes*, presque tombé, il y a quelque trente ans, au Gymnase, a obtenu au Théâtre-Français un triomphe.

Pourquoi? Rien de plus simple. Parce que Dumas a eu, en 1864, *le flair du public...* de 1895. Il a deviné ce que nous aimerions. Ce n'est pas lui qui est venu à nous, c'est nous qui avons été à lui. Ses personnages de femmes, Mme de Simerose et Balbine, sont le portrait anticipé de nos névrosées actuelles. *L'Ami des femmes* est *une pièce d'aujourd'hui...* mais faite par un *homme d'autrefois*, c'est-à-dire amusante, spirituelle et bien faite. De là, l'enthousiasme universel. Les deux générations y ont trouvé leur compte. Les hommes de jadis ont applaudi la forme, le tour, le talent; la jeunesse présente a crié bravo aux idées, aux personnages même, et la réputation de l'auteur est montée jusqu'à la gloire.

Entendons-nous, pourtant : l'enthousiasme n'a pas été sans quelques sérieuses réserves. Des personnes considérables ont dit : « Sans doute, M. A. Dumas est un cerveau puissant, un auteur dramatique de premier ordre, et personne ne connaît aussi bien que lui le monde qu'il connaît; mais personne n'ignore davantage celui qu'il ignore. Il n'a pas l'air de savoir ce que c'est qu'une véritable honnête femme. Cherchez dans son répertoire un rôle de jeune fille, de sœur, de mère, qui soit absolument simple et naturel, vous ne le trouverez pas. Ses *demoiselles* sont plus ou moins artificielles, compliquées; il manque trop souvent dans ses pièces un souffle d'air pur. »

Avouons-le franchement, ce reproche a un côté juste. Dumas n'a pas le sentiment des vertus de famille comme É. Augier, mais combien de qualités originales rachètent ce défaut et comme toute critique a disparu dans l'événement du 27 novembre!

A. Dumas est mort! mort en pleine gloire, en pleine force, à un âge qui, pour lui, n'était pas la vieillesse. Ce fut une émotion profonde, universelle, un chagrin public, même à si peu de distance du grand deuil national de la mort de Pasteur. Rien de tel que ces disparitions subites pour marquer la place qu'occupait un homme parmi ses contemporains. De tous côtés, on s'est rappelé tout le bien qu'avait fait Dumas; toutes ses grandes qualités comme homme et comme confrère. Je ne dirai de lui qu'un mot : Il sut *plaindre* et il sut *admirer*.

Je n'ai connu personne de plus compatissant pour les souffrances d'en bas et personne qui s'inclinât avec plus de respect devant les véritables grandeurs. Il fallait l'entendre parler de Lamartine. Je me rappelle que, quand

Pasteur eut le désir de se présenter à l'Académie française, il voulut bien me consulter à ce sujet ; j'en parlai à A. Dumas. « Je lui défends, me répondit-il vivement, de venir me demander ma voix, c'est moi, qui irai la lui porter ; je tiens à le remercier de l'honneur qu'il nous fait en désirant être des nôtres. »

L'année dernière, quand Pasteur fut condamné à ne plus sortir de son fauteuil, Dumas, le jour de l'an, arriva rue Dutot avec un paquet de roses. Le malade ne put retenir ses larmes en voyant ces belles fleurs tomber sur ses genoux, de ces mains-là : mais Dumas ne le laissa pas s'attendrir, et il se mit à être si charmant, si amusant, si gai, si coquet d'esprit que, quand il fut parti, enfants et petits-enfants s'écrièrent : « Quel bonheur ! il l'a fait rire ! »

Enfin, le jour des obsèques de Pasteur, M. Vallery-Radot trouva cette lettre à son adresse :

« Cher monsieur,

« Je suis dans un état de santé qui ne me permet pas de supporter les trois ou quatre heures de la cérémonie d'aujourd'hui. D'un autre côté, je ne puis me faire à cette idée que je n'aurai pas porté mon tribut personnel à ce cher grand homme.

« Alors, pour lui donner un dernier hommage de la grande affection et du grand respect que j'avais pour lui, je vous écris ce mot et je prends le chemin de fer de Marly pour vous le porter moi-même chez vous, afin que vous le trouviez à votre retour de Notre-Dame. De cette façon, j'aurai été avec vous autant que je l'aurai pu.

« Croyez, cher monsieur, à tous mes sentiments les plus dévoués pour vous et toute votre famille.

« A. Dumas. »

Un tel trait suffit à peindre un homme et il compte beaucoup, pour moi, dans ce qu'Alexandre Dumas a ajouté à l'héritage paternel et grand-paternel. Il y a là une note attendrie et poétiquement triste, qui est bien son apport personnel.

Un dernier mot servira de conclusion à cette petite étude d'atavisme.

On raconte qu'à la répétition générale du *Demi-Monde*, Alexandre Dumas père, assis à l'orchestre, applaudissait avec passion et pleurait de joie. Puis, à la fin de la pièce, se levant, il dit : « C'est égal!... *je suis toujours le grand Jean-Marie Farina!...* »

C'était bien l'avis de son fils. Il mettait son père cent fois au-dessus de lui. Sa préface des *Trois Mousquetaires* est un hymne d'adoration !... Eh bien, qu'il soit heureux ! Il a beaucoup fait pour celui qu'il a tant aimé. La mémoire des morts illustres est comme leur tombeau, elle a besoin d'entretien. Comme il a bien entretenu le culte de cette chère ombre ! Avec quel soin il a veillé au maintien du répertoire de son père, à la publication et à la publicité de ses romans ! Du reste, il n'y a pas eu de peine : le *Père Dumas* est si aimé ! Il a encore grandi depuis dix ans, et, son fils en ayant fait autant de son côté, leurs deux gloires se soutiennent l'une l'autre, se font valoir l'une l'autre, si bien que père et fils s'en vont tous deux, bras dessus bras dessous, à l'immortalité.

Ce n'est pas tout. Depuis la mort de Dumas, le chef de la famille, le général noir, est en train de ressusciter. Il sort des limbes de l'histoire, il revient dans notre monde. On voit apparaître sa tête crêpue aux vitrines et dans les revues. On cite ses prouesses.... Qui donc le fait ainsi revivre ? Ceux à qui il a donné la vie. Le fils, et le petit-fils ont redoré le blason de l'aïeul. C'est de la gloire remontante !

CHAPITRE XIX

LAMARTINE ET VICTOR HUGO

PEUVENT-ILS ÊTRE CONSIDÉRÉS AUJOURD'HUI COMME CLASSIQUES ?

Cette question en suppose et en impose d'abord une autre : Qu'est-ce qu'un classique ?

Un classique peut se définir : un écrivain qui est passé de l'état d'illustre à l'état d'immortel. De son temps, c'était une étoile brillante ; après sa mort, c'est une étoile fixe. On ne peut pas être classique de son vivant ; on le devient, car il y faut la consécration du temps, la durée.

Quelle durée ?

L'Église nous donne à cet égard un utile exemple ; elle ne fait pas un saint d'un saint homme, à moins de cent ans. La canonisation littéraire en veut bien autant. Il faut compter avec les caprices du jour, il faut compter avec la postérité. La postérité est un terrible tribunal de cassation. Que de gloires ont passé devant elle et ont été condamnées !

Ronsard, de son temps, avait une renommée qui touchait à l'apothéose. Que reste-t-il de lui aujourd'hui? Un nom, quelques fragments et un petit chef-d'œuvre : *Mignonne, allons voir si la rose....*

Voltaire a été, au xviiie siècle, proclamé l'égal de Corneille et de Racine comme poète tragique. Aujourd'hui il est tombé au troisième rang. Je pourrais citer bien d'autres exemples.

Impossible donc, ce semble, de décerner définitivement, dès aujourd'hui, à Lamartine et à Victor Hugo, le titre suprême. La première condition leur manque ; ce sont des morts trop jeunes. A peine vingt-cinq ans de tombeau!.... Faut-il donc les déclarer hors cause? Je ne puis m'y résoudre. Leurs titres à l'admiration sont trop éclatants pour ne pas être examinés, dès aujourd'hui, au point de vue de l'avenir, et je vais essayer de plaider leurs chances d'immortalité.

Comment? Rien de plus simple.

Cherchons quelles sont les qualités fondamentales qui ont valu à nos maîtres du xviie siècle le nom de classiques, et voyons si elles sont attribuables à Lamartine et à Victor Hugo.

J'en vois deux principales, qui paraissent se contredire et qui se complètent : Tous nos maîtres ont été à la fois *innovateurs* et *conservateurs*. Corneille, et Racine ont renouvelé la tragédie ; Molière, la comédie ; La Fontaine, la fable ; Bossuet, l'éloquence ; Pascal, la prose ; sans oublier Boileau qui frappait si bien les mots de bon sens, en médaille, que nul poète n'a laissé tant de vers devenus proverbes.

Mais en même temps, tous aussi, ils ont respecté le génie national, la langue nationale ; ils n'ont ni renié, ni renversé le passé ; ils l'ont continué en l'agrandissant, en le fécondant ! Ils ont été à la fois des hommes de progrès et des hommes de tradition.

En peut-on dire autant de Lamartine et de Victor Hugo ? Sont-ils à la fois innovateurs et conservateurs ? Interrogeons les faits.

Qu'était la poésie lyrique au xviie siècle ? Rien. Les chœurs d'Esther et d'Athalie, si célèbres qu'ils soient, ne constituent pas un genre. Au xviiie ? Rien. A. Chénier a seul survécu, et A. Chénier n'est pas un chef d'école, c'est seulement un précurseur. Qu'est la poésie lyrique au xixe ? Un de nos plus beaux titres de gloire. Or quels ont été les chefs reconnus de cette grande révolution ? Lamartine et Victor Hugo.

Voilà donc notre question résolue sur un

point, affirmativement; mais l'affirmation ne suffit pas, il y faut la démonstration.

On raconte qu'au moment où parurent les *Méditations*, M. de Talleyrand qui était, on le sait, un dilettante littéraire, passa une partie de la nuit à les lire, et, au matin, il écrivit à la duchesse de Duras : *Un poète nous est né.* Poète, ποιητής, créateur. Ce mot dit tout. Qu'avait donc créé Lamartine? Une forme poétique absolument nouvelle de l'amour : *L'amour dans la foi.*

Sans doute, la *Divine Comédie* nous offre dans les figures de Béatrix et de Dante, l'alliance de l'amour humain et de l'amour divin. Mais l'amour de Dante est plutôt un culte qu'une passion. Béatrix est plutôt un guide qu'une amante. Rien de terrestre ni dans leurs paroles, ni dans leurs actions; tout s'y passe en plein ciel. Chez Lamartine, au contraire, c'est au sein de notre pauvre humanité, au milieu des plus humbles circonstances de notre vie de tous les jours, c'est au bord d'un lac, c'est au chevet d'une mourante, c'est dans un humble presbytère de campagne que le poète déroule devant nous, avec toutes ses angoisses, avec toutes ses grandeurs, l'union de la foi et de l'amour.

Je n'en prendrai que deux exemples : le *Crucifix* et *Jocelyn*.

Quoi de plus simple que le début du Crucifix? Une jeune femme meurt en pressant un crucifix sur sa poitrine ; le prêtre dégage le pieux symbole des mains crispées et le remet à celui qui survit et qui pleure. Eh bien ! c'est de ce point de départ si familier, si modeste, que Lamartine s'élève, de strophe en strophe, à une des plus sublimes compositions poétiques qu'ait créées le génie humain. L'histoire de ce Crucifix devient l'histoire du Christ lui-même. Passant de main en main, légué de siècle en siècle, de race en race, il nous représente, dans sa marche, l'éternel consolateur, l'éternel bienfaiteur, l'éternel conseiller, et nous conduit à travers les âges jusqu'au jour

> Où des cieux perçant la voûte sombre
> Une voix dans le ciel, les appelant sept fois
> Ensemble éveillera ceux qui dorment à l'ombre
> De l'éternelle croix

Jocelyn va plus loin encore. Le poète ne se borne pas à nous peindre l'union des deux amours dans le même cœur, il nous les fait voir en lutte l'un contre l'autre. L'immolation de la passion à la foi, tel est le sujet de Jocelyn. Mais ce qui est le plus frappant, c'est que les déchirements qui naissent de cette lutte, le mélange de joie et de transports qui s'y succèdent, s'encadrent dans une *forme de poème absolument inconnue*.

Lamartine, dans *Jocelyn*, dote la France de l'*épopée familière*. Sans doute l'*Hermann et Dorothée* de Gœthe marque un pas dans cette voie, mais quelle distance entre cette pastorale où je ne sais quoi de pastiche gâte l'impression des sentiments naturels, et cette œuvre absolument géniale, où tout est vie, vérité, pathétique ! Béranger a écrit quelque part : « Moi, que les vers font bien rarement pleurer, j'ai fondu en larmes en lisant *Jocelyn*. Grâce à Lamartine, la poésie la plus élevée *peut tout dire maintenant* ».

Ce dernier mot est décisif. Le style dans *Jocelyn* est novateur comme le poème lui-même. Mais, en même temps, l'écrivain reste fidèle à toutes les qualités géniales de notre poésie, l'élégance, l'harmonie, la clarté. Lamartine a ajouté une double corde à notre instrument, il ne l'a pas désaccordé. Je me suis parfois demandé quelle eût été l'impression de Boileau si on lui eût apporté des vers comme ceux-ci :

Le roi brillant du jour, se couchant dans sa gloire,
Descend avec lenteur de son char de victoire.

Le nuage éclatant qui le cache à nos yeux
Conserve en sillons d'or sa trace dans les cieux,
Et d'un rayon de pourpre inonde l'étendue.
Comme une lampe d'or dans l'azur suspendue,
La lune se balance au bord de l'horizon.
Ses rayons affaiblis dorment sur le gazon,
Et le voile des nuits sur les monts se déplie.
C'est l'heure où la nature, un moment recueillie
Entre la nuit qui tombe et le jour qui s'enfuit,
S'élève au créateur du jour et de la nuit,
Et semble offrir à Dieu, dans son brillant langage,
De la création le magnifique hommage.

Je ne doute pas que cette incomparable harmonie, ces images qui sont à la fois des sons et des couleurs ; ces expressions de génie qui rappellent l'*amica silentia lunæ* de Virgile :

Ses rayons affaiblis dorment sur le gazon,

n'eussent transporté Boileau d'enthousiasme et qu'il n'eût dit, comme M. de Talleyrand : « Un poète nous est né ». Disons donc sans crainte : c'est un classique.

En peut-on dire autant de Victor Hugo ?

Novateur ? Créateur ? Personne ne le fut plus que lui. Avant lui, la poésie lyrique, même chez les poètes de la Renaissance, n'occupait dans notre domaine littéraire que la place d'une principauté. Il en a fait un empire. C'est un conquérant. Autant de recueils de vers, autant d'annexions. Il annexe à son œuvre l'Orient dans les *Orientales*; la vie de famille dans les *Feuilles d'automne*; la philosophie dans les *Contemplations*; l'histoire dans la *Légende des siècles*; la satyre dans les *Châtiments*... sans compter ses derniers volumes, où il ajoute Dieu, Satan, l'Infini, l'Incommensurable, l'Inexprimable... Que sais-je? Il me fait l'effet de Napoléon visant à englober l'Europe, voire l'Asie dans la France.

Lamartine disait spirituellement de lui-même : « Ce qui me manque, c'est la *petite histoire* ». Il avait raison. Sauf dans *Jocelyn*, les faits et les hommes disparaissent dans son œuvre. Toutes ses inspirations se tournent en hymnes, en prières, en invocations, en cantiques. Quand on tâche de définir l'impression qu'on éprouve en le lisant, il faut chercher des comparaisons dans ce qui plane, dans ce qui émane, dans ce qui s'exhale... les vapeurs de l'encens ou le parfum des fleurs.

Chez Victor Hugo, au contraire, le dramaturge va de pair avec le poète. Son œuvre scénique est presque égale à son œuvre lyrique. Théâtrale et autant que tragique, la mise en scène dans ses pièces n'a pas moins de valeur que l'action même. Eh bien! toutes ses qualités d'homme de théâtre, il les transporte dans la poésie pure. La *Légende des siècles* est une suite de petits drames. Dans les *Châtiments*, les scènes, les dialogues se mêlent sans cesse aux dithyrambes et aux iambes. Pas un de ses recueils, où à chaque instant l'élégie, l'ode, le poème, ne ressemblent à un cinquième acte. Qu'on se rappelle le *Revenant*, la *Nuit du 4 Décembre*, les *Pauvres Gens*, l'*Expiation* et tant d'autres que je pourrais citer et qui nous montrent, dans Victor Hugo, le créateur d'un genre nouveau de poésie, le lyrisme dramatique.

Abordons enfin la seconde question et la plus délicate. Parlons du style.

Des juges compétents accusent Victor Hugo d'avoir brisé le rythme et l'harmonie du vers français. On lui reproche ses enjambements, ses rejets, son mépris de la césure, et des vulgarités de langage que ne se permettent jamais nos maîtres.

Est-ce juste? je ne le crois pas. Ma raison est bien simple. Dans toutes ses audaces de prosodie et de terminologie, il a un prédécesseur qui le couvre, ce semble : c'est La Fontaine. La Fontaine, bien avant lui, s'est servi partout du mot propre. Il a dit cochon avant lui ; il a introduit dans le mécanisme intérieur du vers des coupes inaccoutumées.

Quel mépris de la césure, dans ce passage charmant :

> Les alouettes font leur nid
> Dans les blés quand ils sont en herbe.
> C'est-à-dire environ le temps
> Que tout aime et que tout pullule dans le monde.

Quelle audace de rejet et d'enjambement dans ces deux vers de la fable d'Héraclite !

> Les labyrinthes du cerveau
> L'occupaient

Que dire du discours de la vache, dans *L'homme* et *la couleuvre*?

> Il me laisse en un coin,
> Sans herbe : s'il voulait, encor, me laisser paître !
> Mais je suis attachée : et si j'eusse eu pour maître
> Un serpent, eût-il su jamais pousser si loin
> L'ingratitude?...

Je ne sais rien de plus saisissant que ce grand mot : l' « ingratitude », placé ainsi à la tête du second vers, au mépris de toutes les règles.

Eh bien, Victor Hugo n'a fait que suivre cet exemple. Qu'importe qu'entraîné par la puissance même de son génie il ait multiplié ses audaces; il est parti du même principe, il use du même droit, et l'on peut dire que, sur ce point, il se rattache au xviie siècle, par La Fontaine.

Faisons un pas de plus; serrons de plus près cette dernière question, décisive dans notre étude: le style de Victor Hugo.

Il y a deux choses très différentes dans une phrase poétique : les vers et la phrase; la facture des uns et la structure de l'autre; le mécanisme intérieur de la période et la marche de la période elle-même. On peut être capable d'écrire des vers très brillants et ne pas savoir former, d'un groupe d'alexandrins, un tout harmonieux et solide. C'est là un talent très particulier, très rare, un talent architectural. Racine en poésie, Bossuet en prose, sont des architectes incomparables. Eh bien! je ne crains pas, sur ce point, de prononcer le nom de Victor Hugo à côté de ces deux grands noms. J'en appelle à tous les juges compétents. Aucun poète ne gouverne une période poétique d'une main plus sûre et plus magistrale. Si longue qu'elle soit, il la soutient toujours. Semble-t-elle fléchir? un tour inattendu, une incidence adroitement suspensive, une rime éclatante la relèvent, comme une agrafe les plis d'un manteau, et la conduisent à un vers final, plein, sonore, solide, sur lequel la phrase tout entière pose et se repose.

Du reste, voici trois preuves décisives de la solidité de sa facture. Depuis plus de soixante ans, le style de Victor Hugo règne dans le domaine poétique. Il a retrempé le vers français, amolli par Voltaire. Depuis plus de soixante ans, il n'a pas paru une seule belle œuvre de poésie qui ne porte sa marque de fabrique. C'est un ouvrier comme il n'y en eut jamais. Ceux même qui le critiquent l'imitent.

Enfin, dernier argument, le style de Victor Hugo est devenu, de révolutionnaire, réactionnaire.

Une école nouvelle de jeunes poètes s'est produite qui, sous le nom bien mérité de décadents, s'attaque avec acharnement à notre vieil alexandrin; ils le démembrent, ils le dissolvent, ils le dépenaillent. Leconte de Lisle m'a dit un jour à l'Académie, en se prenant la tête avec désespoir : « *Ces gens-là me rendront fou* ». Eh bien! qui nous défend contre cette invasion de barbares? Le style de Victor Hugo et son groupe de fidèles. Voilà le roc contre lequel viennent se briser toutes ces folles vagues qui ne sont qu'écume! Avouons-le, il est bien difficile de refuser le nom de conservateur à celui qui mérite le titre de défenseur. Nous pouvons donc, en toute sûreté de conscience, devancer le jugement de la postérité, faire grâce à nos deux poètes des quelques années qui les séparent de leur canonisation, et dire, de l'auteur des *Orientales* comme de l'auteur de *Jocelyn* : ce sont deux poètes classiques.

CHAPITRE XX

Au moment où va finir ce siècle que j'ai vécu presque tout entier, j'éprouve parfois le besoin de reporter mes regards en arrière, et d'embrasser dans leur ensemble ses quatre-vingt-dix-sept années. Je me demande quelle figure il fera devant la postérité; s'il paraîtra digne de ses deux illustres aînés; quelle part personnelle, quelle part d'invention, de génie, il apportera à notre patrimoine de gloire intellectuelle : je dis intellectuelle, car mon étude portera seulement sur deux points : la littérature et la science.

Je crois avoir démontré, par l'exemple de Lamartine et de Victor Hugo, que l'avènement de la poésie lyrique dans notre littérature est l'œuvre du xixe siècle. Mais je n'ai pas tout dit, car je n'ai parlé que des deux chefs. Or, autour d'eux, à côté d'eux, un peu au-dessous d'eux, s'étage et brille un groupe de poètes, bien autrement dignes que les artistes du xviᵉ siècle, du beau nom de Pléiade. Autant d'individus, autant d'individualités. A. de Musset, de Vigny, Béranger, Casimir Delavigne, Th. Gautier, Auguste Barbier, Leconte de l'Isle — je ne parle que des morts — ont leur génie à eux, leur gloire à eux. Ils comptent, autour de ces deux astres de première grandeur, comme *autant d'étoiles fixes*; ils font du Signe des deux Gémeaux, une constellation.

N'y a-t-il pas là un phénomène littéraire bien extraordinaire? Où en trouver un second exemple? Où? Dans le xixᵉ siècle lui-même. Oui ! le xixᵉ siècle nous offre, trois fois encore, dans trois autres genres de travaux différents, le Roman, l'Histoire et la Science, ce même sujet d'étonnement et d'admiration : la création d'une grande école, avec une foule de créateurs.

Un coup d'œil comparatif, jeté sur les deux siècles précédents, expliquera ma pensée.

Je commence par le Roman.

*
* *

Qu'a été le Roman au xviiᵉ siècle? Rien, car une seule œuvre a survécu : *la Princesse de*

Clèves. Récit charmant, exquis, d'une grâce de forme délicieuse, mais où l'aimable auteur a quelque peu faussé son sujet, en prêtant aux chevaliers du XVIe siècle la délicatesse raffinée de sentiments et de langage des grands seigneurs de la cour de Louis XIV.

Au XVIIIe siècle, l'horizon s'élargit, le Roman prend une importance réelle. *Gil Blas, les Romans de Voltaire, les Contes de Diderot, la Nouvelle Héloïse, Manon Lescaut*, et cet admirable et abominable livre qui s'appelle *les Liaisons dangereuses* sont autant d'ouvrages originaux et durables. Malheureusement, ils sont tous marqués de la même tare. Tous, ils se meuvent dans un monde inférieur et malsain. Le Sage ne nous montre que des coquins ; l'abbé Prévost et Laclos que des coquines. La sentimentalité de Rousseau est mêlée partout de je ne sais quel manque de délicatesse qui touche à la grossièreté, et Diderot en a plus dit que je n'en saurais dire en un seul mot : *Rien de plus doux que les faveurs d'une honnête femme!* Pas un souffle d'air pur dans tout cela.

Mais, vers les dernières années du siècle finissant, c'est-à-dire à l'aube du siècle qui va naître, (le XIXe siècle commence en 89), paraît tout à coup un Roman qui n'est pas moins qu'une révolution. Sujet, mœurs, personnages, situations, tout, dans ce chef-d'œuvre, étonne et enchante, tout, même le ciel sous lequel il se passe. *Paul et Virginie* nous ouvre à la fois deux nouveaux mondes, le monde de la nature avec toutes ses splendeurs, le monde de l'âme dans toute sa pureté. Cette jeune fille, préférant la mort à la honte de paraître nue devant l'homme qui veut la sauver, n'est-elle pas l'image même de la pudeur? Après Bernardin de Saint-Pierre, Chateaubriand : Atala, elle aussi, sacrifie sa vie à son vœu de chasteté, et c'est sous les auspices de ces deux génies poétiques, que le Roman moderne entre dans sa voie nouvelle : l'idéal.

Les années s'écoulent, puis, bientôt, peu à peu, un à un, l'élite des plus illustres écrivains du xixe siècle pénètre et se répand dans le domaine entier de la fiction romanesque. Chacun y représente un côté différent : Balzac, le Roman social ; E. Sue, le Roman socialiste ; G. Sand, le Roman de la passion ; A. de Musset, le Roman de la fantaisie ; A. Dumas, le Roman historique ; O. Feuillet et Sandeau, le Roman du grand monde... Je m'arrête, car ces noms sont dans toutes les mémoires, et il me suffira d'y joindre Lamartine et Victor Hugo, qui n'ont pas besoin d'être définis, et Mérimée, déjà classique, pour avoir le droit de dire que, pendant soixante ans, le Roman a jeté dans notre littérature un éclat d'imagination incomparable et qui dure encore. Je n'en veux pour preuve que les obsèques d'A. Daudet. Cette cérémonie funèbre a ressemblé à un triomphe. Tombé la plume à la main, A. Daudet est passé tout à coup de la renommée à la gloire. Il a été acclamé autant que pleuré. Pourquoi? Parce que cette acclamation a été en même temps une protestation! Une protestation contre cette littérature fuligineuse et délétère qui a, trop longtemps, sali les livres et les cœurs. On n'en veut plus. Qu'est-ce que l'immense et légitime succès de Cyrano de Bergerac? Encore une protestation, et ce qu'on a salué avec tant d'enthousiasme dans Alphonse Daudet c'est le dernier représentant de l'École du Roman moderne, tel que l'ont créé nos maîtres du xixe siècle, c'est-à-dire l'École du charme, de l'invention, de l'émotion, de la lumière, de l'esprit français.

*
* *

Après le Roman, l'Histoire. Quatre chefs-d'œuvre la représentent au xviie siècle. D'abord, cet

étrange livre, admirable comme forme, et presque puéril comme fond ; parti à la fois d'un
génie immense et d'un esprit étroit, le *Discours
sur l'histoire universelle*. Faire tourner les nations
du monde et les âges innombrables de l'Univers autour d'une petite peuplade de Judée est
certainement une conception aussi fausse que
mesquine. Mais il en sort des pages si merveilleuses ; le style y est d'une telle magnificence ;
les tableaux grandioses, les considérations profondes, les portraits de souverains, les portraits de grands hommes et de grands peuples
s'y succèdent avec une telle profusion, qu'en
lisant ce livre on se croit transporté dans un
temple de Thèbes ou de Memphis. Quelques
parties seules y restent debout, on s'y promène
au milieu des ruines, mais ces ruines sont
autant de monuments. Rien de plus immortel
que ce livre à moitié frappé de mort.

Viennent ensuite trois ouvrages d'autant plus
originaux que leurs auteurs ne sont pas des
écrivains de profession. Retz, Saint-Simon, le
chevalier de Grammont. Tous trois écrivent *de génie*, en amateurs, en grands seigneurs ; et, libres
ainsi de toute convention, ils nous offrent trois
types accomplis et absolument dissemblables
de cette prose du xviie siècle, qui n'a d'égale, je

crois, dans aucune langue. Mais les *Mémoires*, qui offrent à l'écrivain des matériaux d'histoire admirables, qui occupent une place si importante dans l'histoire, ne sont pas de l'histoire. Rien là qui ressemble à une grande école historique.

Au xviiie siècle, même observation. Certes, *l'Esprit des lois* et l'*Essai sur les mœurs* sont des œuvres profondes et puissantes, mais isolées. *La Grandeur et la Décadence des Romains* est un livre admirable, mais individuel. L'*Histoire de Charles XII* et l'*Histoire du siècle de Louis XIV* sont deux livres charmants comme narration, mais individuels. Je vois là deux historiens illustres, je ne vois pas encore de grande école historique.

Arrive le xixe siècle. Quel changement!

Quatre générations d'écrivains supérieurs se succèdent ou s'entremêlent, tendant toutes à un but nouveau et commun, mais par quatre routes différentes.

Au début, trois historiens-poètes : *Chateaubriand*, *Augustin Thierry*, *Michelet*.

Leur programme est le même : Recherche de la vérité et de l'art, et de l'art par la vérité.

Chacun suit sa voie.

Chateaubriand, au milieu d'autres travaux, ne

jette sur le passé qu'un coup d'œil, mais c'est le coup d'œil du génie. On dirait une de ces projections électriques qui remplissent l'horizon d'une lumière si vive et si crue, que les objets les plus lointains sont transportés devant nos yeux et deviennent proches.

Augustin Thierry s'honore d'être son disciple, mais sans être son imitateur.

Lui-même nous a raconté, dans des pages qu'on n'a pas oubliées, ses longs voyages de découvertes à travers le xie siècle; ses stations de huit heures, au fort de l'hiver, dans les galeries glaciales de la bibliothèque Richelieu; au plus fort de l'été, dans l'atmosphère caniculaire de l'Arsenal, de Sainte-Geneviève et de l'Institut. Penché sur ces monceaux de papiers et de parchemins noirs de poussière, il va, fouillant les chartes, les chroniques, les manuscrits, les légendes; il écoute les chants des bardes, les cris de désespoir des vaincus; il rassemble pièce à pièce, membre à membre, tous ces morts tombés en poussière, et au bout de longues années de séjour dans le royaume des ombres, il en sort, les yeux perdus, mais un livre à la main, un livre qui est à la fois une histoire et un poème : La *Conquête de l'Angleterre par les Normands*.

Michelet, aussi, s'est peint lui-même dans son passage aux Archives Nationales; il ne se contente pas d'étudier les documents de toute sorte. Le soir, resté seul, il erre, il se promène dans les grandes salles vides comme dans des catacombes; il y respire; il y aspire l'âme des siècles évanouis, et il l'a fait passer dans ses livres.

Chateaubriand est un *initiateur*, Augustin Thierry un *résurrecteur*, Michelet un *évocateur*.

Après les poètes, un groupe plus austère.

Même recherche consciencieuse de la vérité.

Même respect pour les faits; seulement, au lieu d'en tirer de la poésie, ils en tirent des idées. Ce sont les historiens généralisateurs. Citer Guizot, Fustel de Coulanges, Tocqueville, Mignet, c'est dire tout ce que leurs fortes doctrines ont apporté d'autorité et de gravité à notre école historique.

Avec les généralisateurs, les grands narrateurs, que je résume en Thiers.

Enfin, depuis vingt-cinq ans, a surgi une quatrième génération qui, tout en dérivant des trois autres, s'en distingue par une poursuite plus ardente, plus âpre, je dirai plus implacable de la vérité dans l'histoire. Archives de tous les pays, bibliothèques privées et publi-

ques, manuscrits de famille, correspondances
secrètes; ils dépouillent tout! Ils dévoilent tout!
Ils démasquent tout! Ils revisent les grands
problèmes. Ils refont les portraits des grands
hommes; et comme leurs études portent presque toutes sur le xixᵉ siècle, c'est-à-dire sur
ce qui nous touche, ils nous passionnent en
nous instruisant, et jettent un flot de vie
puissante et nouvelle dans l'étude du passé.

Je disais quelque chose de tout cela un jour
à l'Académie à un des plus brillants représen-
tants de cette jeune école. — « Si vous parlez
de nous, me dit-il vivement, n'oubliez pas de
nous faire des reproches. — Quels reproches?
— Ceux que nous méritons. — Lesquels? —
Notre besoin de *creuser* nous cantonne forcément dans tel ou tel coin de l'histoire. Nous
oublions les idées générales. — Tant mieux,
lui répondis-je. Dans l'état actuel de toutes
les connaissances humaines, on ne peut être
quelqu'un, faire quelque chose, qu'en ne faisant qu'une seule chose. La spécialité seule
mène à la supériorité. Le progrès général résulte
de la réunion de tous les progrès particuliers.
C'est justement parce que vous vous cantonnez
dans un coin de l'histoire, que vous apportez
une force de plus à cette école historique,

qui est un des titres d'honneur du xixe siècle. »

* *

Arrivons au complément de cette étude, à la Science.

Ici, je confesse l'embarras où je me suis trouvé. Je ne me sentais plus sur mon terrain. Je ne suis rien moins qu'un savant, et je n'avais nulle compétence pour parler de la Science.

Heureusement le hasard me vint en aide.

Le jour de la réception de M. Vandal, je me rencontrai sur l'escalier de notre bibliothèque avec un de mes confrères de l'Académie, un de ces hommes qu'on a bien raison de questionner, car, en le quittant, on en sait toujours plus qu'en l'abordant. Je vous le désignerai suffisamment si j'ajoute que c'est un grand savant qui est un très habile écrivain. En le voyant, saisi par je ne sais quelle inspiration subite, je lui dis à brûle-pourpoint : « Comment caractériseriez-vous le grand mouvement scientifique de notre siècle? — Comment? me dit-il vivement, par un seul mot : *C'est une explosion.* Nos pères avaient commencé à charger la pièce d'artillerie, mais c'est nous qui avons tiré le coup de canon. — Dites les coups de canon! répondis-je en riant, car, depuis soixante ans, ils ne s'arrêtent pas! Tous les jours, explosions nouvelles! inventions nouvelles! découvertes nouvelles! Voudriez-vous me nommer quelques-uns de ces grands esprits?

— D'abord, au début, deux naturalistes de génie, Cuvier et Geoffroy Saint-Hilaire.

— Je les ai connus tous les deux. Mais après eux?

— Un physicien, Fresnel, que ses travaux sur la lumière l'ont immortalisé.

— Et après Fresnel?

— Un astronome, Leverrier. Leverrier a lu dans le ciel, le front penché sur sa table de travail. Il n'a pas dit : Une planète est là! Il a dit : Elle doit être là, et elle y était. Leverrier est le témoignage le plus frappant de la puissance du calcul... et du travail.

— Et après Leverrier?

— Un mathématicien, un physicien, un chimiste, Ampère! Ampère est, je crois, le plus prodigieux cerveau de notre temps! Il a touché à tout dans le domaine de la science, il a inventé partout, et il est resté partout l'homme de *la Science pure*. Son admirable mémoire sur l'électricité se termine par cette petite note jetée négligemment au bas de la page : « *Pourrait servir à la transmission des nouvelles.* »

— Et après Ampère?

— Un simple minéralogiste, si vous consultez l'Annuaire de l'Institut, mais ce minéralogiste a joint la chimie à la minéralogie, et il a élevé ces deux sciences à une telle hauteur, qu'elles sont devenues : *la science de la nature.* Ajoutez que ce grand homme a eu tout à la fois le génie de la méthode et le génie de l'invention, et qu'on peut l'appeler, en outre, le bienfaiteur de l'humanité, c'est Pasteur ! Arrêtons-nous à ce nom, et disons, mon cher confrère, que dans l'avenir, quand on voudra qualifier notre siècle, on l'appellera le siècle de la science.

— Je réclame ! répliquai-je vivement, je réclame pour la poésie lyrique, pour le roman, pour l'histoire, et je complète votre définition en disant : Le XIXe siècle est le siècle de la science... et de l'imagination ! »

Là-dessus, nous nous séparâmes, je m'en retournai chez moi tout songeur, et le soir, mes pieds sur les chenets, je pensai à part moi : Allons, mon cher XIXe siècle, tu peux mourir, tu as bien accompli ta tâche ! Si le XVIIIe siècle a mérité, comme le demandait

Michelet, le *titre* de *grand*, pour nous avoir conquis, rien que par la puissance de la plume, la liberté de conscience et l'égalité devant la loi; Toi aussi, tu as fait ce que tes deux illustres prédécesseurs n'ont pas fait; Toi aussi, tu nous as ouvert des routes inexplorées dans le domaine de l'art et de la pensée, et nous, tes fils, nous avons le droit de dire : l'antiquité a eu deux grands siècles : Athènes, le siècle de Périclès; Rome, le siècle d'Auguste; la France est plus heureuse, elle en a trois.

TABLE DES MATIÈRES

—

36 691. — PARIS. — IMPRIMERIE LAHURE

9, rue de Fleurus, 9

Envoi franco de toute demande accompagnée de son montant.

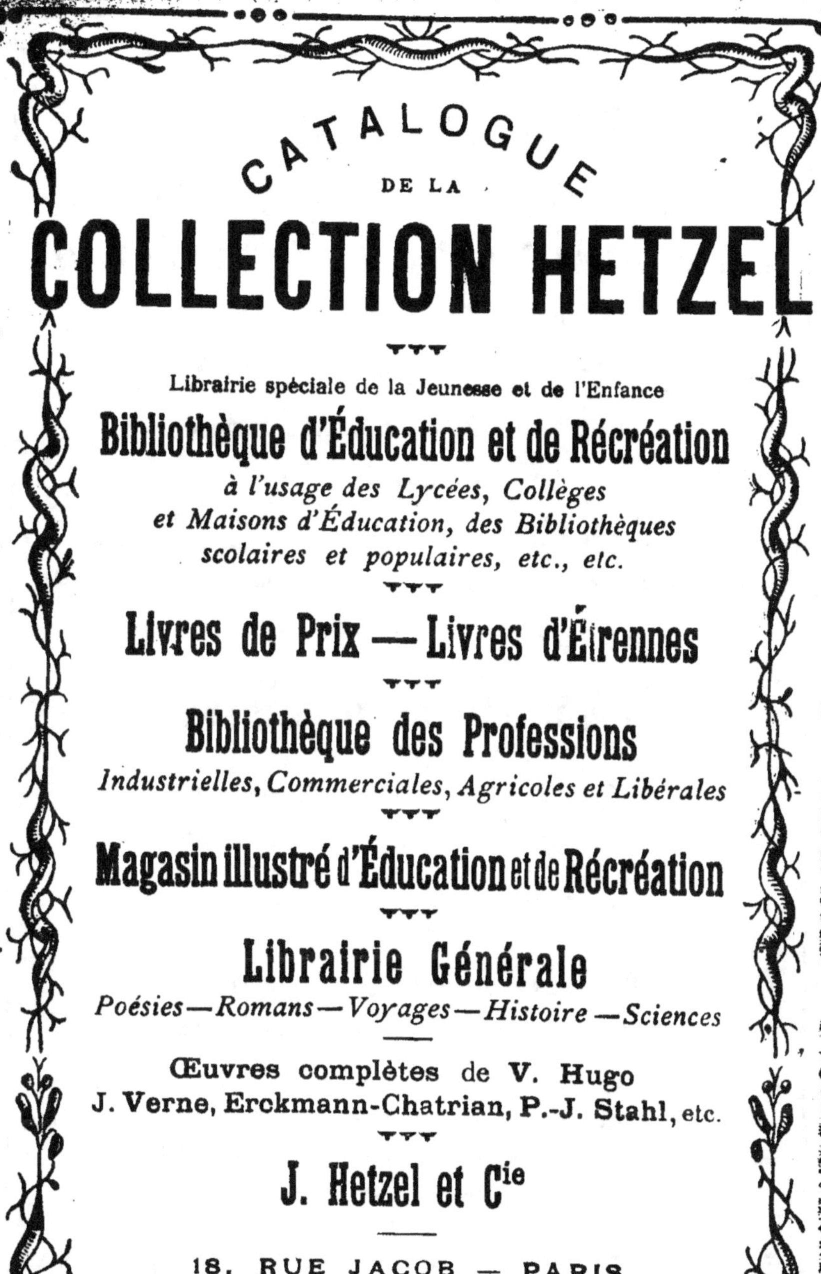

CATALOGUE
DE LA
COLLECTION HETZEL

▼▼▼

Librairie spéciale de la Jeunesse et de l'Enfance

Bibliothèque d'Éducation et de Récréation

à l'usage des *Lycées, Collèges*
et *Maisons d'Éducation, des Bibliothèques*
scolaires et populaires, etc., etc.

▼▼▼

Livres de Prix — Livres d'Étrennes

▼▼▼

Bibliothèque des Professions

Industrielles, Commerciales, Agricoles et Libérales

▼▼▼

Magasin illustré d'Éducation et de Récréation

▼▼▼

Librairie Générale

Poésies — Romans — Voyages — Histoire — Sciences

Œuvres complètes de **V. Hugo**
J. Verne, Erckmann-Chatrian, P.-J. Stahl, etc.

▼▼▼

J. Hetzel et Cie

18, RUE JACOB — PARIS

Envoi franco de toute demande accompagnée de son montant.

****MAGASIN ILLUSTRÉ**
d'Éducation et de Récréation

Journal de toute la Famille

Fondé par **P.-J. STAHL** en 1864

et SEMAINE DES ENFANTS réunis

DIRIGÉS PAR

J. VERNE et J. HETZEL

Avec la collaboration de nos plus célèbres Écrivains, Savants et Artistes

Seul Recueil collectif à l'usage de la Jeunesse
Couronné par
L'ACADÉMIE FRANÇAISE

ABONNEMENT ANNUEL

Paris : 14 fr. ; Départements : 16 fr. ; Union postale : 17 fr.

Les abonnements partent du 1er janvier ou du 1er juillet
Il paraît une livraison de 32 pages le 1er et le 15 de chaque mois

---

Volumes publiés en vente :

NOUVELLE SÉRIE commençant avec l'**ANNÉE 1895**

ANNÉES 1895 A 1897, TOMES 1 A 6, CHAQUE VOLUME, BROCHÉ, **7 FR.**

Les deux tomes de chaque année réunis en 1 volume :

Cartonné toile, fers spéciaux, tranches dorées, **18** francs.

Relié, demi-chagrin, tranches dorées, **20** francs.

LA PREMIÈRE SÉRIE — ANNÉES 1864 à 1894

COMPREND 60 VOLUMES IN-8º (TOMES 1 A 60)

La Collection des 60 volumes : Brochée, **420** fr. ; Cartonnée toile, **600** fr.

En dehors des collections il reste encore quelques exemplaires
de certaines années de cette première série.

PRINCIPALES ŒUVRES

contenues dans le

Magasin illustré d'Éducation et de Récréation

Nouvelle Série — Tomes I à VI, années 1895 à 1897

Jules VERNE : L'Ile à Hélice, Face au Drapeau, Clovis Dardentor, Le Sphinx des Glaces. — **A. LAURIE** : Atlantis, L'Écolier d'Athènes, Gérard et Colette (Les Chercheurs d'or de l'Afrique australe). — **GENNEVRAYE** : Les Petits Robinsons du Rocher. — **Aimé GIRON** : La Famille de la Marjolaine. — **NEUKOMM** : Les Normands en Amérique en l'an mille. — **P. PERRAULT** : Ma sœur Thérèse. — **Th. BENTZON** : En temps de Guerre (La Rose blanche). — **DUPIN DE SAINT-ANDRÉ** : Double Conquête. — **MOUANS** : Frisonne l'Engourdie. — **LOUDEMER** : Pêche et Chasse sur les côtes de France. — Contes, Nouvelles et Articles divers par **BENTZON, BRUNETIÈRE**, *de l'Académie française*, **J. DE COLOMB, DUPIN DE SAINT-ANDRÉ, A. FERMÉ, GRIMARD, LEGOUVÉ**, *de l'Académie française*, **DE LACRETELLE, MELANDRI, MOUANS, NICOLE, DE RÉMUSAT, SEVIN, VADIER, VICARINO**, etc., etc. — Scènes enfantines diverses, par **FRŒLICH, FROMENT, LALAUZE**, etc.

Première Série — Tomes I à LX, années 1864 à 1894

Jules VERNE : Les Voyages extraordinaires (24 ouvrages). — **P.-J. STAHL** : La Morale familière, La Famille Chester, Histoire d'un Ane et de deux jeunes Filles, Maroussia, Les Quatre filles du docteur Marsch, Jack et Jane, La Petite Rose, etc., etc. — **André LAURIE** : La Vie de collège dans tous les temps et tous les pays (6 ouvrages), L'Héritier de Robinson, De New-York à Brest, Le Secret du Mage, Le Rubis du grand Lama. — **Jules SANDEAU** : La Roche aux Mouettes. — **STAHL et MULLER** : Le Nouveau Robinson suisse. — **Hector MALOT** : Romain Kalbris. — **VIOLLET-LE-DUC** : Histoire d'une Maison. — **Jean MACÉ** : Les Serviteurs de l'Estomac, Les Soirées de Tante Rosy, etc. — **E. LEGOUVÉ** : Contes et Nouvelles divers. — **V. de LAPRADE** : Le Livre d'un Père. — **MULLER** : La Jeunesse des Hommes célèbres. — **Lucien BIART** : Aventures d'un jeune Naturaliste, Les Voyages involontaires. — **Alfred RAMBAUD** : L'Anneau de César. — **Maurice BLOCK** : Causeries d'Économie pratique. — **Dr CANDÈZE** : Les Aventures d'un Grillon, La Gileppe, Périnette. — **LACOME** : La Musique au foyer. — **S. BLANDY** : Le Petit Roi, Les Pupilles de l'Oncle Philibert. — **Ch. DICKENS** : L'Embranchement de Mugby. — **BENTZON** : Geneviève Delmas. — **GENNEVRAYE** : Le Théâtre de famille, La petite Louisette, Marchand d'Allumettes. — **J. LERMONT** : Les jeunes Filles de Quinnebasset, L'Aînée, Kitty et Bo. — **RIDER-HAGGARD** : Les Mines de Salomon. — **PERRAULT** : Les Lunettes de grand'maman, Pas pressé, Les Exploits de Mario. — **E. DIÉNY** : La Patrie avant tout. — **H. De NOUSSANNE** : Jasmin Robba.

Nombreuses séries de scènes enfantines dessinées par **FRŒLICH, FROMENT, DETAILLE, CHAM, GEOFFROY**, etc., etc., avec textes de **P.-J. STAHL, UN PAPA**, etc.

Il est donné toutes facilités désirables aux Bibliothèques scolaires, populaires, de quartiers, etc., et aux Établissements d'enseignement pour l'acquisition de la collection de la première série.

JULES VERNE

Œuvres complètes parues, 36 volumes :

Brochés... **321 fr.** — Toile.... **429 fr.** — Reliés.... **498 fr.**

Voyages Extraordinaires

Couronnés par l'Académie française

TRÈS BELLE ÉDITION GRAND IN-8° ILLUSTRÉE

	Broché	Cartonné toile	Relié
Les Aventures du capitaine Hatteras, 261 dessins, dont 6 planches en chromotypographie par RIOU. 1 vol.*※	9 »	12 »	14 »
Voyage au Centre de la Terre, 56 dessins, dont 4 planches en chromotypographie par RIOU. 1 volume*※	4 50	6 »	» »
Cinq Semaines en Ballon, 80 dessins, dont 4 planches en chromotypographie par RIOU. 1 volume*※	4 50	6 »	» »
Ces deux ouvrages réunis en un seul volume	9 »	12 »	14 »
Les Enfants du capitaine Grant (VOYAGE AUTOUR DU MONDE), 177 dessins par RIOU. 1 volume *※	10 »	13 »	15 »
De la Terre à la Lune, 43 dessins, dont 4 planches en chromotypographie par DE MONTAUT. 1 volume*※	4 50	6 »	» »
Autour de la Lune (suite de DE LA TERRE A LA LUNE), 45 dessins, dont 4 planches en chromotypographie par Emile BAYARD et DE NEUVILLE. 1 vol.*	4 50	6 »	» »
Ces deux ouvrages réunis en un seul volume	9 »	12 »	14 »
Vingt mille lieues sous les Mers, 111 dessins, dont 6 planches en chromotypographie par DE NEUVILLE. 1 vol.*※	9 »	12 »	14 »
Une Ville flottante, suivie des FORCEURS DE BLOCUS. 44 dessins, dont 3 pl. en chromotypographie par FÉRAT. 1 vol.*※	4 50	6 »	» »
Aventures de 3 Russes et de 3 Anglais, 52 dessins, dont 3 planches en chromotypographie par FÉRAT. 1 vol.*※	4 50	6 »	» »
Ces deux ouvrages réunis en un seul volume	9 »	12 »	14 »
Le Tour du Monde en 80 jours, 80 dessins, dont 3 planches en chromotypographie par DE NEUVILLE et L. BENETT. 1 volume*※	4 50	6 »	» »
Le Docteur Ox, 58 dessins, dont 4 planches en chromotypographie par SCHULER, BAYARD, FRŒLICH, MARIE. 1 vol.※	4 50	6 »	» »
Ces deux ouvrages réunis en un seul volume	9 »	12 »	14 »

※ Ouvrages honorés de sousoriptions du *Ministère de l'Instruction publique*, ou choisis pour faire partie des catalogues des bibliothèques scolaires ou populaires.

JULES VERNE *(suite)*

	Broché	Cartonné toile	Relié
Le Pays des Fourrures, 105 dessins par Férat et de Beaurepaire. 1 vol.*※..	9 »	12 »	14 »
Le Chancellor, 58 dessins par Riou et Férat. 1 volume*※.............	4 50	6 »	» »
Les Indes-Noires, 45 dessins par Férat. 1 volume*※.............	4 50	6 »	» »
Ces deux ouvrages réunis en un seul volume.....	9 »	12 »	14 »
L'Ile mystérieuse, 154 dessins par Férat. 1 volume*※.............	10 »	13 »	15 »
Michel Strogoff, 95 dessins, dont 8 planches en chromotypographie par Férat. 1 volume*※.............	9 »	12 »	14 »
Hector Servadac, 100 dessins, dont 6 planches en chromotypographie par Philippoteaux. 1 volume.*.............	9 »	12 »	14 »
Un Capitaine de 15 ans, 93 dessins, dont 6 planches en chromotypographie par Meyer. 1 volume*※.............	9 »	12 »	14 »
Les Cinq cents millions de la Bégum, 48 dessins par Benett. 1 volume*....	4 50	6 »	» »
Les Tribulations d'un Chinois en Chine, 52 dessins par Benett. 1 vol.*※	4 50	6 »	» »
Ces deux ouvrages réunis en un seul volume.....	9 »	12 »	14 »
La Maison à vapeur, 101 dessins par Benett. 1 volume*※.............	9 »	12 »	14 »
La Jangada (800 lieues sur l'Amazone), 95 dessins par Benett. 1 volume*...	9 »	12 »	14 »
Le Rayon vert, 44 dessins par Benett. 1 volume*.............	4 50	6 »	» »
L'École des Robinsons, 51 dessins par Benett. 1 volume	4 50	6 »	» »
Ces deux ouvrages réunis en un seul volume.....	9 »	12 »	14 »
Kéraban-le-Têtu, 101 dessins par Benett. 1 volume*.....	9 »	12 »	14 »
L'Étoile du Sud, 63 dessins par Benett. 1 volume*.....	4 50	6 »	» »
L'Archipel en feu, 51 dessins par Benett. 1 volume*.............	4 50	6 »	» »
Ces deux ouvrages réunis en un seul volume....	9 »	12 »	14 »
Mathias Sandorf, 113 dessins par Benett. 1 volume*.............	10 »	13 »	15 »
Robur-le-Conquérant, 45 dessins par Benett. 1 volume	4 50	6 »	» »
Le Billet de Loterie, 42 dessins par Roux. 1 volume*.............	4 50	6 »	» »
Ces deux ouvrages réunis en un seul volume.....	9 »	12 »	14 »
Nord contre Sud, 86 dessins, dont 12 planches en couleurs par Benett. 1 vol.*※..	9 »	12 »	14 »
Deux ans de Vacances, 90 dessins, dont 8 planches en chromotypographie de Benett. 1 volume*.............	9 »	12 »	14 »

* Ouvrages honorés de souscriptions ou choisis par la *Ville de Paris* pour ses distributions de prix ou ses bibliothèques municipales.

JULES VERNE (*suite*)

	Broché	Cartonné toile	Relié
Le Chemin de France, 42 dessins, dont 6 planches en couleurs par Roux. 1 vol.*	4 50	6 »	» »
Sans dessus dessous, 36 dessins, dont 7 planches en couleurs par Roux. 1 vol.*	4 50	6 »	» »
Ces deux ouvrages réunis en un seul volume	9 »	12 »	14 »
Famille sans Nom, 82 dessins, dont 12 planches en couleurs par Tiret-Bognet. 1 volume*	9 »	12 »	14 »
César Cascabel, 85 dessins, dont 12 planches en chromotypographie par G. Roux. 1 volume*※	9 »	12 »	14 »
Mistress Branican, 83 dessins, dont 12 planches en chromotypographie par Benett. 1 volume※	9 »	12 »	14 »
Le Château des Carpathes, 40 dessins, dont 6 planches en chromotypographie par L. Benett. 1 volume※	4 50	6 »	» »
Claudius Bombarnac, 55 dessins, dont 6 planches en chromotypographie par L. Benett. 1 volume*※	4 50	6 »	» »
Ces deux ouvrages réunis en un seul volume	9 »	12 »	14 »
P'tit Bonhomme, 85 dessins, dont 12 planches en chromotypographie par L. Benett. 1 volume※	9 »	12 »	14 »
Mirifiques Aventures de Maître Antifer, 77 dessins, dont 12 planches en chromotypographie par G. Roux. 1 v.*	9 »	12 »	14 »
L'Ile à Hélice, 81 dessins, dont 12 planches en chromotypographie par G. Roux. 1 volume*※	9 »	12 »	14 »
Face au Drapeau, 42 dessins, dont 6 planches en chromotypographie par Benett*※	4 50	6 »	» »
Clovis Dardentor, 47 dessins, dont 6 planches en chromotypographie par Benett.	4 50	6 »	» »
Ces deux ouvrages réunis en un seul volume	9 »	12 »	14 »
†**Le Sphinx des Glaces**, 68 dessins, dont 20 planches en chromotypographie par G. Roux et 1 carte*	9 »	12 »	14 »

LA DÉCOUVERTE DE LA TERRE :

	Broché	Cartonné toile	Relié
Les premiers Explorateurs, 117 dessins et cartes par Philippoteaux, Benett. 1 volume *※	7 »	10 »	11 »
Les grands Navigateurs du XVIIIe siècle, 116 dessins et cartes par P. Philippoteaux et Matthis. 1 vol. *※	7 »	10 »	11 »
Les Voyageurs du XIXe siècle, 108 dessins et cartes par Benett. 1 vol.*※	7 »	10 »	11 »
Ces trois ouvrages réunis en un seul volume	» »	25 »	30 »

† Nouveautés de l'année.

COLLECTION HETZEL

VOLUMES GRAND IN-8° ILLUSTRÉS
(Formats Jésus et Colombier)
CHAQUE OUVRAGE FORME UN VOLUME

Brochés, **10** *fr. — Cartonnés toile, tranches dorées,* **13** *fr.*

Reliés 1/2 chagrin, tranches dorées, **15** *fr.*

BIART (LUCIEN).... **Don Quichotte**, édition spéciale à la jeunesse, illustré de 316 dessins par TONY JOHANNOT.

CLÉMENT (CH.)....*※**Michel-Ange, Raphaël, Léonard de Vinci**, illustré de 167 dessins d'après les grands maîtres.

ERCKMANN-CHATRIAN :

*※**Romans nationaux**, illustrés de 182 dessins par SCHULER, ROUX, FUCHS.

*※**Contes et Romans populaires**, illustrés de 171 dessins par BAYARD, BENETT, GLUCK, SCHULER.

*※**Contes et Romans alsaciens**, illustrés de 139 dessins par SCHULER.

(Voir page 24 le détail des ouvrages contenus dans les 3 volumes ci-dessus).

LA FONTAINE...... **Fables**, illustré de 115 grandes compositions d'EUGÈNE LAMBERT.

LAURIE (ANDRÉ)... ***Les Exilés de la Terre** (*Selene Company L*ᵈ), illustré de 79 dessins par G. ROUX.

MAYNE-REID, *Œuvres choisies pour la Jeunesse :*

*※**Aventures de Terre et de Mer**, 200 illustrations.

*※**Aventures de Chasses et de Voyages**, 200 illustrations.

(Les deux ouvrages ci-dessus réunis en un volume, cartonné toile, **25 fr.**; relié demi-chagrin, **30 fr.**)

MALOT (HECTOR)...۝***Sans Famille**, illustré de 109 dessins par Emile BAYARD.

RAMBAUD (ALFR.) ۝*※**L'Anneau de César**, illustré de 80 dessins par G. ROUX. Nouvelle édition augmentée d'une *Étude sur la Gaule ancienne.* par P. FONCIN.

VERNE (J.) ET LAVALLÉE (TH.)*※**Géographie de la France et de ses Colonies**, édition revue par DUBAIL, illustrée de 108 gravures par CLERGET et RIOU et de 100 cartes.

۝ Ouvrages couronnés par l'*Académie française.*

VOLUMES IN-8° ILLUSTRÉS

CHAQUE OUVRAGE FORME UN VOLUME

Brochés, **7** *fr.*

1° SÉRIE A. — **Volumes in-8° raisin**

Cartonnés toile, tranches dorées, **9** *fr.* **40**
Reliés 1/2 chagrin, tranches dorées, **11** *fr.*

BARBIER (Mme M.) :
> **Les Contes blanos,** illustrés par GEOFFROY, ROUX et DESTEZ, et accompagnés de **10** mélodies inédites par C. GOUNOD, E. GUIRAUD, H. MARÉCHAL, J. MASSENET, G. NADAUD, E. REYER, RUBINSTEIN, SAINT-SAENS, H. SALOMON, A. THOMAS.
>
> **Bempt** (Nouveaux Contes blancs), illustré par DESTEZ et TIRET-BOGNET et accompagné de **3** mélodies inédites par E. BOULANGER, TH. DUBOIS, V. JONCIÈRES.

BENTZON (TH.) :
> *※**Contes de tous les Pays,** illustré par GEOFFROY, DELORT, etc.
>
> *※**Geneviève Delmas,** illustré par G. ROUX.

BOISSONNAS (Mme B.) ♣*※**Une Famille pendant la guerre 1870-71,** illustré par P. PHILIPPOTEAUX.

BRUNETIÈRE (EDITION) *Chefs-d'œuvre de Corneille (*Le Cid, Horace, Cinna, Polyeucte*), avec préface et notes de F. BRUNETIÈRE, *de l'Académie française,* illustré par J. DUBOUCHET.

DESNOYERS (LOUIS). *Aventures de Jean-Paul Choppart, illustré par GIACOMELLI et CHAM.

DUBOIS (FÉLIX) ..... *※**La Vie au Continent noir,** illustré par RIOU, d'après les dessins et croquis d'Adrien MARIE et les photographies de M. G. WARENHORST.

DUPIN DE ST-ANDRÉ. * **Ce qu'on dit à la Maison,** illustré par GEOFFROY.

FAUQUEZ .... **Les Adoptés du Boisvallon,** illustré par PHILIPPOTEAUX.

GRIMARD (ED.) .... *Le Jardin d'Acclimatation (*Le Tour du Monde d'un naturaliste*), illustré par BENETT, LALLEMAND, etc.

HUGO (VICTOR) .... *※**Le Livre des Mères** (*les Enfants*), poésies de Victor Hugo ayant trait à l'enfance, illustré de nombreuses gravures et vignettes par FROMENT.

COLLECTION HETZEL

LAPRADE (VICTOR DE), de l'Académie française :
❋**Le Livre d'un Père**, illustré par FROMENT.

LAURIE (ANDRÉ), *La Vie de Collège dans tous les Temps et dans tous les Pays* :
*❋**Mémoires d'un Collégien**, illustré par GEOFFROY.
*❋**La Vie de collège en Angleterre**, illustré par PHILIPPOTEAUX.
*❋**Une Année de collège à Paris**, illustré par GEOFFROY.
*❋**Histoire d'un Écolier hanovrien**, illustré par MAILLARD.
*❋**Tito le Florentin**, illustré par G. ROUX.
*❋**Autour d'un Lycée japonais**, illustré par FÉLIX RÉGAMEY.
*❋**Le Bachelier de Séville**, illustré par ATALAYA.
*❋**Mémoires d'un Collégien russe**, illustré par G. ROUX.
*❋**Axel Ebersen** (*Le Gradué d'Upsala*), illustré par G. ROUX.

LAURIE (ANDRÉ), *Les Romans d'Aventures* :
*De New-York à Brest en 7 heures, illustré par RIOU.
Le Secret du Mage, illustré par BENETT.
*Le Rubis du Grand Lama, illustré par RIOU.

LEGOUVÉ (ERNEST), de l'Académie française :
La Lecture en famille. illustré par BENETT, GEOFFROY.
*❋**Nos Filles et nos Fils**, *Scènes et études de famille*, illustré par PHILIPPOTEAUX.
❋**Une Élève de seize ans**, illustré par A. MARIE, ROUX, JANKOWSKI, etc.
*Épis et Bleuets, *Souvenirs biographiques, études littéraires et dramatiques, scènes de famille*, illustré par P. DESTEZ, DESVALLIÈRES, GEOFFROY, MONTÉGUT, etc., etc.

MACÉ (JEAN)......*❋**Histoire d'une Bouchée de pain**, illustré par FRŒLICH.

NOUSSANNE (H. DE). ❋*Jasmin Robba, suivi de *Pierrefond dans l'Histoire*, illustré par G. ROUX.

RATISBONNE (L.).❋ ❋**La Comédie enfantine**, illustré par FROMENT et DE GOBERT.

SANDEAU (JULES), de l'Académie française :
❋❋**Madeleine** (*édition spéciale à l'usage de la jeunesse*), illustré par BAYARD.
❋**Mademoiselle de la Seiglière**, illustré par BAYARD.
La Petite Fée du Village (*édition de CATHERINE spéciale à la jeunesse*), illustré par ROUX.

SAUVAGE (ÉLIE).... **La petite Bohémienne**, illustré par FRŒLICH.

STAHL (P.-J.), *Œuvres pour la Jeunesse :*

❀❀**Histoire d'un Ane et de deux jeunes Filles,** illustré par TH. SCHULER.

❀*❀**Maroussia,** d'après une légende de MARKOWOVZOK, illustré par TH. SCHULER.

❀***Les quatre Peurs de notre général,** illustré par BAYARD et A. MARIE.

❀**Les Contes de l'Oncle Jacques,** 50 illustrations par A. MARIE, J. GEOFFROY, HENRIOT, G. ROUX, etc., etc.

ULBACH (LOUIS).... **Le Parrain de Cendrillon,** illustré par Émile BAYARD.

VADIER (B.)....... **Théâtre à la Maison et à la Pension,** illustré par GEOFFROY.

VALDÈS (ANDRÉ)... **Le Roi des Pampas,** illustré par ACHET et Félix RÉGAMEY.

VERNE (J.) & A. LAURIE. *L'Épave du Cynthia,** illustré par ROUX.

VIOLLET-LE-DUC (texte et dessins) :

*❀**Histoire d'une Forteresse.**

2° SÉRIE B. — Volumes in-8° jésus

OU IN-8° RAISIN AVEC ILLUSTRATIONS EN COULEURS

Cartonnés toile, tranches dorées, **10** *francs.*
Reliés demi-chagrin, tranches dorées, **11** *francs.*

BIART (LUCIEN) :

❀**Aventures d'un jeune Naturaliste,** illustré de 156 dessins par BENETT, in-8° jésus.

*Les Voyages involontaires (*Monsieur Pinson. — Le Secret de José. — La Frontière indienne. — Lucia*),* illustré de 104 dessins par MEYER, in-8' jésus.

DAUDET (ALPHONSE) :

❀**Histoire d'un Enfant,** *le Petit Chose (édition spéciale à l'usage de la jeunesse),* illustré par P. PHILIPPOTEAUX, in-8° jésus.

Contes choisis : *La Famille Joyeuse, Les Vieux, Le Secret de Maître Cornille, La Chèvre de M. Seguin, Le Sous-Préfet aux champs, Chez le Médecin, Les trois Corbeaux, Salvette et Bernadou, Les Étoiles, Les Sauterelles, Les Douaniers, Le Photographe, Marche de nuit, La dernière Classe, L'Enfant espion, Le Porte-Drapeau, Les Mères, Le Siège de Berlin, Les Emotions d'un Perdreau rouge, Les petits Pâtés, Le Tambourinaire, Tartarin de Tarascon,* etc. (*Edition spéciale à l'usage de la jeunesse*), illustrés par EMILE BAYARD et A. MARIE, in-8° jésus.

DUPIN DE ST-ANDRÉ ✝*Double Conquête,** illustré par P. DESTEZ, in-8° jésus.

COLLECTION HETZEL

LAURIE (ANDRÉ), *La Vie de Collège dans tous les Temps et dans tous les Pays* :
  *L'Ecolier d'Athènes, illustrations en couleurs par G. Roux.
LAURIE (ANDRÉ), *Les Romans d'Aventures* :
  Atlantis, illustrations en couleurs, par G. Roux.
  †* Gérard et Colette (*Les Chercheurs d'or de l'Afrique australe*), illustré par Benett, in-8° jésus.
NEUKOMM (EDMOND) *Les Dompteurs de la Mer, *Les Normands en Amérique, depuis le x° jusqu'au xv° siècle*, illustrations en couleurs par G. Roux et Benett.
PERRAULT (PIERRE) *Ma sœur Thérèse, illustrations en couleurs par J. Geoffroy et L. Gsell.
SANDEAU (JULES), de l'Académie française :
  *※La Roche aux Mouettes, illustré par Bayard et Férat, in-8° jésus.
STAHL (P.-J.)..... ()*※ Les Patins d'argent (*Histoire d'une famille hollandaise et d'une bande d'écoliers*), d'après M° Mary Mapes Dodge, illustré par Th Schuler, in-8° jésus.
STAHL ET MULLER.*※Le Nouveau Robinson suisse, nouvelle édition revue, corrigée et mise au courant de la science, illustrée de 150 dessins par Yan'Dargent, in-8° jésus.
VIOLLET-LE-DUC (texte et dessins) :
  *※Histoire de l'Habitation humaine, depuis les temps préhistoriques jusqu'à nos jours. (Illustrations en couleurs.)
  *※Histoire d'un Hôtel de ville et d'une Cathédrale. (Illustrations en couleurs.)

VOLUMES IN-8° CAVALIER ILLUSTRÉS

CHAQUE OUVRAGE FORME UN VOLUME

Brochés, **4** *fr.* **50.** — *Cartonnés toile, tranches dorées,* **6** *fr.*

ANCEAU.......... Blanchette et Capitaine.
BENTZON (TH.)..... ※Pierre Casse-Cou.
—   ..... La Rose blanche (*En temps de guerre*), d'après Mᵐᵉ Mary Davis.
BERR DE TURIQUE. La petite Chanteuse.
BIART (LUCIEN)....*※Voyages et Aventures de deux enfants dans un parc.
BUSNACH (W.)..... ()Le Petit Gosse.
CAUVAIN (H.)...... Le grand Vainou.
CHAZEL (PROSPER).. *Le Chalet des Sapins.
CRETIN-LEMAIRE ... Les Expériences de la petite Madeleine.

---

† **Nouveautés de l'année.**

COLLECTION HETZEL

DEQUET (A.)........	*Histoire de mon Oncle et de ma Tante.
DUMAS (ALEXANDRE)	Histoire d'un Casse-noisette.
ERCKMANN-CHATRIAN	Pour les Enfants.
GENNEVRAYE......	Un château où l'on s'amuse.
— ......*※	La petite Louisette.
— ....❶※	Marchand d'Allumettes.
—	Les Petits Robinsons de Roc-Fermé.
LERMONT (J.).....	Histoire de deux bébés (*Kitty et Bo*).
—	Un heureux Malheur.
— .....*※	Les jeunes Filles de Quinnebasset, d'après Sophie MAY.
—	Siribeddi (*Mémoires d'un éléphant*).
—	†Un Honnête petit Homme.
MACÉ (JEAN)......*※	Les Contes du Petit Château.
— ......※	Le Théâtre du Petit Château.
— ......*※	Histoire de deux petits Marchands de pommes.
— ......*※	Les Serviteurs de l'Estomac.
MALOT (HECTOR)...*※	Romain Kalbris, illustré par E. BAYARD.
MULLER..........*※	La Jeunesse des Hommes célèbres.
NICOLE..........	Contes et Légendes d'Égypte.
PERRAULT (P.).....	Pas-Pressé.
RECLUS (ELISÉE)...*※	Histoire d'une Montagne.
— ....*※	Histoire d'un Ruisseau.
SAINTINE........※	Picciola.
SILVA (DE)........	Le Livre de Maurice.
STAHL (P.-J.).....*※	Les quatre Filles du docteur Marsch, d'après ALCOTT.
STAHL ET LERMONT.	*La Petite Rose, ses six tantes et ses sept cousins, d'après ALCOTT.
STAHL ET DE WAILLY.※	Les Vacances de Riquet et Madeleine.
—	Mary Bell, William et Lafaine.
STEVENSON (R.-L.)..*※	L'Île au Trésor, adaptation par André LAURIE.
VADIER (B.).......	Rose et Rosette.
VIOLLET-LE-DUC....*※	Histoire d'une Maison.
— ....*※	Histoire d'un Dessinateur. (*Comment on apprend à dessiner.*)

Petite Bibliothèque Blanche

VOLUMES ILLUSTRÉS GRAND IN-16

Brochés, **1** *fr.* **50.** *Cartonnés toile rouge, tranches dorées,* **2** *fr.*

ALDRICH (TH.-B.)..*✳Un Écolier américain (adapté par Bentzon).	
AUSTIN (S.)........	Boulotte.
BEAULIEU (DE)....	Les Mémoires d'un Passereau.
BENTZON (TH.)....	*Yette (Histoire d'une jeune Créole).
BERTIN (M.)......	Les deux côtés du mur.
—	*Voyage au pays des défauts.
—	Les Douze.
BIGNON..........	Un singulier petit homme.
BRÉHAT (A. DE)....	Aventures de Charlot et de ses sœurs.
CHATEAU-VEROUN (DE)	*Monsieur Roro.
CHERVILLE........	✳Histoire d'un trop bon Chien.
CRETIN-LEMAIRE...	Le Livre de Trotty.
DIENY...........	*La Patrie avant tout.
DUMAS (ALEXᵐᵉ)....	La Bouillie de la Comtesse Berthe.
DUPIN DE ST-ANDRÉ	Petit Jean.
FEUILLET (OCTAVE).	*La Vie de Polichinelle.
GÉNIN (M.).......	*Un petit Héros.
—	Les Grottes de Plémont.
GIRON (AIMÉ).....	*La Famille de la Marjolaine.
LA BÉDOLLIÈRE (DE)	*Hᵉ de la Mère Michel et de son Chat.
LEMONNIER (C.)...	Bébés et Joujoux.
—	*Histoire de huit Bêtes et d'une Poupée.
—	Les Joujoux parlants.
LERMONT (J.).....	Mes Frères et Moi.
LOCKROY (S.)......	Les Fées de la Famille.
MARSHALLS........	*Le Petit Jack.
MAYNE-REID	*Les Exploits des Jeunes Boërs.
— ......†*✳Les Chasseurs de Girafes.	
MOUANS..........	†Frisonne l'Engourdie.
MULLER..........	Récits enfantins.
MUSSET (P. DE)...	M. le Vent et Mᵐᵉ la Pluie.
NODIER (CHARLES)..	Trésor des fèves et fleur des pois.
OURLIAC (E.)......	Le Prince Coqueluche.
PERRAULT........	*Les Lunettes de grand'maman.
—	Les Exploits de Mario.
SAND (GEORGE)....	Histoire du véritable Gribouille.
SPARK...........	*Fabliaux et Paraboles.
STAHL (P.-J.).....	*Les Aventures de Tom Pouce.
—	*Les Contes de Tante Judith.
—	*Le Sultan de Tanguik.
VERNE (JULES)....*✳Un Hivernage dans les glaces.	

✳ Ouvrages honorés de souscriptions du *Ministère de l'Instruction publique,* ou choisis pour faire partie des catalogues des bibliothèques scolaires ou populaires.

Albums Stahl

Bibliothèque de Mlle Lili et de son cousin Lucien

Albums in-4° en couleurs : *Prix: cartonnés bradel,* **1** *fr.*

BECKER. Une drôle d'École.
BOS. Leçon d'Équitation.
CASELLA. Les Chagrins de Dick.
— Le Déjeuner sur l'herbe.
FRŒLICH. *Chansons et Rondes de l'Enfance* (chaque Chanson forme un Album). — Au Clair de la Lune. — La Boulangère a des écus. — Le Roi Dagobert. — Cadet-Roussel. — Il était une Bergère. — Giroflé-Girofla. — La Mère Michel. — Malbrough. — La Marmotte en vie. — M^r de La Palisse. — Nous n'irons plus au bois. — La Tour, prends garde. — Compère Guilleri. Le Pont d'Avignon.
Les Frères de Mlle Lili. — Revanche de François. — Le Pommier de Robert.
FROMENT. Tambour et Trompette. — Le Plat mystérieux.

GEOFFROY. Don Quichotte. — Gulliver.
KURNER. Une Maison inhabitable.
LUCHT (DE). La Pêche au Tigre. — Les trois Montures de John Cabriole. — L'Homme à la Flûte. — Les Animaux domestiques. — Robinson Crusoé.
MATTHIS. Métamorphoses d'un Papillon.
MERY. La Guerre autour d'un Cerisier.
TINANT. Les Pêcheurs ennemis. — La Revanche de Cassandre. — Un Voyage dans la neige. — De haut en bas. — Machin et Chose. — Le Berger ramoneur. — Un Colin-Maillard accidenté — † Un Premier Jour de Vacances.
TROJELLI. Alphabet musical de Mlle Lili.

En noir : *reliés toile, à biseaux,* **4** *fr.; cart. bradel,* **2** *fr.*

DETAILLE. Les bonnes Idées de Mlle Rose.
FRŒLICH. Alphabet de Mlle Lili. — Arithmétique de Mlle Lili. — Grammaire de Mlle Lili. — L'A perdu de Mlle Babet. — Les Caprices de Manette. — Un drôle de Chien. — Journée de Mlle Lili. — Mlle Lili à Paris. — Mlle Lili aux Champs-Élysées. — La Journée de M. Jujules. — Mlle Lili en Suisse. — La Poupée de Mlle Lili. — Les petits Bergers. — Cerf agile. — La 1re Chasse de Jujules. — Une grande journée de Mlle Lili. — La Mère Bontemps. — Papa en voyage. — La Vocation de Jujules. — Maman en voyage. — Les 3 Chiens de Mlle Lili.

FROMENT. Le petit Acrobate. — Petites Tragédies enfantines. — Scènes familières (*au Château*). — Scènes familières (*à la Ferme*). — Nouvelles Tragédies enfantines. — Michel et Suzon.
GEOFFROY. Proverbes en action. — Fables de La Fontaine en action.
GRISET. La Découverte de Londres.
HUMBERT. Le Roi des Pingouins.
LALAUZE. Le Rosier du petit frère. — †Suzanne et Suzette.
LAMBERT. Chiens et Chats.
MÉAULLE. Petits Robinsons de Fontainebleau.
PIRODON. Histoire de Bob aîné.

En noir: *reliés toile,* **5** *fr.; cartonnés bradel,* **3** *fr.*

FRŒLICH. — La Révolte punie. — Voyage de Mlle Lili autour du monde. — Voyage de découvertes de Mlle Lili. — Chasse au volant.

GRISET. — Pierre le Cruel.
SCHULER (TH.). — Le premier Livre des petits enfants.

Les Contes de Perrault
^{PRÉFACE} DE P.-J. STAHL

40 GRANDES COMPOSITIONS HORS-TEXTE DE **Gustave DORÉ**
1 volume in-4°, cartonnage riche, **25** fr. Reliure d'amateur, **30** fr.
(*Il reste encore quelques exemplaires de la grande édition in-folio sur papier de Hollande.*)

† Nouveautés de l'année.

BIBLIOTHÈQUE
d'Éducation et de Récréation

VOLUMES IN-18 ILLUSTRÉS

Brochés, 3 fr.

Cartonnés toile, tranches dorées, 4 fr.

ALDRICH	*※Un Écolier américain (*adapté par Bentzon*).	1 v.
ASTON (G.)	* L'Ami Kips	1 v.
BADIN	* Jean Casteyras	1 v
BENEDICT	*※La Madone de Guido-Reni	1 v.
BENTZON	※Pierre Casse-Cou	1 v.
—	* Yette	1 v.
—	*※Contes de tous les Pays	1 v.
—	*※Geneviève Delmas	1 v.
BERTRAND (Alex.)	*※Lettres sur les révolutions du globe	1 v.
—	*※Les Fondateurs de l'Astronomie	1 v.
BIART (Lucien)	※Aventures d'un jeune Naturaliste	1 v.
—	*※Entre Frères et Sœurs	1 v.
—	*※Monsieur Pinson	1 v.
—	*※Aventures de deux enfants dans un parc	1 v.
BLANDY (S.)	※L'Oncle Philibert	1 v.
—	* Fils de Veuve	1 v.
BOISSONNAS (Mme B.)	*※Une Famille pendant la guerre 1870-71 (*couronné par l'Académie française*)	1 v.
—	*※Un Vaincu	1 v.
BRÉHAT (de)	*※Aventures d'un petit Parisien	1 v.
—	※Aventures de Charlot	1 v.

Contes et Récits de l'Histoire naturelle :

CANDÈZE (Dr)	* Aventures d'un Grillon	1 v.
—	* La Gileppe	1 v.
—	* Périnette	1 v.

CLÉMENT (Ch.)	*※Michel-Ange, Raphaël, Léonard de Vinci	1 v.
DESNOYERS (Louis)	* Mésaventures de Jean-Paul Choppart	1 v.
DUBOIS (Félix)	※La Vie au Continent noir	1 v.
DUPIN DE SAINT-ANDRÉ	* Ce qu'on dit à la maison	1 v.
ERCKMANN-CHATRIAN	*※Le fou Yégof ou l'Invasion	1 v.
—	*※Madame Thérèse	1 v.
—	*※Les États généraux (1789)	1 v.
—	*※La Patrie en danger (1792)	1 v.
—	*※L'An I de la République (1793)	1 v.
—	*※Le Citoyen Bonaparte (1794-1815)	1 v

(Histoire d'un Paysan :)

BIBLIOTHÈQUE D'ÉDUCATION ET DE RÉCRÉATION

Faraday (M.)	*※Histoire d'une Chandelle	1 v.
Font-Reaulx (de)	※Les Canaux	1 v.
Gennevraye	*※La Petite Louisette	1 v.
—	※Marchand d'Allumettes (*couronné par l'Académie française*)	1 v.
—	Un Château où l'on s'amuse	1 v.
Gouzy	*※Voyage d'une Fillette au pays des Étoiles	1 v.
—	*※Promenade d'une Fillette autour d'un Laboratoire	1 v.
Gratiolet (P.)	※De la Physionomie	1 v.
Grimard	* Histoire d'une Goutte de sève	1 v.
—	* Le Jardin d'Acclimatation	1 v.
Hirtz (Mlle)	*※Méthode de Coupe et de Confection des vêtements de femmes et d'enfants, 154 gravures	1 v.
Hugo (Victor)	*※Les Enfants (Le Livre des Mères)	1 v.
Laprade (V. de)	※Le Livre d'un Père	1 v.

Laurie (André). *La Vie de Collège dans tous les Temps et tous les Pays :*

*※La Vie de collège en Angleterre	1 v.	*※Autour d'un Lycée japonais.	1 v.
*※Mémoires d'un Collégien	1 v.	*※Le Bachelier de Séville	1 v.
*※Une année de collège à Paris	1 v.	*※Mémoires d'un Collégien russe	1 v.
*※Un Écolier hanovrien	1 v.	*※Axel Ebersen (Le gradué d'Upsala)	1 v.
*※Tito le Florentin	1 v.	†* L'Écolier d'Athènes	1 v.

Laurie (André). *Les Romans d'Aventures :*

*※L'Héritier de Robinson	1 v.	*Selene Company limited*	
*※Le Capitaine Trafalgar	1 v.	*Le Nain de Rhadamèh	1 v.
* De New-York à Brest en 7 heures	1 v.	*Les Naufragés de l'espace	1 v.
Le Secret du Mage	1 v.	*Le Rubis du Grand Lama	1 v.

Atlantis. 1 vol.

Lavallée (Th.)	* Les Frontières de la France (*couronné par l'Académie française*)	1 v.
Legouvé (Ernest), de l'Académie française	*※Les Pères et les Enfants au xix⁰ siècle :	
	Enfance et Adolescence	1 v.
	La Jeunesse	1 v.
—	*※Nos Filles et nos Fils	1 v.
—	*※L'Art de la lecture	1 v.
—	*※La Lecture en action	1 v.
—	※Une Élève de seize ans	1 v.
—	* Épis et Bleuets	1 v.
Lermont	*※Les jeunes Filles de Quinnebasset	1 v.
—	※Un heureux Malheur	1 v.
Macé (Jean)	*※Arithmétique du Grand-Papa	1 v.
—	*※Contes du Petit Château	1 v.
—	*※Histoire d'une Bouchée de Pain	1 v.
—	*※Les Serviteurs de l'estomac	1 v.
—	*※Les Soirées de ma tante Rosy	1 v.

J. HETZEL ET Cie, 18, RUE JACOB

MAYNE-REID. *Œuvres choisies pour la Jeunesse :*

*※William le Mousse . . . . . . 1 v.
* Les jeunes Esclaves. . . . . 1 v.
* Les Exploits des jeunes Boërs. . . . . 1 v.
*※Les Chasseurs de Girafes. . 1 v.
* Les Naufragés de Bornéo. 1 v.
*※Les Planteurs de la Jamaïque. 1 v.
*※Les deux Filles du Squatter. 1 v.
*※Les Robinsons de Terre ferme . . . . 1 v.
* Les Chasseurs de Chevelures . . . . 1 v.
*※Le petit Loup de mer . . . 1 v.
* La Terre de Feu . . . . . . 1 v.

MULLER (Eugène). . . . *※Jeunesse des Hommes célèbres . . . . 1 v.
    —   *※Morale en action par l'histoire. . . . . 1 v.
NEUKOMM (Edmond). . * Les Dompteurs de la Mer. . . . . 1 v.
NODIER (Charles). . . . . Contes. . . . . 2 v.
NOUSSANNE (H. de). . . *※Jasmin Robba. . . . . 1 v.
PERRAULT (P.). . . . . . . †*Ma Sœur Thérèse. . . . . 1 v.
RAMBAUD (Alfred). . . †*※L'Anneau de César (*ouvrage couronné par l'Académie française*). . . . . 2 v.
RATISBONNE (Louis) . .*※La Comédie enfantine (*ouvrage couronné par l'Académie française*). . . . . 1 v.
RECLUS (Élisée). . . . . *※Histoire d'un Ruisseau . . . . 1 v.
    —   *※Histoire d'une Montagne . . . . 1 v.
RIDER-HAGGARD. . . . .*※Découverte des Mines du Roi Salomon. . . 1 v.
SANDEAU (Jules). . . . .*※La Roche aux Mouettes . . . . 1 v.
de l'Académie française
SIEBECKER (Édouard). .*※Histoire de l'Alsace . . . . 1 v.
SIMONIN . . . .*※Histoire de la Terre. . . . . 1 v.
STAHL (P.-J.) . . . . . .*※Contes et Récits de Morale familière . . . . . 1 v.
                      (*Ouvrage couronné par l'Académie française*, adopté par les conférences cantonales d'instituteurs et les commissions départementales, et compris dans la circulaire ministérielle du 17 novembre 1883.)
    —   *※Les Patins d'argent (*ouvrage couronné par l'Académie française*). . . . . 1 v.
    —   ※Histoire d'un Ane et de deux jeunes Filles (*ouvrage couronné par l'Académie française*) . . . . 1 v.
    —   *※Maroussia (*ouvrage couronné par l'Académie française*). . . . . 1 v.
    —   * Les quatre Peurs de notre général. . . . . . 1 v.
    —   *※Les quatre Filles du Dr Marsch . . . . 1 v.
    —   *※Mon premier Voyage en Mer, *adaptation*. . 1 v.
    —   Contes de l'Oncle Jacques. . . . . 1 v.
STAHL et LERMONT . .* La petite Rose, ses six Tantes et ses sept Cousins. 1 v.
    —   *※Jack et Jane . . . . 1 v.
STAHL et MULLER. . . .*※Le Nouveau Robinson suisse. . . . . 1 v.
STEVENSON. . . . .*※L'Ile au Trésor. . . . . 1 v.
TOLSTOÏ (le comte L.)..*※Enfance et Adolescence. . . . . 1 v.
VADIER. . . . . Blanchette . . . . 1 v.
VALLERY-RADOT (R.). .*※Journal d'un Volontaire d'un an (*ouvrage couronné par l'Académie française*). . . . 1 v.
VAN BRUYSSEL . . . . .*※Scènes de la Vie des Champs et des Forêts aux États-Unis. . . . . 1 v.
J. VERNE et A. LAURIE. * L'Épave du Cynthia. . . . . 1 v.

VERNE (Jules). VOYAGES EXTRAORDINAIRES

(couronnés par l'Académie française)

Aventures du capitaine Hatteras :
* ※Les Anglais au pôle Nord. 1 v.
* ※Le Désert de Glace. . . . . 1 v.

* ※Voyage au centre de la Terre *(couronné)*. . . . 1 v.
* ※Cinq semaines en ballon *(couronné)*. . . . . 1 v.

Les Enfants du capitaine Grant :
* ※L'Amérique du Sud. . . . . 1 v.
* ※L'Australie . . . . 1 v.
* ※L'Océan Pacifique. . . . . . 1 v.

* ※De la Terre à la Lune *(couronné)*. . . . . 1 v.
* Autour de la Lune *(couronné)*. . . . . 1 v.
* ※Vingt mille lieues sous les Mers *(couronné)*. . . . . 2 v.
* ※Une Ville flottante. . . . . . 1 v.
* ※Aventures de trois Russes et de trois Anglais. . . . . . 1 v.
* ※Le Tour du Monde en 80 jours . . . . 1 v.
* ※Le Pays des Fourrures. . . 2 v.

L'Ile Mystérieuse :
* ※Les Naufragés de l'air. . . 1 v.
* ※L'Abandonné. . . . . 1 v.
* ※Le Secret de l'île. . . . . . 1 v.

* ※Le docteur Ox. . . . . 1 v.
* ※Le Chancellor . . . . 1 v.
* ※Michel Strogoff. . . . . . . 2 v.

* ※Les Indes-Noires. . . . . . . 1 v.
* Hector Servadac. . . . . . . 2 v.
* ※Un Capitaine de quinze ans. 2 v.
* Les cinq cents Millions de la Bégum. . . . . 1 v.
* ※Les Tribulations d'un Chinois en Chine . . . . . . 1 v.
* ※La Maison à vapeur. . . . , 2 v.
* La Jangada. . . . . 2 v.
* Le Rayon-Vert. . . . . . . 1 v.
   L'École des Robinsons. . . 1 v.
* Kéraban-le-Têtu . . . . . . 2 v.
* L'Étoile du Sud. . . . . . . 1 v.
* L'Archipel en feu. . . . . . 1 v.
* Mathias Sandorf. . . . . . . 3 v.
   Robur-le-Conquérant. . . . 1 v.
* Un Billet de Loterie . . . . 1 v.
* ※Nord contre Sud . . . . . . 2 v.
* Le Chemin de France . . . 1 v.
* Deux Ans de Vacances. . . 2 v.
* Famille sans Nom. . . . . . 2 v.
* Sans dessus dessous . . . . 1 v.
* ※César Cascabel . . . . 2 v.
   ※Mistress Branican. . . . . . 2 v.
   ※Le Château des Carpathes. 1 v.
* ※Claudius Bombarnac. . . . 1 v.
   ※P'tit Bonhomme . . . . . . 2 v.
* Mirifiques aventures de Maître Antifer. . . . . . 2 v.
* ※L'Ile à hélice. . . . . 2 v.
* ※Face au Drapeau. . . . . . 1 v.
   Clovis Dardentor. . . . . . 1 v.
† *Le Sphinx des Glaces . . . 2 v.

VERNE (Jules). *Histoire des grands voyages et des grands voyageurs.*

La découverte de la Terre
{ * ※Les premiers Explorateurs . . . . 2 v.
{ * ※Les Navigateurs du xviiie siècle. . . . . . . 2 v.
{ * ※Les Voyageurs du xixe siècle. . . . . 2 v.

VOLUMES IN-18

Brochés, 3 fr. — Cartonnés toile, tranches dorées, 4 fr.

FRANKLIN (J.). . . . . . ※Vie des Animaux . . . . 6 v.
SUSANE (général). . . . Histoire de la Cavalerie . . . . 3 v.
— Histoire de l'Artillerie. . . . . 1 v.
ZIDLER . . . . † La Légende des Écoliers de France. . . . . 1 v.

Livres Classiques

VOLUMES IN-18

Adoptés par le Ministère de l'Instruction publique

BRACHET (A.) ⊕*✳Grammaire historique de la langue française. Préface par Littré . . . . 3 fr. »
(Bradel, 3 fr. 25. Cartonné toile, 4 fr.)

— ⊕*✳Dictionnaire étymologique de la langue française. Préface par Egger . . . . 8 fr. »
(Bradel, 8 fr. 50. Cartonné toile, 9 fr.)

EGGER. . . . . *✳Histoire du Livre. . . . . 3 fr. »
(Cartonné toile, 4 fr.)

GRIMARD (Ed.). *✳La Botanique à la campagne . . . . 4 fr. »
(Cartonné toile, 5 fr.)

HIPPEAU. . . . *✳Cours d'Économie domestique. . . . . 3 fr. »
(Cartonné toile, 4 fr.)

HUGO (Victor). *✳Les Enfants (Le Livre des Mères). . . . . . 3 fr. »
(Bradel, 3 fr. 25. Cartonné toile, 4 fr.)

— . . . *✳Œuvres. Extraits. Edition des Ecoles. . . . . 2 fr. »
(Cartonné toile, 3 fr.)

LEGOUVÉ (E.). *✳L'Art de la lecture . . . . 3 fr. »
(Cartonné toile, 4 fr.)

— ✳Petit Traité de lecture à haute voix . . . . . . 1 fr. »
(Cartonné bradel, 1 fr. 20)

MULLER (Eug.). *✳La Morale en action par l'Histoire . . . . . . 3 fr. »
(Cartonné toile, 4 fr.)

PETIT (Arsène) *✳La Grammaire de la Lecture à haute voix. . . . 3 fr. »

— ✳La Grammaire de la Ponctuation . . . . 3 fr. »

— Extrait de la Grammaire de la Ponctuation. 0 fr. 50

STAHL (P.-J.) ⊕*✳Contes et Récits de Morale familière . . . . . 3 fr. »
(Cartonné toile, 4 fr.)

VOLUMES IN-18

DUBAIL. . . . . Cours classique de Géographie. . . . . 3 fr. »

DURAND . . . . *Les Grands Poètes . . . . 2 fr. »
(Cartonné toile, 3 fr.)

*Les Grands Prosateurs . . . . 2 fr. »
(Cartonné toile, 3 fr.)

GRAMONT (F. de) ⊕Les Vers français et leur prosodie. . . . . . 3 fr. »
(Cartonné toile, 4 fr.)

MACÉ (Jean). . Arithmétique élémentaire. 1re partie. Cartonné. 0 fr. 75

— . . Arithmétique élémentaire. 2e partie. Cartonné. 0 fr. 75

ORDINAIRE. . . *Rhétorique nouvelle. . . . . 3 fr. »

PETIT (Arsène) La Grammaire de l'Art d'écrire . . . . 3 fr. »

REY. . . . . . Le Monde des Microbes. . . . . 4 fr. »

SOUVIRON . . . *Dictionnaire des termes techniques . . . . . . 6 fr. »

VADIER (B.). . Théâtre à la maison et à la pension. 21 comédies et proverbes pour jeunes filles et jeunes garçons, formant 10 fascicules illustrés à . . . . 0 fr. 30

⊕ Ouvrages couronnés par l'*Académie française*.

BIBLIOTHÈQUE DES JEUNES FRANÇAIS

VOLUMES GRAND IN-16

BROCHÉS, **1 FR. 50.** — CARTONNÉS TOILE, TRANCHES JASPÉES, **2 FR.**

BLOCK (Maurice) ... *※Petit Manuel d'Économie pratique (*ouvrage couronné par l'Académie française*).

— *※Entretiens familiers sur l'administration de notre pays*

- La France. **1 v.**
- Le Département . . . . **1 v.**
- La Commune. . . . . **1 v.**
- (Ouvrages adoptés par les conférences cantonales d'instituteurs et les commissions départementales, et compris dans la circulaire ministérielle du 17 novembre 1883.)
- Paris, Organisation municipale 1 vol. — Paris, Institution administrative, 1 vol.
- Le Budget, 1 vol. — L'Impôt, 1 vol.
- L'Industrie, 1 vol. — L'Agriculture, 1 vol. — Le Commerce, 1 vol.

ERCKMANN-CHATRIAN. ※Avant 89 (illustré).
LECOMTE (Maxime). . * La Vocation d'Albert.
MACÉ (Jean). . . . . . * La France avant les Francs (illustré).
PONTIS. . . . . ※Petite Grammaire de la prononciation.
TRIGANT-GENESTE . . ※Le Budget communal.

Cahiers d'une Élève de Saint-Denis

Cours d'études complet et gradué d'éducation pour jeunes filles et jeunes garçons, à suivre en six années soit dans la pension, soit dans la famille

Par deux anciennes Élèves de la Légion d'Honneur

Et **LOUIS BAUDE**, *ancien professeur au Collège Stanislas*

La Collection complète : Brochée, **51 fr.** — Cartonnée, **55 fr. 25**

Tomes		Broché	Cart.	Tomes				Broché	Cart.
CAHIERS préliminaires	1er Cours de lecture	2 »	2 25	3.	2e année	1er sem.		2 50	2 75
	2e Instruction élémentaire.	3 »	3 25	4.	—	2e	—	2 50	2 75
	3e Instruction élémentaire.	3 »	3 25	5.	3e	1er	—	3 »	3 25
	4e Cours d'écriture	4 »	4 50	6.	—	2e	—	3 50	3 75
				7.	4e	1er	—	3 50	3 75
1.	1re année 1er sem.	1 50	1 75	8.	—	2e	—	3 50	3 75
2.	— 2e —	2 50	2 75	9.	5e	1er	—	3 50	3 75
				10.	—	2e	—	4 »	4 25
				11.	6e	1er	—	4 50	4 75
				12.	—	2e	—	4 50	4 75

*※Etudes d'après les Grands Maîtres — Dessins et Lithographies

Par **A. COLIN**, professeur de dessin à l'École polytechnique

Ouvrage adopté par le Ministère de l'Instruction publique à l'usage des Lycées et des Écoles

Album in-folio : 20 planches. PRIX : cart. bradel, **20 fr.** — Cart. toile, **22 fr.**

LIBRAIRIE GÉNÉRALE

Histoire — Poésie — Voyages — Romans
Littératures Française et Étrangères

OUVRAGES ILLUSTRÉS DIVERS

GRANDVILLE. — **Les Animaux peints par eux-mêmes,** scènes de la vie privée et publique des animaux, publié sous la direction de P.-J. STAHL, avec la collaboration de BALZAC, G. DROZ, BENJAMIN FRANKLIN, JULES JANIN, A. DE MUSSET, E. SUE, NODIER, SAND. 1 volume in-8° jésus, contenant 320 dessins. Chef-d'œuvre de Grandville. Relié, tranches dorées, 14 fr. ; cartonné toile, tranches dorées, 12 fr.; broché. . .   **9 »**

TOUSSENEL. — **L'Esprit des Bêtes.** 1 volume illustré par BAYARD. Toile, tranches dorées, 6 fr.; broché. **4 50**

LIVRES ET ALBUMS D'AMATEURS

DAPHNIS ET CHLOÉ, traduction d'Amyot, complétée par P.-L. Courrier. Préface par Amaury Duval. 42 compositions au trait par Burthe, imprimées en bistre, in-folio, cartonnage riche . . . .   **50 »**

*Quelques exemplaires sur papier de Chine ou de Hollande
des ouvrages suivants :*

ASTON (G.). L'AMI KIPS (Voyage d'un botaniste dans sa maison), in-8° illustré.
BIART (LUCIEN). UN VOYAGE INVOLONTAIRE, in-8° illustré.
LADREYT (M.-C.). L'INSTRUCTION PUBLIQUE EN FRANCE ET LES ÉCOLES AMÉRICAINES, in-18.
PERRAULT. CONTES ILLUSTRÉS par GUSTAVE DORÉ, in-folio.
SAINTINE. PICCIOLA, in-8° illustré.
SAINT-JUAN (DE). LA CUISINE PRATIQUE, in-18.
VERNE (JULES). LES TRIBULATIONS D'UN CHINOIS EN CHINE, in-8° illustré.
— ROBUR-LE-CONQUÉRANT, in-18.
VIOLLET-LE-DUC. HISTOIRE D'UN DESSINATEUR, in-8° illustré.

VICTOR HUGO

ŒUVRE POÉTIQUE ELZÉVIRIENNE
Édition in-18 raisin sur papier vergé de Hollande
Dessins et Ornements par E. FROMENT.

Odes et Ballades. 1 vol. . 7 50	**Contemplations.** 2 vol. à 7 fr. 50 . . . . 15 »
Chants du crépuscule. 1 vol. . . . . 4 »	**La Légende des siècles,** 1 vol. 7 50
Voix intérieures. 1 vol. . 4 »	**Les Chansons des Rues et des Bois.** 1 vol. 7 50
Rayons et Ombres. 1 v. 4 »	

(Il reste encore quelques volumes sur papier de Chine.)

† Nouveautés de l'année.

J. HETZEL ET Cie, 18, RUE JACOB

VICTOR HUGO

✳ ŒUVRES COMPLÈTES *ne varietur* in-8°
ÉDITION DÉFINITIVE SUR LES MANUSCRITS ORIGINAUX
48 VOLUMES IN-8° CAVALIER

Prix de chaque volume : 7 fr. 50 broché ; 10 fr. relié amateur.

POÉSIE : 16 volumes.

Odes et Ballades (Préface inédite). 1 vol. — *Les Orientales, les Feuilles d'automne.* 1 vol. — *Chants du Crépuscule, Voix intérieures, Rayons et Ombres.* 1 vol. — *Les Châtiments.* 1 vol. — *Les Contemplations.* 2 vol. — *La Légende des siècles.* 4 vol. — *Chansons des Rues et des Bois.* 1 vol. — *L'Année Terrible.* 1 vol. — *L'Art d'être grand-père.* 1 vol. — *Le Pape, La Pitié suprême, Religions et Religion, L'Ane.* 1 vol. — *Les Quatre Vents de l'Esprit.* 2 vol.

PHILOSOPHIE : 2 volumes.

Littérature et Philosophie mêlées. 1 vol. — *William Shakespeare.* 1 vol.

VOYAGE : 2 volumes.

Le Rhin. 2 vol.

DRAME : 5 volumes.

Cromwell. 1 vol. — *Hernani, Marion de Lorme, Le Roi s'amuse.* 1 vol. — *Lucrèce Borgia, Marie Tudor, Angelo* (1 acte inédit). 1 vol. — *Ruy-Blas, La Esmeralda, Les Burgraves.* 1 vol. — *Torquemada, Les Jumeaux, Amy Robsart.* 1 vol.

ROMAN : 14 volumes.

Han d'Islande. 1 vol. — *Bug-Jargal, Dernier jour d'un condamné, Claude Gueux.* 1 vol. — *Notre-Dame de Paris.* 2 vol. — *Les Misérables.* 5 vol. — *Les Travailleurs de la Mer* (précédé de *l'Archipel de la Manche*). 2 vol. — *L'Homme qui rit.* 2 vol. — *Quatrevingt-treize.* 1 vol.

HISTOIRE : 3 volumes.

Napoléon le Petit. 1 vol. — *Histoire d'un crime.* 2 vol.

ACTES ET PAROLES : 4 volumes.

Avant l'exil. 1 vol. — *Pendant l'exil.* 1 vol. — *Depuis l'exil.* 2 vol.

VICTOR HUGO raconté. 2 vol.

✳ ŒUVRES INÉDITES POSTHUMES
Prix de chaque volume in-8° : 7 fr. 50 broché.

Le Théâtre en liberté. 1 vol.
La Fin de Satan, 1 vol.
Choses vues. 1 vol.
Toute la Lyre, 2 vol.
Toute la Lyre, dernière série. 1 vol.

Dieu, 1 vol.
En Voyage : Les Alpes, Les Pyrénées. 1 vol.
En Voyage : France et Belgique. 1 vol.

Les Jumeaux. — *Amy Robsart.* 1 vol. . . . . **6 francs.**

Volumes in-8° divers à 7 fr. 50 brochés.

BERTRAND (J.)	*✳ Les Fondateurs de l'astronomie moderne, suivi de Arago et sa vie scientifique. **1 vol.**
—	*✳ L'Académie et les Académiciens. . . . **1 vol.**
BOUCHET (Eugène) . .	✳ Précis des Littératures étrangères. . . **1 vol.**
BLANC et ARTOM . . .	Œuvre parlementaire du comte de Cavour **1 vol.**
DELAHANTE.	Une famille de finance au XVIII° siècle . **2 vol.**
DIPLOMATE (Un) . . .	L'affaire du Tonkin. . . . . **1 vol.**
LEGOUVÉ (Ernest). . .	*✳ Soixante ans de souvenirs . . . . **2 vol.**
MORTIMER D'OCAGNE .	*✳ Les grandes Écoles de France. . . . . **1 vol.**
TROCHU (Général). . .	L'Empire et la défense de Paris. . . . **1 vol.**

✳ **Ouvrages honorés de souscriptions du *Ministère de l'Instruction publique*, ou choisis pour faire partie des catalogues des bibliothèques scolaires ou populaires.**

LIBRAIRIE GÉNÉRALE

VICTOR HUGO

—

*✳ŒUVRES COMPLÈTES *ne varietur* **in-18**

ÉDITION DÉFINITIVE SUR LES MANUSCRITS ORIGINAUX

70 Volumes in-18. Prix de chaque volume : **2** fr. broché.

POÉSIE : 20 volumes

Odes et Ballades. 1 vol. — *Les Orientales.* 1 vol. — *Les Feuilles d'automne.* 1 vol. — *Les Chants du crépuscule.* 1 vol. — *Les Voix intérieures.* 1 vol. — *Les Rayons et les Ombres.* 1 vol. — *Les Châtiments.* 1 vol. — *Les Contemplations.* 2 vol. — *La Légende des siècles.* 4 vol. — *Les Chansons des Rues et des Bois.* 1 vol. — *L'Année terrible.* 1 vol. — *L'Art d'être grand-père.* 1 vol. — *Le Pape, La Pitié suprême.* 1 vol. — *Religions et Religion, L'Ane.* 1 vol. — *Les Quatre Vents de l'Esprit.* 2 vol.

DRAME : 10 volumes

Cromwell. 1 vol. — *Hernani.* 1 vol. — *Marion de Lorme.* 1 vol. — *Le Roi s'amuse.* 1 vol. — *Lucrèce Borgia.* 1 vol. — *Marie Tudor, Esmeralda.* 1 vol. — *Angelo.* 1 vol. — *Ruy Blas.* 1 vol. — *Les Burgraves.* 1 vol. — *Torquemada.* 1 vol.

ROMAN : 20 volumes

Han d'Islande. 1 vol. — *Bug-Jargal.* 1 vol. — *Le Dernier jour d'un condamné, Claude Gueux.* 1 vol. — *Notre-Dame de Paris.* 2 vol. — *Les Misérables.* 8 vol. — *Les Travailleurs de la Mer.* 2 vol. — *L'Homme qui rit.* 3 vol. — *Quatrevingt-treize.* 2 vol.

PHILOSOPHIE : 2 volumes

Littérature et Philosophie. 1 vol. — *William Shakespeare.* 1 vol.

HISTOIRE : 4 volumes

Napoléon le Petit. 1 vol. — *Histoire d'un crime.* 2 vol. — *Paris.* 1 vol.

VOYAGE : 3 volumes

Le Rhin. 3 vol.

ACTES ET PAROLES : 8 volumes

Avant l'Exil. 2 vol. — *Pendant l'Exil.* 2 vol. — *Depuis l'Exil.* 4 vol.

VICTOR HUGO raconté. . . . . 3 volumes.

ŒUVRES INÉDITES POSTHUMES

Prix de chaque volume : **2** fr. broché

Choses vues . . . . 1 vol.
Dieu . . . . 1 vol.
La Fin de Satan . . . . . . 1 vol.
Toute la Lyre. . . . . 3 vol.
Le Théâtre en liberté . . . 1 vol.

En Voyage : France et Belgique. . . . . **1** vol.
En Voyage : les Alpes, les Pyrénées. . . . . 1 vol.
Les Jumeaux. Amy Robsart. 1 vol.

L'ŒUVRE DE VICTOR HUGO — EXTRAITS

✳Édition du monument. Un volume in-18 de 252 pages . . . **1** franc.
✳Édition des écoles. . . . Un volume in-18 de 320 pages . . . **2** francs.
— Cartonné toile . . . . **3** francs.

Éditions populaires grand in-8°, illustrées

ERCKMANN-CHATRIAN

ŒUVRES COMPLÈTES
43 fr. 20
BROCHÉES

ROMANS NATIONAUX

ŒUVRES COMPLÈTES
43 fr. 20
BROCHÉES

*※Le Conscrit de 1813..	1 40	* Histoire d'un Homme	
*※Madame Thérèse....	1 40	du peuple.........	1 70
*※L'Invasion........	1 60	* La Guerre.........	1 40
* Waterloo........	1 80	*※Le Blocus.........	1 60

Réunis en un beau volume grand in-8° illustré de 182 dessins
par Th. Schuler, Riou et Fuchs.

Broché, **10** *fr.; toile, tr. dor.,* **13** *fr.; relié, tr. dor.,* **15** *fr.*

CONTES ET ROMANS POPULAIRES

* Maître Daniel Rock..	1 20	Joueur de clarinette..	1 60
L'illustre Dr Mathéus.	1 40	La Maison forestière.	1 20
Hugues le Loup.....	1 40	※L'Ami Fritz........	1 50
Les Contes des bords		Le Juif polonais.....	1 30
du Rhin.........	1 30		

Réunis en un beau volume grand in-8° illustré de 171 dessins
par Bayard, Benett, Gluck et Th. Schuler.

Broché, **10** *fr.; toile, tr. dor.,* **13** *fr.; relié, tr. dor.,* **15** *fr.*

**✳✳HISTOIRE D'UN PAYSAN

La Révolution française racontée par un paysan

Illustrations de Théophile Schuler. L'ouvrage complet, en 1 volume,
broché, **7** fr.; toile, tr. dor., **10** fr.; relié, **12** fr.

CONTES ET ROMANS ALSACIENS

*※Histoire du Plébiscite	2 ,	Une Campagne en Ka-	
*※Les deux Frères....	1 50	bylie...........	1 40
*※Histoire d'un Sous-		*※Maître Gaspard Fix..	2 ,
Maître..........	1 30	Souvenirs d'un ancien	
*※Le Brigadier Frédéric.	1 20	Chef de chantier ...	1 10

Réunis en un beau volume grand-in-8° illustré de 139 dessins
par Schuler.

Broché, **10** *francs; toile, tr. dor.,* **13** *francs; relié,* **15** *francs.*

Contes Vosgiens, illustré par Philippoteaux..........	**1 fr. 30**
Le Grand-Père Lebigre, illustré par Lallemand et Benett..	**1 fr. 30**
* Les Vieux de la Vieille, illustré par Lix............	**1 fr. 40**
* Le Banni, illustré par Lix...................	**1 fr. 20**
Quelques mots sur l'esprit humain (non illustré).....	**1 fr. ,**

*Les œuvres d'Erckmann-Chatrian sont publiées aussi en 33 volumes in-18
à 3 fr. chacun et 2 volumes in-18 à 1 fr. 50. — (Voir pages 26 et 27.)*

※ Ouvrages honorés de souscriptions du *Ministère de l'Instruction publique,* ou
choisis pour faire partie des catalogues des bibliothèques scolaires ou populaires.

Éditions populaires grand in-8°, illustrées

Alfred RAMBAUD

**L'ANNEAU DE CÉSAR

Souvenirs d'un Soldat de Vercingétorix

Ouvrage couronné par l'Académie française
Nouvelle édition augmentée d'une *Étude sur la Gaule ancienne*
avec 9 cartes par PIERRE FONCIN
Un vol. grand in-8°, illustré de 80 dessins de GEORGES ROUX
PUBLIÉ EN **20** SÉRIES A **O** FR. **50**
L'ouvrage complet :

Broché, **10** fr.; toile, tr. dorées, **13** fr.; relié, tr. dorées, **15** fr.

MAYNE-REID

ŒUVRES CHOISIES

**AVENTURES DE TERRE ET DE MER

Le Chef au bracelet d'or	Les deux Filles du Squatter
La Sœur perdue	Le Désert d'eau
Les Émigrants du Transvaal	Le petit Loup de mer
Les Planteurs de la Jamaïque	La Montagne perdue

Chaque ouvrage illustré de 25 gravures, **1** *fr.* **25** *broché*

RÉUNIS EN UN BEAU VOLUME

GRAND IN-8° ILLUSTRÉ DE **200** DESSINS DE BENETT, RIOU, FÉRAT, DAVIS :

broché, **10** fr.; toile, tr. dorées, **13** fr.; relié, tr. dorées, **15** fr.

**AVENTURES DE CHASSES ET DE VOYAGES

Les Chasseurs de Chevelures	William le Mousse
La Terre de Feu	Les jeunes Esclaves
Les Robinsons de Terre ferme	Les jeunes Voyageurs
Les Exploits des Jeunes Boërs	Les Naufragés de Bornéo

Chaque ouvrage illustré de 25 gravures, **1** *fr.* **25** *broché*

RÉUNIS EN UN BEAU VOLUME GRAND IN-8°
ILLUSTRÉ DE **200** DESSINS PAR RIOU, FÉRAT, MEYER, PHILIPPOTEAUX, DAVIS :

broché, **10** fr.; toile, tr. dorées, **13** fr.; relié, tr. dorées, **15** fr.

Les Aventures de Terre et de Mer et Les Aventures de Chasses et de Voyages

RÉUNIES EN UN FORT VOLUME

Cartonné toile, tranches dorées, **25** fr.; relié, demi-chagrin, **30** fr.

HISTOIRE, POÉSIE, VOYAGES, ROMANS
LITTÉRATURE FRANÇAISE ET ÉTRANGÈRE

VOLUMES IN-18 A 3 FR.

ARAGO (E.)....... L'Hôtel de Ville et le Gouvernement du 4 septembre (1870-71).............. 1 v.
AUDEVAL......... Les Demi-Dots, 1 vol. — La Dernière... 1 v.
BARBERET........ La Bohème du travail............. 1 v.
BIBLIOTHÈQUE FRANCO-ÉTRANGÈRE :

Le Roman de la femme médecin, suivi de Récits de la Nouvelle-Angleterre, par Sarah Orne Jewett, préface de Th. Bentzon......... 1 v.
Nouvelles Mille et une Nuits, par R.-L. Stevenson, préface de Th. Bentzon... 1 v.
※La Sœur de miss Ludington, par Edward Bellamy, traduction de R. Issant, précédé d'une étude sur la littérature américaine, par Th. Bentzon..... 1 v.
La Fille à Lowrie, par F.-H. Burnett, traduction de R. de Cerizy, suivi d'une étude sur F.-H. Burnett, par Th. Bentzon..... 1 v.

CERVANTES...... Don Quichotte (Traduction nouvelle par L. Biart). 4 v.
CHAMFORT....... Pensées, maximes, anecdotes (précédé de l'histoire de Chamfort par P.-J. Stahl). 1 v.
CRÉMIEUX....... Autographes. (Collection Crémieux.).... 1 v.

DARYL (Philippe). — *La Vie partout* :

※La Vie publique en Angleterre 1 v.
Signe Meltroë........ 1 v.
En Yacht........... 1 v.
*※Le Monde chinois...... 1 v.
Lettres de Gordon à sa sœur 1 v.
Wassili Samarin........ 1 v.
La petite Lambton..... 1 v.
※A Londres.......... 1 v.
※Les Anglais en Irlande... 1 v.
*※Renaissance physique.... 1 v.

DESCHANEL (Paul).. Questions actuelles.............. 1 v.
DURANDE (Amédée). Carl, Joseph et Horace Vernet....... 1 v.
ERCKMANN (Émile).. Alsaciens et Vosgiens d'autrefois..... 1 v.

ERCKMANN-CHATRIAN. — *Œuvres complètes* :

*※Le Blocus......... 1 v.
*※Le Brigadier Frédéric... 1 v.
Une Campagne en Kabylie. 1 v.
Joueur de clarinette.... 1 v.
Contes de la montagne. 1 v.
Contes des bords du Rhin. 1 v.
Contes populaires...... 1 v.
Contes vosgiens........ 1 v.
*※Le Fou Yégof........ 1 v.
* La Guerre......... 1 v.
*※Hre d'un Conscrit de 1813. 1 v.
* Hre d'un Homme du peuple. 1 v.
*※Histoire d'un Paysan... 4 v.
*※Histoire d'un Sous-Maître. 1 v.
L'illustre docteur Mathéus 1 v.
*※Madame Thérèse..... 1 v.
*※Maître Gaspard Fix.... 1 v.
Le Grand-Père Lebigre.. 1 v.
La Maison forestière... 1 v.
* Maître Daniel Rock.... 1 v.
* Waterloo........... 1 v.
*※Histoire du Plébiscite... 1 v.
*※Les deux Frères...... 1 v.
Souvenirs d'un Chef de chantier............ 1 v.
※L'Ami Fritz, pièce..... 1 v.
* Alsace........... 1 v.
* Les Vieux de la Vieille.. 1 v.
* Le Banni........... 1 v.
L'Art et les Gds Idéalistes. 1 v.
Quelques mots sur l'esprit humain (nlle édition)... 1 v.

FONVIELLE (W. de). Le Siège de Paris vu à vol d'oiseau ... 1 v.
GENNEVRAY...... Une Cause secrète.............. 1 v.
GORDON (Lady).... Lettres d'Égypte.............. 1 v.
JANIN (Jules)...... Variétés littéraires .... 1 v.
JAUBERT .... Souvenirs de Madame Jaubert........ 1 v.

※ **Ouvrages honorés de souscriptions du** *Ministère de l'Instruction publique*, **ou choisis pour faire partie des catalogues des bibliothèques scolaires ou populaires.**

J. HETZEL ET Cie, LIBRAIRIE GÉNÉRALE

LEGOUVÉ (Ernest)..	*※Soixante ans de souvenirs...........	4 v.
de l'Académie française.	※Histoire morale des femmes (n^lle édition).	1 v.
—	† Dernier travail, derniers souvenirs.....	1 v.
OFFICIER EN RETRAITE.	L'Armée française en 1879...........	1 v.
PICHAT (Laurent)...	Gaston. 1 vol. — Les Poëtes de combat..	1 v.
—	Le Secret de Polichinelle...........	1 v.
QUATRELLES.....	Les 1001 Nuits matrimoniales........	1 v.
—	Voyage autour du grand monde......	1 v.
—	La Vie à grand orchestre..........	1 v.
—	Sans Queue ni Tête. 1 vol. — L'Arc-en-Ciel.	1 v.
—	Petit Manuel du parfait Causeur parisien	1 v.
—	Casse-Cou. 1 vol. — Tout feu tout flamme.	1 v.
—	Les Amours extravagantes de la princesse Djalavann. 1 vol. — Mon petit dernier.	1 v.
ROBERT (Adrien)...	Le Nouveau Roman comique........	1 v.
ROLLAND (A.)....	Lettres inédites de Mendelssohn.......	1 v.
SOURDEVAL (DE)...	Le Cheval à côté de l'Homme et dans l'histoire.	1 v.
STAHL (P.-J.).....	LES BONNES FORTUNES PARISIENNES:	
—	Les Amours d'un Pierrot.......	1 v.
—	Les Amours d'un Notaire......	1 v.
—	Histoire d'un homme enrhumé........} Voyage d'un Etudiant............}	1 v.
—	Histoire d'un Prince et d'une Princesse.} Voyage où il vous plaira...........}	1 v.
—	L'Esprit des femmes et les Femmes d'esprit.} Théorie de l'Amour et de la Jalousie...}	1 v.

TOURGUENEFF (Ivan). — *Œuvres principales:*

Dimitri Roudine......	1 v.		Les Reliques vivantes...	1 v.
* Fumée (préface de MÉRI-MÉE).............	1 v.		* Terres vierges........	1 v.
Une Nichée de gentils-hommes (*traduit par le Cte Sollohoud et A. de Calonne*).........	1 v.		Souvenirs d'Enfance (La Caille. — 30 petits poèmes en prose. — Mémoires d'un Nihiliste)..	1 v.
Nouvelles moscovites (*traduit par l'auteur et P. Mérimée*).......	1 v.		Œuvres dernières avec une étude sur Tourgueneff, sa Vie et son Œuvre, par le v^te E. M. de Vogüé.	1 v.
Étranges histoires......	1 v.		Un Bulgare (*traduit par Halpérine*)........	1 v.
Les Eaux printanières...	1 v.			

TROCHU (général)...	Pour la vérité et pour la justice........	1 v.
— ...	La Politique et le Siège de Paris......	1 v.
VALLERY-RADOT(R.)	L'Étudiant d'aujourd'hui............	1 v.
WILKIE-COLLINS.	Sans Nom...............	2 v.
WOOD (Mme H.)...	* Lady Isabel................	2 v.

THÉÂTRE

ERCKMANN-CHATRIAN..	L'Ami Fritz. 1 vol. in-18............	3	»
—	Le Juif polonais. 1 vol. in-18.........	1	50
—	Les Rantzau. 1 vol. in-18..........	1	50
—	Le Fou Chopine. 1 vol. in-8°........	»	50
QUATRELLES.....	Une Date fatale. 1 vol. in-18........	1	»
VADIER........	Théâtre à la Maison et à la Pension 10 fascicules in-18 illustrés à...........	»	30
VERNE (Jules).....	Un Neveu d'Amérique. 1 vol. in-18......	1	50
VERNE(J.) et D'ENNERY	Le Tour du Monde en 80 jours. 1 vol. in-8°.	»	50
—	Les Enfants du capitaine Grant. 1 vol. in-8°.	»	50
—	Michel Strogoff. 1 vol. in-8°.........	»	50

† Nouveautés de l'année.

LIVRES DE FORMATS ET PRIX DIVERS EN COMMISSION

VOLUMES IN-18

BADIN.	Marie Chassaing.	1 v.	3 »
BASTIDE (A.).	Le Christianisme et l'esprit moderne.	1 v.	3 »
BIXIO (Beppa).	Vie du général Nino Bixio	1 v.	3 »
BOULLON (E.). . . .	Chez nous.	1 v.	3 »
BRUNETIÈRE (F.) . .	L'Idée de Patrie.	1 v.	» 50
de l'Académie française †	L'Art et la morale.	1 v.	» 75
CHARRAS.	Hre de la Guerre de 1815. . 2 vol. et 1 atlas.		7 »
CHAUFFOUR.	Les Réformateurs du XVIe siècle. . . .	2 v.	6 »
CHENNEVIÈRES (De)	Aventures du Petit Roi saint Louis devant Bellesme.	1 v.	5 »
FAVRE (Jules).	* Conférences et Mélanges.	1 v.	3 50
FAVIER (F.).	L'Héritage d'un Misanthrope.	1 v.	3 »
FERRY (Jules).	Les Affaires de Tunisie.	1 v.	2 »
GRIMARD.	※L'Enfant, son passé, son avenir. . .	1 v.	3 »
GUIMET (Emile). . . .	L'Orient d'Europe au fusain.	1 v.	2 »
—	Esquisses scandinaves.	1 v.	3 »
—	Aquarelles africaines.	1 v.	2 50
IGNORANT (Un). . . .	*※Monsieur Pasteur. — Histoire d'un savant par un ignorant.	1 v.	3 50
KŒCHLIN-SCHWARTZ . .	Un Touriste au Caucase.	1 v.	3 »
LADREYT (M.-C.). . .	L'Instruction publique en France et les Écoles Américaines.	1 v.	3 »
LAVALLEY (Gaston) .	Aurélien.	1 v.	3 »
LEFÉVRE (André) . .	La Lyre intime.	1 v.	3 »
—	Les Bucoliques de Virgile.	1 v.	3 »
LEGOUVÉ (Ernest). .	Samson et ses élèves.	1 v.	2 »
de l'Académie française	※Lamartine.	1 v.	1 50
—	Maria Malibran.	1 v.	» 75
—	La Question des femmes.	1 v.	1 »
—	※Une Education de jeune fille.	1 v.	1 »
NAGRIEN (X.).	Prodigieuse Découverte.	1 v.	3 »
RÉAL (Antony). . . .	Les Atomes.	1 v.	3 »
RIVE (De la).	Souvenirs sur M. de Cavour.	1 v.	3 »
WORMS DE ROMILLY.	Horace (traduction)	1 v.	3 »

VOLUMES IN-8º

ANTULLY (A. d') . . .	Fantaisie.	1 v.	2 »
BRACHET (Auguste) .	L'Italie qu'on voit et l'Italie qu'on ne voit pas.	1 v.	3 »
LAFOND (Ernest) . . .	Les Contemporains de Shakespeare.. (Ben Johnson, 2 vol. — Massinger, 1 vol. — Beaumont et Fletcher, 1 vol. — Webster et Ford, 1 vol.)	5 v. à 6 »	
PAULTRE (E.).	Capharnaüm.	1 v.	6 »
PIRMEZ.	Jours de solitude.	1 v.	6 »
RICHELOT.	※Gœthe, ses Mémoires, sa Vie	4 v. à 6 »	

VOLUMES IN-32

DECOURCELLE (A.).	Les Formules du docteur Grégoire .	1 vol.	2 »
MACÉ (Jean).	Philosophie de poche.	1 vol.	1 25
—	Saint-Evremond	1 vol.	1 25

ENSEIGNEMENT PROFESSIONNEL

BIBLIOTHÈQUE DES PROFESSIONS

Industrielles, Commerciales, Agricoles et Libérales

VOLUMES IN-18

La plupart de ces volumes sont accompagnés de planches ou de figures explicatives

Le cartonnage toile de chaque volume se paie O fr. 50 centimes en plus des prix indiqués

SAUF INDICATION CONTRAIRE CHAQUE OUVRAGE FORME UN VOLUME

Architecture navale (Guide pratique d'), par Bousquet . . . . . . 2 »
***Assurances** (Les). L'art de s'assurer contre l'incendie, par A. Petit. 2 »
※**Assurances** (Les). L'art de s'assurer sur la vie, par A. Petit . . . 2 »
Assurances (Les). L'art de s'assurer contre les accidents du travail, par A. Petit . . . . 2 »
Beaux-arts (Introduction à l'étude des), par Carteron . . . . . . 4 »
※**Bergeries, porcheries, clapiers**, par Gayot . . . . 2 »
***Bijoutier** (Guide du), par L. Moreau . . . . 2 »
Bois (Carbonisation des), par Dromart . . . . 4 »
***Brasseur** (Guide du), par Mulder . . . . 4 »
Bris et naufrages (Code des), par Tartara . . . . 4 »
※**Calculs et comptes faits**, par A. Lenoir et J. Vinot . . . . 4 »
※**Charcuterie pratique** (La), par Berthoud . . . . 4 »
C**Chauffeur** (Manuel du), par Jaunez . . . . 2 »
Chimie générale élémentaire, par Hetet. 2 volumes à . . . . 4 »
Chimie pure (Eléments de), par le Dr Sacc . . . . 4 »
A**Chimiste agriculteur** (Manuel du), par Pouriau . . . . 4 »
C*※**Constructeur** (Guide pratique du), par Pernot, revu par Tronquoy et Baye . . . . 4 »
Constructions à la mer, par Bouniceau. 1 vol. de texte, 1 vol. de planches, chacun . . . . 4 »
C**Corps gras industriels**, par Th. Château . . . . 4 »
*※**Coupe et confection des vêtements de femmes et d'enfants**, par E. Hirtz . . . . 3 »
A**Cubage et estimation des bois**, par Frochot . . . . 4 »
Cuisine pratique. Les secrets de la cuisine d'amateur, par De Saint-Juan . . . . 4 »
A*※**Culture maraîchère** (Manuel pratique de), par Courtois-Gérard. 4 »
†**Cycles et Automobiles** (Guide du constructeur et du conducteur de), par H. de Graffigny . . . . 4 »
*※**Dessinateur** (Comment on devient un), par Viollet-le-Duc . . . . 4 »
Droit maritime international (Notions de), par Doneaud . . . . . . 2 »
Eaux gazeuses (Fabrication industrielle des), par Michotte . . . . 4 »
***Éclairage électrique** (Montage des appareils d'), par Gaisberg . . 2 »
※**Écoles de France** (Les grandes), par Mortimer d'Ocagne. 2 vol. à 4 »
Économie domestique (Guide pratique d'), par Lunel . . . . 2 »
Entomologie agricole (Guide pratique d'), par Gobin . . . . 4 »
***Épicerie** (Guide de l'), par Lunel . . . . 2 »
Escompteur (Manuel de l'), par Lacombe et Laas d'Aguen . . . . . 6 »

BIBLIOTHÈQUE DES PROFESSIONS

Nouvelle Collection
spéciale pour Distributions de Prix

BIBLIOTHÈQUE
DES SUCCÈS SCOLAIRES

PREMIÈRE SÉRIE (25 × 17)

ALBUMS IN-8°

Cartonnés, tranches blanches, **1 fr.**

BECKER (L.)........	Alphabet des Insectes.
FRŒLICH.........	Salade de la Grande Jeanne.
JUNDT...........	L'Ecole Buissonnière.
SCHULER (TH.)....	Les Travaux d'Alsa.

DEUXIÈME SÉRIE (25 × 18 1/2)

ALBUMS STAHL IN-8° JÉSUS

Cartonnés toile, tranches blanches, **1 fr. 50**

COINCHON.........	Histoire d'une mère (*Journal de Minette*).
FATH.............	Une folle Soirée chez Paillasse.
—.............	La Famille Gringalet.
—.............	Le Docteur Bilboquet.
FRŒLICH..........	L'Ours de Sibérie.
—..........	Le Jardin de Monsieur Jujules.
—..........	Pierre et Paul.
—..........	Les Jumeaux
—..........	La Fête de Papa.
FROMENT.........	Le Petit Escamoteur.
GEOFFROY.........	La première Cause de l'avocat Juliette.
—..........	L'Age de l'Ecole.
PIRODON.........	Histoire d'un Perroquet.
—..........	La Pie de Marguerite.

TROISIÈME SÉRIE (18 × 11 1/2)

VOLUMES IN-18

En feuilles, **1 fr. 40** ; *Cartonnés toile, tranches jaspées,* **1 fr. 80**

ALONE...........	Autour d'un Lapin blanc (illustré).
ANQUEZ..........	*※Histoire de France (illustré).
AUDOYNAUD.......	*※Entretiens familiers sur la Cosmographie (illustré).
BLOCK (MAURICE)..	※Principes de législation pratique.
BOUCHET.........	*※Précis des Littératures étrangères.
DU TEMPLE.......	*Introduction à l'étude de la Physique (illustré de 146 figures).
LEROLLE.........	*Traité pratique et élémentaire de Botanique (illustré).
MAURY..........	*※Géographie physique (illustré).
SAYOUS	※Principes de Littérature.
—..........	*※Conseils à une mère sur l'éducation littéraire de ses enfants.
STAHL (P.-J.)......	*Histoire de la Famille Chester (illustré).
ZURCHER & MARGOLLÉ	※Histoire de la Navigation (illustré).

※ Ouvrages honorés de souscriptions du *Ministère de l'Instruction publique,* ou choisis pour faire partie des catalogues des bibliothèques scolaires ou populaires.

LIVRES POUR DISTRIBUTIONS DE PRIX

QUATRIÈME SÉRIE (20 × 14 1/2)

VOLUMES GRAND IN-16 ILLUSTRÉS

Reliés, genre demi-reliure, tranches jaspées, **2 fr. 40**

BAUDE...........	Mythologie de la Jeunesse...	Réunis. 269 illustrations
LACOME..........	Musique en Famille.........	par BERTALL et BENETT.
DICKENS.........	L'Embranchement de Mugby.	Réunis. 34 illustrations
GENIN...........	*Les Pigeons de Saint-Marc...	par A. MARIE et divers.
GOZLAN (LÉON)....	Aventures du prince Chênevis.	Réunis. 149 illustrations
KARR (ALPHONSE).	Les Fées de la Mer.........	par BERTALL et LORENTZ.
GENNEVRAYE......	Petit Théâtre de famille......	Réunis. 40 illustrations
—	Théâtre des petits Enfants....	de GEOFFROY.
VERNE (JULES)....	*※Christophe Colomb	Réunis. 38 illustrations
VIOLLET-LE-DUC ...	*※Le Siège de la Rochepont....	par BENETT, MATTHIS, VIOLLET-LE-DUC.

CINQUIÈME SÉRIE (28 × 18)

VOLUMES IN-8° JÉSUS ILLUSTRÉS

En feuilles, **1 fr. 80**; *Cartonnés toile, tranches jaspées,* **2 fr. 80**

Les Voyages involontaires :

BIART (LUCIEN)...	*※Monsieur Pinson. 26 illustrations par H. MEYER.
—	... * La Frontière indienne. 26 illustrations par H. MEYER.
—	... *※Le Secret de José. 26 illustrations par H. MEYER.
—	... * Lucia Avila. 26 illustrations par H. MEYER.

SIXIÈME SÉRIE (29 × 19 1/2)

VOLUMES GRAND IN-8° COLOMBIER ILLUSTRÉS

En feuilles, **2 fr. 40**; *Cartonnés toile, tranches jaspées,* **3 fr. 20**

ERCKMANN-CHATRIAN....	*※Le Brigadier Frédéric. — *Le Banni. 34 illustrations par SCHULER et LIX.
—	.... *※Les États Généraux (Extrait de l'*Histoire d'un Paysan*). — *※Histoire d'un Sous-Maître. 49 ill. par SCHULER.

Aventures de Terre et de Mer :

MAYNE-REID......	*※ Le petit Loup de mer. — *Le Chef au Bracelet d'or. 53 illustrations par BENETT.
—	...... *※Les deux Filles du Squatter. — *※ Le Désert d'eau. 50 illustrations par BENETT et DAVIS.
—	...... *※La Sœur perdue. — Les Émigrants du Transvaal. 50 illustrations par RIOU.
—	...... *※Les Planteurs de la Jamaïque. — *La Montagne perdue. 53 illustrations par RIOU et FÉRAT.

Aventures de Chasses et de Voyages :

—	...... *※Les Robinsons de Terre ferme. — *Les Exploits des jeunes Boërs. 50 illustrations par MEYER et RIOU.
—	...... *Les Chasseurs de Chevelures. — *La Terre de feu. 50 illustrations par PHILIPPOTEAUX et RIOU.

* Ouvrages honorés de souscriptions ou choisis par la *Ville de Paris* pour ses distributions de prix ou ses bibliothèques municipales.

J. HETZEL ET Cie, 18, RUE JACOB

SEPTIÈME SÉRIE (23 1/2 × 15)

VOLUMES IN-8° CAVALIER ILLUSTRÉS

En feuilles, **3** *fr.; Cartonnés toile, tranches dorées,* **3** *fr.* **80**

AUDEVAL......... La Famille de Michel Kagenet. Illustrations par ZIER.
CAHOURS ET RICHE. ※Chimie des Demoiselles. 78 figures.
ERCKMANN-CHATRIAN.... *Justine et Lucien (*Les Vieux de la Vieille*). 20 Illustrations par LIX.
FATH (Georges)... Un drôle de Voyage. Illustrations par l'auteur.
GOUZY........... *※Voyage d'une Fillette au Pays des Étoiles. 10 illustrations par DESTEZ et 92 figures.
— .... *※Promenade d'une Fillette autour d'un Laboratoire. 108 illustrations et figures par TOURNOIS.
MULLER (EUG.).... *※La Morale en Action par l'Histoire. 26 illustrations par PHILIPPOTEAUX.
STAHL (P.-J.)...... *※Mon premier Voyage en mer. 39 illustrations.
VADIER.......... Blanchette (*Histoire d'une chèvre*). 23 illustr. par ROUX.
VALLERY-RADOT..❶*※Journal d'un Volontaire d'un An. 17 illustrations par PHILIPPOTEAUX.
VAN BRUYSSEL.... *※Scènes de la Vie des Champs et des Forêts aux États-Unis. 20 illustrations par RIOU.

HUITIÈME SÉRIE (29 × 19 1/2)

VOLUMES GRAND IN-8° COLOMBIER ILLUSTRÉS

En feuilles, **3** *fr.; Cartonnés toile, tranches jaspées,* **4** *fr.*

Les Romans nationaux :

ERCKMANN-CHATRIAN.... *※Le Blocus. — *La Guerre. 47 ill. par RIOU et SCHULER

NEUVIÈME SÉRIE (29 × 19 1/2)

VOLUMES GRAND IN-8° COLOMBIER ILLUSTRÉS

En feuilles, **3** *fr.* **40** ; *Cartonnés toile, tranches en couleur,* **4** *fr.* **40**

Choix de Romans nationaux :

ÉDITIONS SPÉCIALES SUR PAPIER FORT

ERCKMANN-CHATRIAN.... *※L'Invasion. — *※Madame Thérèse. 47 illustrations par RIOU et FURCHS.
— .... *※Le Conscrit de 1813. — *※Waterloo. 52 illustrations par RIOU et SCHULER.

Grands Voyages et grands Voyageurs :
(in-8° jésus, 28 × 18).

VERNE (JULES).... *※Les Circumnavigateurs français et étrangers. 39 illustrations par BENETT.
— ....*※Les Voyages du Capitaine Cook. 52 illustrations par PHILIPPOTEAUX et 4 cartes.

❶ Ouvrages couronnés par l'*Académie française.*

LIVRES POUR DISTRIBUTIONS DE PRIX

DIXIÈME SÉRIE (26 × 16)

VOLUMES IN-8° RAISIN ILLUSTRÉS

En feuilles, 3 fr. 80 ; Cartonnés toile, tranches en couleur, 4 fr. 60

LAURIE (ANDRÉ) .. *※L'Héritier de Robinson. 26 illustrations par BENETT.
MULLER (EUGÈNE). *※Les Animaux célèbres. 26 illustrations par GEOFFROY.
RIDER-HAGGARD... *※Aventures d'Allan Quatremain aux Mines de Salomon. 27 illustrations par RIOU.
STAHL (P.-J.).....◊*※Les Histoires de mon Parrain. Illustrat. par FRŒLICH.
TOLSTOI (Cte L.) ... *※Souvenirs d'Enfance et d'Adolescence. Illustrations par BENETT.
VERNE (JULES)...◊*※Voyage au Centre de la terre. 50 illustr. par RIOU.
— ...◊*※Cinq Semaines en Ballon. 80 illustrations par RIOU.

ONZIÈME SÉRIE (26 × 16)

FORTS VOLUMES IN-8° RAISIN ILLUSTRÉS

En feuilles, 4 fr. 20

Reliés, genre demi-reliure, tranches dorées, 5 fr. 20

BADIN (Ad.)....... * Jean Casteyras (*Aventures de trois enfants en Algérie*). Illustrations par BENETT.
BÉNÉDICT........ *※La Madone de Guido Reni. 25 illustrations par A. MARIE.
BRÉHAT (A. DE).... *※Les Aventures d'un petit Parisien. 46 ill. par E. MORIN.
CANDÈZE (Dʳ)...... * Périnette (*Aventures surprenantes de cinq moineaux*). 26 illustrations par BECKER.
GENNEVRAYE...... Théâtre de Famille. 70 illustrations par GEOFFROY.
GRIMARD (ED.).... *※La Plante (*Botanique simplifiée*). 300 illustrations par
Anc. Direct. de l'École   YAN'DARGENT.
normale de Toulouse.
LAPRADE (V. DE) .. ※Le Livre d'un Père. 44 illustrations par FROMENT.
de l'Académie franç.
LAURIE (ANDRÉ)... *※Le Capitaine Trafalgar. 26 illustrations par ROUX.
STAHL (P.-J.) ....◊*※Contes et Récits de Morale familière. 42 illustrations.
STAHL & LERMONT. *,※Jack et Jane. 26 illustrations par GEOFFROY.
TEMPLE (L. DU)... *※Communication de la pensée et de la voix. Illustré de
Capitaine de frégate.   150 figures.
VERNE (JULES)..... *※Aventures de 3 Russes et de 3 Anglais. 50 ill. par FÉRAT.

DOUZIÈME SÉRIE

VOLUMES GRAND IN-8° ILLUSTRÉS

Cartonnage toile, type Bibliothèque des Succès scolaires,
tranches couleur, 8 fr. 20

ERCKMANN-CHATRIAN.... *※Histoire de la Révolution française racontée par un Paysan (*Histoire d'un Paysan*). In-8° colombier, illustré de 118 dessins de Th. SCHULER.
GRIMARD (ED.).... * Le Tour du Monde d'un Naturaliste (Le Jardin d'Accli-
Anc. Direct. de l'École   matation). In-8° jésus, illustré de 84 dessins.
normale de Toulouse.

TABLE ALPHABÉTIQUE

Par Noms d'auteurs

✳ Indique les ouvrages honorés de souscriptions du *Ministère de l'Instruction publique*, ou choisis pour faire partie des catalogues des bibliothèques scolaires ou populaires.

* Indique les ouvrages honorés de souscriptions ou choisis par la *Ville de Paris* pour ses distributions de prix ou ses bibliothèques municipales.

⚥ Désigne les ouvrages couronnés par l'*Académie française*.

† Désigne les nouveautés de l'année.

Catalogue A. I. — Ce Catalogue annule les précédents.

L.-Imprimeries réunies, 2, rue Mignon.— 7801